工业和信息化精品系列教材
新能源汽车技术

U0597744

新能源汽车
概论
第2版

崔胜民 | 主编

NEW
ENERGY AUTOMOBILE

人民邮电出版社
北　京

图书在版编目（ＣＩＰ）数据

新能源汽车概论 / 崔胜民主编. -- 2版. -- 北京：
人民邮电出版社，2024.6
工业和信息化精品系列教材. 新能源汽车技术
ISBN 978-7-115-62389-8

Ⅰ. ①新… Ⅱ. ①崔… Ⅲ. ①新能源－汽车－高等学
校－教材 Ⅳ. ①U469.7

中国国家版本馆CIP数据核字(2023)第138834号

内 容 提 要

　　本书共五个项目，主要介绍新能源汽车的定义与分类、常见标识、基本参数、技术体系与关键技术、发展趋势与发展规划，以及纯电动汽车、混合动力电动汽车、燃料电池电动汽车和电动汽车充电的基础理论、基础知识和基本技能。每一个项目开始都给出知识路径、学习目标、导入案例和知识探索，便于学生学习和教师授课。每一个项目末尾都配有扩展阅读、项目实训、归纳与提高和知识巩固，便于学生复习、巩固主要的学习内容，增强学习效果，扩展课程内容，培养学生独立解决问题的能力和创新能力，拓宽学生的视野。

　　本书内容新颖、图文并茂、实用性强，可作为职业院校和本科院校汽车相关专业的教材及汽车培训机构参考用书。

　◆ 主　　编　崔胜民
　　　责任编辑　刘晓东
　　　责任印制　王　郁　焦志炜

　◆ 人民邮电出版社出版发行　　北京市丰台区成寿寺路 11 号
　　　邮编　100164　电子邮件　315@ptpress.com.cn
　　　网址　https://www.ptpress.com.cn
　　　山东华立印务有限公司印刷

　◆ 开本：787×1092　1/16
　　　印张：17.75　　　　　　　　2024 年 6 月第 2 版
　　　字数：421 千字　　　　　　2024 年 6 月山东第 1 次印刷

定价：66.00 元

读者服务热线：(010)81055256　印装质量热线：(010)81055316
反盗版热线：(010)81055315
广告经营许可证：京东市监广登字 20170147 号

　　石油短缺、环境污染、气候变暖是全球汽车行业面临的共同挑战，新能源汽车已经成为汽车工业的发展趋势，一些国家已经提出了停售燃油汽车的时间表。我国是一个石油短缺的国家，石油对外依存度逐年增加。随着碳达峰、碳中和目标的提出，我国多次出台政策，鼓励发展新能源汽车，并已取得较好成效。随着新能源汽车的快速发展，职业院校和本科院校的汽车相关专业学生须掌握新能源汽车知识，"新能源汽车概论"更是成为多数院校开设的必修课。

　　编者对本书第 1 版进行了全面修订，删掉了一些与当前新能源汽车技术不符的内容，添加了部分新内容，在每个项目开始增加了知识路径、学习目标、导入案例和知识探索，末尾增加了扩展阅读、项目实训、归纳与提高和知识巩固，使本书更适合作为教材使用。

　　本书共五个项目：项目 1 介绍新能源汽车基础知识，包括新能源汽车的定义与分类、常见标识、基本参数、技术体系与关键技术、发展趋势与发展规划等；项目 2 介绍纯电动汽车，包括纯电动汽车的组成与原理、电驱动系统与布置形式、电池系统、驱动电机系统、整车控制器、高压系统、低压系统等；项目 3 介绍混合动力电动汽车，包括混合动力电动汽车的分类与构型、串联式混合动力电动汽车、并联式混合动力电动汽车、混联式混合动力电动汽车、增程式电动汽车、混合动力电动汽车动力耦合类型、混合动力电动汽车故障诊断策略与方法等；项目 4 介绍燃料电池电动汽车，包括燃料电池电动汽车的类型、结构和工作原理，燃料电池的主要类型、基本结构、工作原理、主要部件及燃料电池堆和燃料电池发电系统，以及氢气的储存方法和制备方法等；项目 5 介绍电动汽车充电，包括电动汽车的充电设备、电动汽车充电、电动汽车充电系统故障分类、充电基础设施发展目标等。书中涉及的专业术语，部分使用英文缩写形式，具体解释可参考附录。

　　本书共 48 学时，各项目的参考学时见下面的学时分配表。

项目	课程内容	学时分配	
		讲授	项目实训
项目 1	认识新能源汽车	6	2
项目 2	认识纯电动汽车	12	4
项目 3	认识混合动力电动汽车	6	2
项目 4	认识燃料电池电动汽车	6	2
项目 5	认识电动汽车充电	6	2
学时总计		36	12

　　限于编者水平，书中难免存在疏漏及不足之处，希望广大读者批评指正。

编　者

2024 年 2 月

目 录

项目 1
认识新能源汽车

当走在城市的大街上时，会看到行驶的汽车中挂有绿色牌照的新能源汽车越来越多。新能源汽车与燃油汽车有本质区别。对于以后想在新能源汽车行业工作的人员，必须学习新能源汽车基础知识。

【知识路径】

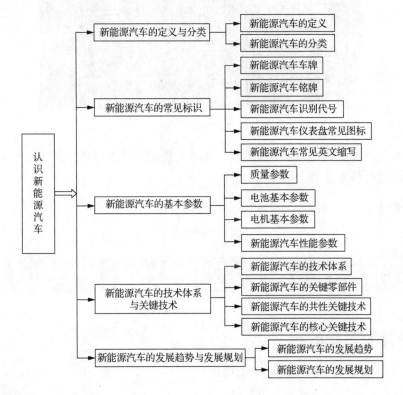

【学习目标】

知识目标：

（1）掌握新能源汽车的定义与分类；

（2）掌握新能源汽车的常见标识与基本参数；

（3）了解新能源汽车的技术体系与关键技术；

（4）了解新能源汽车的发展趋势与发展规划。

技能目标：

（1）能够识别新能源汽车；

（2）能够识别新能源汽车的常见标识与基本参数。

素质目标：

（1）培养敬业精神和服务意识；

（2）培养沟通、协调、合作的能力，逐步形成良好的心理素质。

【导入案例】

《新能源汽车产业发展规划（2021—2035年）》明确指出，发展新能源汽车是我国从汽车大国迈向汽车强国的必由之路，是应对气候变化、推动绿色发展的战略举措。到2035年，新能源汽车销量要占汽车总销量的50%。图1-1所示为比亚迪汉纯电动汽车。

图1-1　比亚迪汉纯电动汽车

什么是新能源汽车，它包含哪些类型，未来发展前景是怎样的？通过对本项目内容的学习，学生可以得到答案。

【知识探索】

1.1　新能源汽车的定义与分类

1.1.1　新能源汽车的定义

新能源汽车是指使用非常规的车用燃料作为动力来源，或使用常规的车用燃料，采用新型车载动力装置，综合车辆的动力控制和驱动方面的先进技术制造的具有新技术、新结构的汽车，如图1-2所示。

非常规的车用燃料指除汽油、柴油、天然气（NG）、液化石油气（LPG）、乙醇汽油（EG）、甲醇等之外的燃料。因此，人们熟知的天然气汽车、液化石油气汽车、甲醇汽车等都不属于新能源汽车，而属于节能汽车。

图1-2　新能源汽车

1.1.2 新能源汽车的分类

新能源汽车主要包括纯电动汽车、混合动力电动汽车和燃料电池电动汽车。其中，混合动力电动汽车又分为插电式混合动力电动汽车和非插电式混合动力电动汽车，如图1-3所示。我国把非插电式混合动力电动汽车划分到节能汽车系列中。

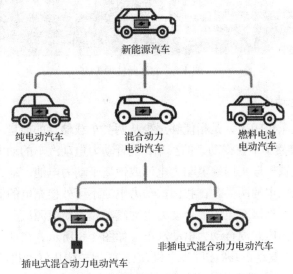

图1-3 新能源汽车的分类

1. 纯电动汽车

纯电动汽车（BEV）是指驱动能量完全由电能提供并由电机驱动的汽车，纯电动汽车的定义如图1-4所示。电机的驱动电能来源于车载可充电储能系统或其他能量储存装置。纯电动汽车是一种绿色环保的交通运输工具，采用电能替代燃油。

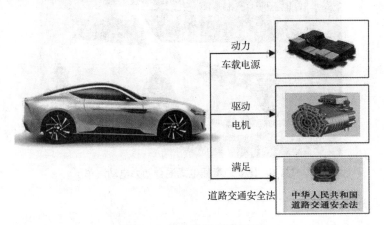

图1-4 纯电动汽车的定义

北汽新能源EU5（见图1-5）是一款紧凑型纯电动汽车，其最大续驶里程为400～500km，动力方面，搭载峰值功率为160kW、峰值转矩为300N·m的永磁同步电机，最高速度为155km/h。

图 1-5　北汽新能源 EU5

2. 混合动力电动汽车

混合动力电动汽车（HEV）是指能够至少从两类车载储存的能量（即可消耗的燃料和可再充电能/能量储存装置）中获得动力的汽车。混合动力电动汽车的动力装置一般采用发动机和电机，能量储存装置一般采用镍氢动力电池或锂离子动力电池。动力电池又分为不可外接充电电池和可外接充电电池两类。在我国，动力电池不可外接充电的混合动力电动汽车属于节能汽车；动力电池可外接充电的混合动力电动汽车属于新能源汽车。

比亚迪秦是一款插电式混合动力电动汽车，如图 1-6 所示。在动力配置方面，比亚迪秦配备了 1.5TI 涡轮增压发动机+永磁同步电机，1.5TI 涡轮增压发动机的峰值功率为 113kW，峰值转矩为 240N·m；永磁同步电机的峰值功率为 110kW，峰值转矩为 250N·m；发动机和电机的最大综合功率为 217kW，最大综合转矩为 479N·m。用于储能的电池组位于车辆尾箱位置，该电池组能量达到 13kW·h，标称电压为 506V，类型为磷酸铁锂电池。该车最高车速为 185km/h，0～100km/h 的加速时间为 5.9s。在保证强劲动力的同时，该车油耗仅为 1.6L/100km；纯电续驶里程为 70km。

图 1-6　比亚迪秦插电式混合动力电动汽车

3. 燃料电池电动汽车

燃料电池电动汽车（FCEV）是以燃料电池作为动力源或主动力源的汽车，通过氢气和氧气的化学作用产生的能量驱动车辆行驶。与传统汽车相比，燃料电池电动汽车增加了燃料电池和氢气罐，其电能来自氢气燃烧，工作时只要使用氢气就可以了，不需要外部补充电能。

奔驰 GLC F-CELL 燃料电池电动汽车如图 1-7 所示，它搭载了总能量为 13.5kW·h 的电池组，NEDC 工况下的纯电续驶里程为 51km。加上氢燃料动力系统之后，这款车型的 NEDC

续驶里程可提升至 478km。该车型电机峰值功率达到 155kW，峰值转矩达到 365N·m，最高车速可达到 160km/h。该燃料电池电动汽车的插电混动系统配备了功率为 7.4kW 的充电器，可在 1.5h 内将电池电量从 10%充至 100%。

图 1-7 奔驰 GLC F-CELL 燃料电池电动汽车

纯电动汽车、混合动力电动汽车和燃料电池电动汽车三种新能源汽车比较见表 1-1。

表 1-1 三种新能源汽车比较

项目	纯电动汽车	混合动力电动汽车	燃料电池电动汽车
驱动方式	电机驱动	内燃机驱动 电机驱动	电机驱动
能量系统	蓄电池 超级电容器	蓄电池 超级电容器 内燃机	燃料电池
能源和基础设施	电网充电设备	加油站 电网充电设备	加氢站
主要特点	零排放 不依赖原油 初期成本高	排放低 续驶里程长 依赖原油 结构复杂	零排放 续驶里程长 不依赖原油 成本高

目前，我国新能源汽车主要以纯电动汽车和插电式混合动力电动汽车为主。

1.2 新能源汽车的常见标识

1.2.1 新能源汽车车牌

为更好地区分新能源汽车，实施差异化交通管理，我国启用了新能源汽车专用牌照。新能源汽车牌照分为小型新能源汽车牌照和大型新能源汽车牌照。新能源汽车牌照的外廓尺寸为 480mm×140mm，其中小型新能源汽车牌照为渐变绿色，大型新能源汽车牌照为黄绿双拼色，中文字（汉字）、数字和字母颜色为黑色，牌照号码为 6 位数，如图 1-8 所示；纯电动的车型用"D"，非纯电动的车型用"F"。

（a）小型新能源汽车牌照　　　　　　　（b）大型新能源汽车牌照

图 1-8　新能源汽车牌照

1.2.2　新能源汽车铭牌

新能源汽车铭牌是标明车辆基本特征的标牌，通过铭牌可以了解新能源汽车的主要信息。新能源汽车类型不同，其铭牌内容会有差异。下面主要介绍纯电动汽车铭牌和混合动力电动汽车铭牌。

1. 纯电动汽车铭牌

纯电动汽车铭牌主要包括车辆品牌、整车型号、驱动电机型号、驱动电机峰值功率、动力电池系统额定电压、动力电池系统额定容量、最大允许总质量、乘坐人数、车辆识别代号、制造年月、制造国及制造厂名等，如图 1-9 所示。

2. 混合动力电动汽车铭牌

混合动力电动汽车铭牌除标注纯电动汽车铭牌上的内容外，还要标注发动机型号、发动机最大净功率、发动机排量等，如图 1-10 所示。

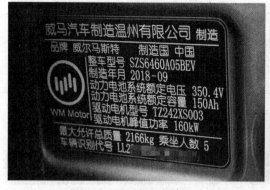

图 1-9　纯电动汽车铭牌　　　　　　　　图 1-10　混合动力电动汽车铭牌

1.2.3　新能源汽车识别代号

新能源汽车识别代号还没有统一的标准，可以参考燃油汽车识别代号。

车辆识别代号（VIN）可由三部分组成：第一部分是世界制造厂识别代号（WMI）；第二部分是车辆说明部分（VDS）；第三部分是车辆指示部分（VIS），如图1-11所示。

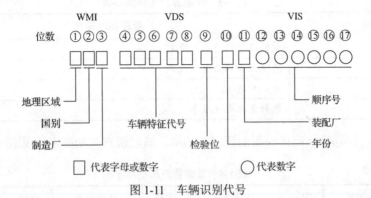

图 1-11 车辆识别代号

第一部分世界制造厂识别代号按照标准号为"GB 16737—2019"的国标规定，由3位字码（数字或字母）组成，该代号必须经过申请、批准和备案后方能使用。

我国常见的汽车制造厂识别代号见表1-2。

表 1-2 我国常见的汽车制造厂识别代号

代号	制造厂	代号	制造厂
LSV	上汽大众汽车有限公司	LHG	广汽本田汽车有限公司
LSG	上汽通用汽车有限公司	LVS	长安福特汽车有限公司
LSJ	上海汽车集团股份有限公司	L6T	浙江吉利汽车有限公司
LFV	一汽大众汽车有限公司	LVV	奇瑞汽车股份有限公司
LFM	一汽丰田汽车有限公司	LVH	东风本田汽车有限公司
LFP	中国第一汽车集团有限公司	LBV	华晨宝马汽车有限公司
LDC	神龙汽车有限公司	LS5	重庆长安汽车股份有限公司
LBE	北京现代汽车有限公司	LH1	一汽海马汽车有限公司
LE4	北京吉普汽车有限公司	LGX	比亚迪汽车有限公司
LKH	哈飞汽车股份有限公司	LJ1	安徽江淮汽车集团股份有限公司

第二部分车辆说明部分按照标准号为"GB 1673—2019"的国标规定，由6位字码组成，可以充分反映一种车辆类型的基本特征。新能源汽车的车辆说明部分目前是非强制性要求，下面以电动公交车为例进行说明，如图1-12所示。

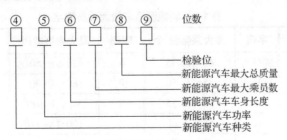

图 1-12 新能源汽车的车辆说明部分

图 1-12 中，第④位字码代表新能源汽车种类，新能源汽车种类字码见表 1-3。

表 1-3　新能源汽车种类字码

字码	新能源汽车种类
1	柴油混合动力电动汽车
2	汽油混合动力电动汽车
3	纯电动汽车
4	燃料电池电动汽车

图 1-12 中，第⑤位字码代表新能源汽车功率，新能源汽车功率字码见表 1-4。

表 1-4　新能源汽车功率字码

字码	功率/kW	字码	功率/kW	字码	功率/kW	字码	功率/kW
A	$60 \leqslant P < 65$	J	$110 \leqslant P < 120$	T	$190 \leqslant P < 200$	2	$270 \leqslant P < 280$
B	$65 \leqslant P < 70$	K	$120 \leqslant P < 130$	U	$200 \leqslant P < 210$	3	$280 \leqslant P < 290$
C	$70 \leqslant P < 75$	L	$130 \leqslant P < 140$	V	$210 \leqslant P < 220$	4	$290 \leqslant P < 300$
D	$75 \leqslant P < 80$	M	$140 \leqslant P < 150$	W	$220 \leqslant P < 230$	5	$300 \leqslant P < 310$
E	$80 \leqslant P < 85$	N	$150 \leqslant P < 160$	X	$230 \leqslant P < 240$	6	$310 \leqslant P < 320$
F	$85 \leqslant P < 90$	P	$160 \leqslant P < 170$	Y	$240 \leqslant P < 250$		
G	$90 \leqslant P < 100$	R	$170 \leqslant P < 180$	Z	$250 \leqslant P < 260$		
H	$100 \leqslant P < 110$	S	$180 \leqslant P < 190$	1	$260 \leqslant P < 270$		

图 1-12 中，第⑥位字码代表新能源汽车车身长度，新能源汽车车身长度字码见表 1-5。

表 1-5　新能源汽车车身长度字码

字码	车长/m	字码	车长/m	字码	车长/m	字码	车长/m
A	$3.5 \leqslant L < 4.0$	G	$6.5 \leqslant L < 7.0$	N	$10.5 \leqslant L < 11$	V	$13.5 \leqslant L < 14$
B	$4.0 \leqslant L < 4.5$	H	$7.0 \leqslant L < 8.5$	P	$11 \leqslant L < 11.5$	W	$14 \leqslant L < 14.5$
C	$4.5 \leqslant L < 5.0$	J	$8.5 \leqslant L < 9.0$	R	$11.5 \leqslant L < 12$	X	$14.5 \leqslant L < 15$
D	$5.0 \leqslant L < 5.5$	K	$9.0 \leqslant L < 9.5$	S	$12 \leqslant L < 12.5$	Y	$15 \leqslant L < 15.5$
E	$5.5 \leqslant L < 6.0$	L	$9.5 \leqslant L < 10$	T	$12.5 \leqslant L < 13$	Z	$15.5 \leqslant L < 16$
F	$6.0 \leqslant L < 6.5$	M	$10 \leqslant L < 10.5$	U	$13 \leqslant L < 13.5$		

图 1-12 中，第⑦位字码代表新能源汽车最大乘员数，新能源汽车最大乘员数字码见表 1-6。

表 1-6　新能源汽车最大乘员数字码

字码	最大乘客数/个	字码	最大乘客数/个	字码	最大乘客数/个	字码	最大乘客数/个
A	$10 \leqslant R < 15$	G	$40 \leqslant R < 45$	N	$70 \leqslant R < 80$	V	$130 \leqslant R < 140$
B	$15 \leqslant R < 20$	H	$45 \leqslant R < 50$	P	$80 \leqslant R < 90$	W	$140 \leqslant R < 150$
C	$20 \leqslant R < 25$	J	$50 \leqslant R < 55$	R	$90 \leqslant R < 100$	X	$150 \leqslant R < 160$
D	$25 \leqslant R < 30$	K	$55 \leqslant R < 60$	S	$100 \leqslant R < 110$	Y	$160 \leqslant R < 170$
E	$30 \leqslant R < 35$	L	$60 \leqslant R < 65$	T	$110 \leqslant R < 120$	Z	$170 \leqslant R < 180$
F	$35 \leqslant R < 40$	M	$65 \leqslant R < 70$	U	$120 \leqslant R < 130$	1	$180 \leqslant R < 190$

图 1-12 中，第⑧位字码代表新能源汽车最大总质量，新能源汽车最大总质量字码见表 1-7。

表 1-7　新能源汽车最大总质量字码

字码	最大总质量/kg	字码	最大总质量/kg	字码	最大总质量/kg	字码	最大总质量/kg
K	>1 000~2 000	C	>4 500~5 500	F	>7 500~8 500	U	>10 500~11 500
A	>2 000~3 500	D	>5 500~6 500	R	>8 500~9 500	V	>11 500~12 500
B	>3 500~4 500	E	>6 500~7 500	T	>9 500~10 500	X	>12 500~13 500

图 1-12 中，第⑨位字码代表检验位，用以核对车辆识别代码记录的准确性。

第三部分车辆说明部分由 8 位字码组成，其中第 10 位字码表示年份，年份与对应字码见表 1-8。

表 1-8　年份与对应字码

年份	字码	年份	字码	年份	字码	年份	字码
2001	1	2011	B	2021	M	2031	1
2002	2	2012	C	2022	N	2032	2
2003	3	2013	D	2023	P	2033	3
2004	4	2014	E	2024	R	2034	4
2005	5	2015	F	2025	S	2035	5
2006	6	2016	G	2026	T	2036	6
2007	7	2017	H	2027	V	2037	7
2008	8	2018	J	2028	W	2038	8
2009	9	2019	K	2029	X	2039	9
2010	A	2020	L	2030	Y	2040	A

特别提示：这里介绍的新能源汽车识别代号仅供参考，最终以国家标准或企业标准为准。

1.2.4　新能源汽车仪表盘常见图标

新能源汽车仪表盘上的图标根据功能分为指示、警示、故障图标。新能源汽车仪表盘常见图标见表 1-9。

表 1-9　新能源汽车仪表盘常见图标

名称	图标	说明
电机及控制器过热指示灯		表示汽车电机及控制器过热，需要靠边停车，自然冷却。如果指示灯熄灭，可继续行驶；如果指示灯不熄灭或频繁亮起，就需要去维修店检查
动力电池过热警告灯		说明动力电池过热，此时最好不要继续行驶，应该靠边停车，等待蓄电池冷却，等到蓄电池冷却结束、警告灯熄灭后再行驶
动力电池故障指示灯		动力电池可能存在故障，应慢速行驶并及时维修。如果能够感觉到明显的故障，则此时最好不要行车，应立即申请救援
动力电池绝缘电阻低指示灯		表示动力电池绝缘性能降低，很多时候都是长时间淋雨造成的，需要将车辆在干燥处静放几天。等车辆干燥后或许能恢复正常，如不能，应立即去维修店检查

续表

名称	图标	说明
动力电池电量不足指示灯		当动力电池电量低于30%时，该指示灯亮起，表示动力电池电量不足，可能不能满足续驶里程的需求，这时就需要及时充电。当动力电池电量高于35%时，指示灯就会熄灭
系统警告故障灯		这个故障灯出现的频率较高，大多数时候会与其他故障灯一同亮起，表示动力系统故障。如果这个故障灯单独亮起，则代表系统总线通信出现故障，须及时维修
动力电池切断故障指示灯		表示动力电池不能提供动力来源，蓄电池动力已切断，须及时维修
保养提示指示灯		每行驶5 000km，此灯就会点亮，提醒车主该进行车辆保养，保养完成后，"小扳手"会自动消失
电瓶指示灯		该指示灯用来显示电瓶使用状态。打开钥匙门，汽车开始自检时，该指示灯点亮，启动后自动熄灭。如果启动后电瓶指示灯常亮，则说明该电瓶出现了问题，需要更换
辅助制动器指示灯		辅助制动器开启时，此灯点亮；辅助制动器关闭时，该指示灯自动熄灭；在有的车型上，制动液不足时此灯会亮
ABS指示灯		钥匙门打开后点亮，3~4s后熄灭，表示系统正常；不亮或长亮则表示系统故障，此时可以继续低速行驶，但应避免紧急制动
安全气囊指示灯		显示安全气囊工作状态的指示灯，钥匙门打开后点亮，3~4s后熄灭，表示系统正常；不亮或常亮表示系统存在故障
车门状态指示灯		显示车门是否完全关闭的指示灯，车门打开或未能关闭时，该指示灯亮起，提示车主车门未关好，车门关闭后该指示灯熄灭
清洗液指示灯		显示风挡清洗液存量的指示灯，如果清洗液即将耗尽，该指示灯亮起，提示车主应及时添加清洗液；添加清洗液后，指示灯熄灭
前后雾灯指示灯		该指示灯用来显示前后雾灯的工作状况，前后雾灯接通时，两灯点亮。图中左侧的是前雾灯显示，右侧的是后雾灯显示
转向指示灯		转向灯亮时，相应的转向指示灯按一定频率闪烁；按下双闪警示灯按键时，两转向指示灯同时亮起；转向灯熄灭后，转向指示灯自动熄灭
远光指示灯		显示大灯是否处于远光状态，通常情况下该指示灯为熄灭状态，在远光灯接通或使用远光灯瞬间点亮功能时亮起
示宽指示灯		示宽指示灯，用来显示汽车示宽灯的工作状态，平时为熄灭状态；当示宽灯打开时，该指示灯随即点亮

名称	图标	说明
安全带指示灯		显示安全带状态的指示灯，按照车型不同，该指示灯会亮起数秒进行提示，直到系好安全带才会熄灭，有的车型还会进行有声提示
内循环指示灯		该指示灯用来显示汽车空调系统的工作状态，平时为熄灭状态；当打开内循环时，汽车关闭外循环，该指示灯自动点亮
胎压报警灯		当汽车的轮胎胎压出现问题时，胎压报警灯便会点亮。若胎压报警灯点亮，最好先停车检查是什么原因导致胎压出现问题，查明原因并及时修复，以消除事故隐患
疲劳驾驶警示灯		表示汽车已经长时间行驶，提醒驾驶员要到服务区或者安全地带休息一下，避免疲劳驾驶

1.2.5 新能源汽车常见英文缩写

新能源汽车有很多常见英文缩写，初学者如果不了解其含义，会有很多不便。新能源汽车常见英文缩写见表1-10。

表1-10 新能源汽车常见英文缩写

英文缩写	中文含义	中文解析
EV	电动汽车	所有类型电动汽车的总称，包括纯电动汽车、混合动力电动汽车和燃料电池电动汽车
BEV	纯电动汽车	这类汽车动力全部源于电池，因为只有电池提供能源，只有电机提供动力驱动汽车前行，可以实现行驶过程完全零排放
HEV	混合动力电动汽车	采用传统燃料，同时配有发动机和电机的车型。混合动力电动汽车中配有的电池数量一般较少，电池的充电是通过汽车的电机带动的，通过回收制动能量，帮助汽车起停，能改善车辆的低速动力输出并降低油耗
SHEV	串联式混合动力电动汽车	动力只源于电机的混合动力电动汽车
PHEV	并联式混合动力电动汽车	车辆的驱动力由电机及发动机同时或单独供给的混合动力电动汽车
PSHEV	混联式混合动力电动汽车	同时具有串联式和并联式驱动方式的混合动力电动汽车
PHEV	插电式混合动力电动汽车	车载动力电池可以通过外接电源进行充电，能量由电池和燃油提供，动力由燃油发动机和电机提供
FCEV	燃料电池电动汽车	以氢气、甲醇等为燃料，通过化学反应产生电流，依靠电机驱动的汽车。其电池的能量是通过氢气和氧气的化学作用直接转换成电能的
REEV	增程式电动汽车	增程式电动汽车在纯电动汽车基础上装备一个小型的辅助发电机组，以备电池电量不足时为电池充电
ISG	汽车启动发电一体机	直接集成在发动机主轴上；正常行驶时，发动机驱动车辆，该电机断开或者起发电机的作用；制动时，该电机还可以起再生发电、回收制动能量的节能的作用

续表

英文缩写	中文含义	中文解析
BSG	皮带传动启动/发电一体化电机	通过皮带传动在极短时间内将发动机转速由零增加至怠速以上，从而实现汽车的快速起停的装置
BMS	电池管理系统	对电池进行管理的系统，通常具有测量电池电压的功能，防止或避免电池过放电、过充电、温度过高等异常状况出现
SOC	荷电状态	用来反映电池的剩余容量，其数值上定义为剩余容量占电池容量的比值，常用百分数表示

1.3 新能源汽车的基本参数

1.3.1 质量参数

新能源汽车质量参数主要包括整车整备质量、新能源汽车总质量、新能源汽车装载质量和电池质量等。

1. 整车整备质量

整车整备质量是指新能源汽车完全装备的质量，包括整车装备完好的空车质量，电池、润滑油、冷却液、随车工具、备用轮胎及备品等的质量，但不包括货物、驾乘人员及其随身物品的质量。

2. 新能源汽车总质量

新能源汽车总质量是指汽车装备齐全，并按规定装满乘客（包括驾驶员）、货物时的质量。

3. 新能源汽车装载质量

新能源汽车装载质量是指汽车满载时所能装载的货物和人员的总质量，即新能源汽车总质量与整车整备质量之差。

4. 电池质量

纯电动汽车电能消耗量与整车整备质量和电池质量密切相关，整车整备质量和电池质量越小，电能消耗量越少。车辆整车整备质量的变化与动力电池质量变化几乎完全同步。

1.3.2 电池基本参数

电池基本参数有电压、电池容量、电池能量、能量密度、电池功率与功率密度、电池放电倍率、荷电状态、电池寿命等。

1. 电压

电压分为开路电压、工作电压、充电终止电压和放电终止电压。

（1）开路电压。

开路电压是指电池外部不接任何负载或电源所测量的电池正负极之间的电位差，即电池的开路电压。

（2）工作电压。

工作电压与开路电压相对应，即电池外接负载或电源，有电流流过电池而测量得的正负极之间的电位差。

由于电池内阻的存在，因此放电状态时（外接负载）的工作电压低于开路电压，充电状态时（外接电源）的工作电压高于开路电压。

（3）充电终止电压。

可充电电池充足电时，极板上的活性物质已达到饱和状态，再继续充电，电池的电压也不会上升，此时的电压称为充电终止电压。

（4）放电终止电压。

放电终止电压是指蓄电池放电时允许的最低电压。放电终止电压与电池放电倍率有关。

2. 电池容量

电池容量是指完全充电的蓄电池在规定条件下所释放的总的电量，其单位为 A·h 或 kA·h，它等于放电电流与放电时间的积。1A·h 就是电池能在 1A 的电流下使用 1h，16A·h 就是电池能在 1A 的电流下使用 16h。

3. 电池能量

电池能量是指在一定放电制度下电池所能输出的电能，单位为 W·h 或 kW·h，它等于电压与电池容量的积。

例如，标识为 3.7V/10A·h 的电池，其能量为 37W·h。如果把四节这样的电池串联起来，就组成了一个电压为 14.8V、容量为 10A·h 的电池组，虽然没有提高电池容量，但总能量为 148W·h，提高了 4 倍。

4. 能量密度

能量密度是指单位体积或单位质量的蓄电池所释放的电能，用 W·h/L、W·h/kg 来表示。如果是单位体积的，即体积能量密度，直接简称能量密度；如果是单位质量的，即质量能量密度，又称比能量。

例如，一节锂电池质量为 300g，额定电压为 3.7V，容量为 10A·h，则其比能量约为 123W·h/kg。

5. 电池功率与功率密度

电池功率是指电池在一定放电制度下，单位时间内所输出能量的大小，单位为 W 或 kW。功率密度是指单位质量电池输出的功率（又称比功率）或单位体积电池输出的功率，单位为 W/kg 或 W/L。

比功率是评价电池是否满足新能源汽车加速性能的重要指标。

比能量和比功率究竟有什么区别？比能量高的动力电池耐力好，可以长时间工作，保证汽车续驶里程长；比功率高的动力电池速度快，可以提供很高的瞬时电流，保证汽车加速性能好。

6. 电池放电倍率

电池放电倍率是指在规定时间内放出其额定容量时所需要的电流值，它在数值上等于电池额定容量的倍数，即充放电电流（单位为 A）/额定容量（单位为 A·h），其单位一般为 C，如 0.5C、1C、5C 等。

例如，对容量为 24A·h 的电池来说，用 48A 放电，其放电倍率为 2C，反过来讲，2C放电，放电电流为 48A，0.5h 放电完毕；用 12A 充电，其充电倍率为 0.5C，反过来讲，0.5C充电，充电电流为 12A，2h 充电完毕。

电池的充放电倍率决定了可以以多快的速度将一定的能量存储到电池中，或以多快的速度将电池中的能量释放出来。

7. 荷电状态

荷电状态（SOC）又称剩余电量，代表电池放电后剩余容量与其完全充电状态的容量的比值，其取值范围为 0～100%，当 SOC=0 时，表示电池放电完全；当 SOC=100%时，表示电池完全充满。电池管理系统（BMS）就是主要通过管理 SOC 并进行估算来保证电池高效工作的，所以它是 BMS 的核心。

8. 电池寿命

电池寿命分为循环寿命和日历寿命。

（1）循环寿命。

循环寿命是指电池可以循环充放电的次数，即在理想的温度和湿度条件下，以额定的充放电电流进行充放电，计算电池容量衰减到 80%时所经历的循环次数。

（2）日历寿命。

日历寿命是指电池在使用环境条件下，经过特定的使用工况，达到寿命终止条件（电池容量衰减到 80%）的时间跨度。日历寿命是与具体的使用要求紧密结合的，通常需要规定具体的使用工况、环境条件和存储间隔等。

循环寿命只是一个理论上的参数，而日历寿命更具有实际意义。但日历寿命的测算复杂、耗时长，所以一般电池厂家只给出循环寿命的数据。

1.3.3　电机基本参数

电机基本参数有额定功率、峰值功率、额定转速、最高工作转速、额定转矩、峰值转矩、堵转转矩、额定电压、额定电流和额定频率等。

（1）额定功率。

额定功率是指电机在额定运行条件下轴端输出的机械功率（W）。

（2）峰值功率。

峰值功率是指在规定的时间内电机运行的最大输出功率（W）。

（3）额定转速。

额定转速是指在额定运行（额定电压、额定功率）条件下电机的最低转速（r/min）。

（4）最高工作转速。

最高工作转速是指在额定电压下电机带负载运行所能达到的最高转速（r/min）。

（5）额定转矩。

额定转矩是指电机在额定功率或额定转速下的输出转矩（N·m）。

（6）峰值转矩。

峰值转矩是指电机在规定的持续时间内允许输出的峰值转矩（N·m）。

（7）堵转转矩。

堵转转矩是指转子在所有角位堵住时所产生的最小转矩（N·m）。

（8）额定电压。

额定电压是指电机正常工作的电压（V）。

（9）额定电流。

额定电流是指电机在额定运行条件下电枢绕组（或定子绕组）的线电流（A）。

（10）额定频率。

额定频率是指电机在额定运行条件下电枢（或定子侧）的频率（Hz）。

1.3.4　新能源汽车性能参数

新能源汽车性能参数主要有最高车速、加速能力、坡道起步能力、爬坡车速、续驶里程、能量消耗率、放电能量（整车）、再生能量与再生制动、动力系效率和总功率等。

1. 最高车速

新能源汽车最高车速包括最高车速（1km）和30min最高车速。

（1）最高车速（1km）。

最高车速（1km）是指新能源汽车能够往返各持续行驶1km以上距离的最高平均车速。

（2）30min最高车速。

30min最高车速是指新能源汽车能够持续行驶30min以上的最高平均车速，其值应不低于80km/h。

2. 加速能力

加速能力是指新能源汽车从速度v_1加速到v_2所需要的最短时间。0～50km/h和50～80km/h的加速性能，其加速时间应分别不超过10s和15s。

3. 坡道起步能力

坡道起步能力是指新能源汽车在坡道上能够启动且1min内向上行驶至少10m的最大坡度。车辆通过4%坡度的爬坡车速不低于60km/h；车辆通过12%坡度的爬坡车速不低于30km/h；车辆最大爬坡度不低于20%。

4. 爬坡车速

爬坡车速是指新能源汽车在给定坡度的坡道上能够持续行驶1km以上的最高平均车速。

5. 续驶里程

续驶里程是指新能源汽车在动力电池完全充电状态下，以一定的行驶工况，能连续行驶的最大距离。

作为普通消费者，新能源汽车的续驶里程是大家最为关注的核心技术指标之一，其数值大小直接决定了消费者的日常使用体验。随着动力电池技术的发展，工况法下平均续驶里程逐渐增加。

6. 能量消耗率

能量消耗率是指新能源汽车经过规定的试验循环后，对动力电池重新充电至试验前的容量，从电网上得到的电能除以续驶里程所得的值，单位为 W·h/km。

常用平均百千米电耗来评价能量消耗的大小。

7. 放电能量（整车）

放电能量是指新能源汽车在行驶中，由储能装置释放的电能（W·h）。

8. 再生能量与再生制动

再生能量是指行驶中的新能源汽车用再生制动回收的电能（W·h）。

再生制动是指新能源汽车滑行、减速或下坡时，将车辆行驶过程中的动能及势能转化或部分转化为车载可充电储能系统的能量存储起来的制动过程。

9. 动力系效率

动力系效率是指在纯电动情况下，从动力系输出的机械能除以输入动力系的电能所得的值。

10. 总功率

总功率是指混合动力电动汽车在联合驱动模式下可输出的峰值功率。

1.4 新能源汽车的技术体系与关键技术

1.4.1 新能源汽车的技术体系

新能源汽车的技术体系是"三纵三横"式的，如图 1-13 所示。"三纵"是指纯电动汽车、插电式混合动力（含增程式）电动汽车和燃料电池电动汽车，布局整车技术创新链；"三横"是指动力电池与管理系统、驱动电机与电力电子、网联化与智能化技术，构建关键零部件技术供给体系，其中网联化与智能化技术表示新能源汽车要向智能网联汽车方向发展。

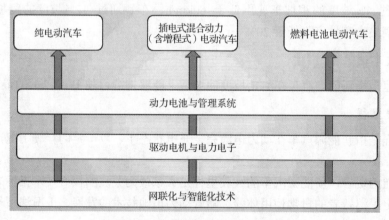

图 1-13　新能源汽车的技术体系

通过新能源汽车核心技术攻关，可以大幅度提高新能源汽车整车综合性能。预计到 2025 年，纯电动汽车新车平均电耗将降至 12.0 kW·h/100 km，插电式混合动力（含增程式）乘用车新车平均油耗将降至 2.0 L/100 km。

1.4.2　新能源汽车的关键零部件

新能源汽车的关键零部件主要有驱动电机、电机控制器、动力电池系统、增程式发动机、机电耦合装置、燃料电池堆及系统、高压总成、整车控制器和轻量化车身等。预计到 2025 年，我国将达到图 1-14 所示的目标。

图 1-14　新能源汽车的关键零部件目标

1.4.3　新能源汽车的共性关键技术

新能源汽车的共性关键技术主要有整车集成技术、电驱动技术、能量存储技术、燃料电池技术、高压电气技术等，其目标如图 1-15 所示。

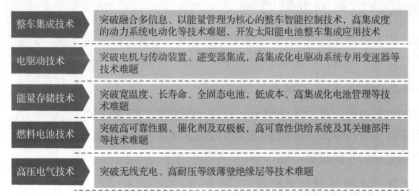

图 1-15　新能源汽车的共性关键技术目标

1.4.4 新能源汽车的核心关键技术

新能源汽车的核心关键技术主要涉及动力电池技术、电驱动技术、智能网联技术和基础核心技术等。

（1）动力电池技术。

动力电池技术要努力满足电动汽车的需求，包括能量型、能量功率兼顾型和功率型；要考虑市场需求的多样性，提出普及型、商用型和高端型三种类别，而不是单一的以高能量密度为主导；坚持安全第一的原则，兼顾性能、成本和寿命等指标；开发新体系动力电池；努力构筑完整的动力电池全产业链——系统集成、关键材料、制造技术及关键装备、测试评价及回收利用等。

（2）电驱动技术。

电驱动系统是未来汽车工业产业链的重中之重，"电动化"标志是所有类型汽车驱动系统电动化，电驱动系统是实现"电动化"的关键技术基础，它涵盖驱动电机、电机控制器及机电耦合装置。

（3）智能网联技术。

新能源汽车是智能网联技术极佳应用载体，新能源汽车的发展必须智能化和网联化，实施智能网联技术创新工程，支持企业跨界协同，研发复杂环境融合感知、智能网联决策与控制、信息物理系统架构设计、智能网联安全和多模式评价测试等关键技术，突破车载智能计算平台、云控平台、高精度地图与定位、V2X、车载高速网络、关键传感器、智能车载终端、线控执行系统等核心技术与产品。

（4）基础核心技术。

实施新能源汽车基础技术提升工程，发展车规级芯片、车载操作系统、新型电子电气架构、高效高密度驱动电机系统等关键技术和产品，攻克氢能储运、加氢站、车载储氢等氢燃料电池汽车应用支撑技术，支持基础元器件、关键生产装备、高端试验仪器、开发工具、高性能自动检测设备等基础共性技术研发和创新，攻关新能源汽车智能制造海量异构数据组织分析、可重构柔性制造系统集成控制等关键技术。

1.5　新能源汽车的发展趋势与发展规划

1.5.1 新能源汽车的发展趋势

新能源汽车要继续坚持电动化、智能化、网联化、共享化的发展方向，按照"三纵三横"的总体布局，开展新能源汽车关键技术研发，助推新能源汽车产业高质量发展。

1. 加强基础研究和前沿颠覆性技术创新

提升原始创新能力，努力实现更多从 0 到 1 的突破。特别是在动力电池方面，重点布局新一代锂离子电池材料体系，全固态锂或锂离子电池、金属锂电池、多价金属与反应材料体系等，为产业未来的发展奠定基础。

2. 支持行业共性关键技术突破

开发模块化、轻量化、分布式、纯电动底盘平台及新型电子电气架构，研究高安全与长寿命动力电池产业技术解决方案，开发高性能、低成本、燃料电池电堆及关键材料，突破网联化与智能化技术，攻克车辆智能控制操作系统、复杂环境感知、智能决策规划、V2X云控平台等技术。

3. 以安全为新能源汽车健康可持续发展的重要前提

当前新能源汽车安全问题较为突出，但总体可防可控。提升新能源汽车安全性是一项系统工程，需要持续加强全产业链安全技术研究，从设计、制造、使用、维护保养到回收利用，全生命周期建立"本体安全、主动安全、被动安全、过程安全"的防控体系，加强软件远程更新和大数据技术应用，制定和执行严格的安全技术标准，开展全产业链的质量提升行动，为消费者提供安全、可靠的产品和出行体验。

4. 推动产业融合发展

电动化、智能化、共享化叠期发展，加速融合，产业链不断拓展，亟须汽车与能源、交通、信息通信、城市规划等行业更紧密地跨界协同，共同构建产业新生态。汽车行业将积极加强车辆对电网（V2G）技术的应用，推动构建"绿色、智能"的新型能源体系，加快人工智能、大数据和新一代信息通信技术的应用，拓展智能网联汽车的商业化应用场景，扩大共享出行服务规模，推动与智能交通系统和智慧城市的融合发展。

（1）推动新能源汽车与能源融合发展。

加强新能源汽车与电网能量互动，加强高循环寿命动力电池技术攻关，推动小功率直流化技术应用，建设柔性配电网络。鼓励地方开展V2G示范应用，统筹新能源汽车充放电、电力调度需求，综合运用政策及经济手段，实现新能源汽车与电网能量高效互动，降低新能源汽车用电成本，提高电网调峰、调频和安全应急响应能力，促进新能源汽车与可再生能源高效协同。推动新能源汽车与气象、可再生能源电力预测预报系统信息共享与融合，统筹新能源汽车能源利用与风电光伏协同调度，提升可再生能源应用比例，鼓励"光储充放"（分布式光伏-储能系统-充放电）多功能综合一体站建设。

（2）推动新能源汽车与交通融合发展。

发展一体化智慧出行服务，加快建设涵盖前端信息采集、边缘分布式计算、云端集中管控的新型智能交通管控系统，加快新能源汽车在分时租赁、城市公交、出租汽车、场地用车等领域的应用，引导汽车生产企业和出行服务企业共建"一站式"服务平台，精准匹配个体出行需求，构建"出行即服务"新型交通出行服务模式，构建智能、绿色物流运输体系，推进新能源汽车在城市物流、农村物流、港口短驳等领域的应用，创新智慧物流营运模式，推广模块化运输、单元化物流、无人物流等新模式应用，打造安全、高效的物流运输服务新业态。

（3）推动新能源汽车与信息通信融合发展。

加强互联互通和信息交互，充分发挥蜂窝通信网络基础优势，以无线通信、定位导航等技术为支撑，推动车辆与道路交通、信息通信基础设施广泛互联和数据交互，为多级联动的自动驾驶控制决策和应用服务提供保障，推进以数据为纽带的"人—车—路—云"高效协同，基于汽车感知、交通管控、城市管理等信息，构建"人—车—路—云"多层数据融合与计算处理平台，开展特定场景、区域及道路的示范应用，促进汽车与信息通信融合应用服务创新，打造信息安全保障体系，构建汽车身份认证和数据管理体系，加强数据、应用服务在汽车全生命周期的分级分类管理和访问控制，完善风险评估、预警监测、应急响应机制，保障新能源汽车"端—管—云"各个环节信息安全。

（4）加强标准对接与数据共享。

建立新能源汽车与相关产业融合发展的综合标准体系，明确车载操作系统、车用基础地图、车桩信息共享、云控基础平台、车用无线通信等技术接口标准，建立跨行业、跨领域的综合大数据平台，促进各类数据共建共享与互联互通。

5. 加强公共基础设施建设

加强充换电、加氢等基础设施建设，加快形成以快充为主的高速公路和城乡公共充电网络，对作为公共设施的充电桩建设给予财政支持，鼓励开展换电模式应用。

1.5.2 新能源汽车的发展规划

中国新能源汽车产业至 2035 年发展规划如下。

（1）至 2025 年，新能源汽车新车销量占汽车总销量达 20%。

（2）至 2035 年，新能源汽车新车销量占汽车总销量达 50%。

（3）到 2025 年，实现纯电动汽车新车平均电耗降至 12.0 kW·h/100 km，插电式混合动力（含增程式）乘用车新车平均油耗降至 2.0 L/100km。

（4）至 2035 年，国内公共领域用车将实现全面电动化。

（5）至 2035 年，燃料电池汽车实现商业化应用。

（6）提高技术创新能力是下一阶段新能源汽车产业发展的重要目标之一，届时将推动深化"三纵三横"的研发布局。

（7）未来将构建新型产业生态，加快车载操作系统产业化应用。

（8）下一阶段将推动构建产业协同发展新格局，具体措施包括推动新能源汽车与能源、交通、信息通信融合发展，同时加强标准对接与数据共享。

（9）为给新能源汽车营造良好的使用环境，下一阶段将加快推动换电、加氢、信息通信与道路交通等基础设施建设。

（10）非运营车辆充电服务将享受居民生活电价。

未来新能源汽车应具有以下特征。

（1）采用清洁电能。目前电能获取方式多数通过火力发电，煤是电力的主要来源，先通过燃烧煤产生电，接着给电动汽车充电，然后使电能转化成动能，二次转化效率低，而且采煤、烧煤对环境一定是有负面影响的。因此，新能源汽车必须采用清洁电能，如风能、水能、太阳能、氢能等。

（2）电池技术满足用户使用方便的要求。要突破电池的储能和充电技术，新能源汽车使用的方便性要接近现在的燃油汽车。

（3）新能源汽车是自动驾驶的最好载体。智能化、网联化、共享化都能体现在新能源汽车上。

（4）新能源汽车是一个移动的智能终端，乘车人可以在车里看书、上网、购物、办公等。

（5）未来新能源汽车发展的终极目标是实现无人驾驶，未来无人驾驶新能源概念车如图 1-16 所示。

图 1-16 未来无人驾驶新能源概念车

【扩展阅读】

新能源汽车的市场渗透率

2021年1—12月，中国新能源汽车产销累计分别为354.5万辆和352.1万辆，累计分别增长达159.5%和157.5%，市场渗透率为13.4%，同比增长约8个百分点。

从细分车型看，2021年1—12月中国纯电动汽车产销累计分别为294.2万辆和291.6万辆，累计分别增长达170%和160%；插电式混合动力电动汽车产销累计分别为60.1万辆和60.3万辆，累计分别增长达130%和140%；燃料电池电动汽车产销累计均完成0.2万辆，累计分别增长达48.7%和35%。

分企业来看，2021年，比亚迪汽车新能源乘用车零售销量占全国新能源乘用车总零售销量的19.54%，占比最大；上汽通用五菱新能源乘用车零售销量占全国新能源乘用车总零售销量的14.42%；特斯拉中国新能源乘用车零售销量占全国新能源乘用车总零售销量的10.73%；长城汽车新能源乘用车零售销量占全国新能源乘用车总零售销量的4.48%；广汽埃安新能源乘用车零售销量占全国新能源乘用车总零售销量的4.25%；上汽乘用车新能源乘用车零售销量占全国新能源乘用车总零售销量的3.68%；小鹏汽车新能源乘用车零售销量占全国新能源乘用车总零售销量的3.28%；奇瑞汽车新能源乘用车零售销量占全国新能源乘用车总零售销量的3.27%；蔚来汽车新能源乘用车零售销量占全国新能源乘用车总零售销量的3.06%；理想汽车新能源乘用车零售销量占全国新能源乘用车总零售销量的3.03%；吉利汽车新能源乘用车零售销量占全国新能源乘用车总零售销量的2.70%；长安汽车新能源乘用车零售销量占全国新能源乘用车总零售销量的2.56%；一汽大众新能源乘用车零售销量占全国新能源乘用车总零售销量的2.35%；哪吒汽车新能源乘用车零售销量占全国新能源乘用车总零售销量的2.33%；上汽大众新能源乘用车零售销量占全国新能源乘用车总零售销量的2.04%。2021年中国新能源乘用车销量排名前15的厂商新能源乘用车零售销量总和占全国新能源乘用车总零售销量的81.72%，企业市场占有率较高，市场较为集中。

新能源汽车市场渗透率增长较快，2022年已超过20%，达到27.6%。

思考讨论

1. 分析我国当前汽车市场新能源汽车的市场渗透率情况。
2. 分析我国当前新能源汽车的技术水平。

【项目实训】

对新能源汽车的认知

通过"对新能源汽车的认知"项目实训，填写项目实训工单，增强学生对新能源汽车的认识。

项目实训工单

实训参考题目	对新能源汽车的认知
实训实际题目	由指导教师根据实际条件和分组情况，给出具体实训题目，包括实训车型、具体实训项目、实训内容等。实训项目可以涉及新能源汽车的定义与分类、常见标识、基本参数、技术体系与关键技术、发展趋势与发展规划等，根据分组情况可以分配不同的实训内容

学生姓名		班级		学号	
组长姓名		同组同学			
实训地点		学时		日期	
实训目标		（1）能够根据实训实际题目和要求，独立完成实训前的各种准备； （2）能够判别新能源汽车类型并说出原因； （3）能够根据实训规范，结合车辆手册，制订项目实训方案； （4）能够从网上查找新能源汽车； （5）能够结合车辆手册和所学知识，对实训车辆的基础知识进行分析、讲解			

一、接受实训任务

　　小张同学在某汽车4S店实习，即将实习结束，要进行综合考核，综合考核分为实训考核和理论考核两部分，其中实训考核部分的内容占70%，理论考核部分的内容占30%。实训考核是小张同学模仿销售人员，完成实训任务。

　　某汽车4S店接受了一位顾客的预约，顾客反映，目前新能源汽车非常受欢迎，自己想要购买一辆，但对新能源汽车的认知和市场情况不了解，希望销售人员给予详细的讲解。汽车4S店委派实习生小张等同学负责接待顾客，需提前做好准备并进行新能源汽车基础知识的全面介绍，促成销售成功，同时做好各项记录

二、实训任务准备（以下内容由实训学生填写）

　　（1）实训设备选择：□实训车辆　　□实训专用实验台　　□网上车辆

　　（2）实训目标是否完全理解：□完全理解　　□不完全理解

　　（3）实训任务是否完全理解：□完全理解　　□不完全理解

　　（4）实训车辆拟实训项目：_____

　　（5）实训车辆资料是否完整：□完整　　□不完整（原因：_____）

　　（6）网上新能源汽车资料是否准备：□准备　　□没准备（原因：_____）

　　（7）新能源汽车的基础知识是否熟悉：□熟悉　　□不熟悉

　　（8）本次实训所需要的PPT准备情况：□准备　　□没准备（原因：_____）

　　（9）本次实训所需要的辅助设备准备情况：□齐全　　□不齐全（原因：_____）

　　（10）本次实训所需时长约为_____

　　（11）实训完是否需要检验：□需要　　□不需要

　　（12）其他准备：_____

续表

三、制订实训计划（以下内容由实训学生填写，指导教师审核）

（1）根据对新能源汽车的认知实训任务，完成物料的准备。

完成本次实训需要的所有物料

序号	物料种类	物料名称范例	实际物料名称
1	实训设备	实训用新能源汽车一辆	
2	从网上查找的新能源汽车	纯电动汽车	
		混合动力电动汽车	
		燃料电池电动汽车	
3	相关资料	新能源汽车市场销售情况	
		销售的新能源汽车配置情况	
		销售的新能源汽车基本参数	
		新能源汽车发展情况	
4	辅助设备	投影仪、笔记本电脑	

（2）根据对新能源汽车的认知实训任务，制订操作流程。

对新能源汽车的认识的操作流程

序号	操作流程范例	实际操作流程
1	接受实训任务	
2	实训任务准备	
3	实训物料准备	
4	在实训车辆上查找动力电池与驱动电机	
5	在实训车辆上查找铭牌、识别代号、图标	
6	制作讲解用的PPT	
7	结合实训车辆和PPT识别、讲解新能源汽车	
8	实训小组讨论	
9	实训质量检查	

（3）根据实训计划，完成小组成员任务分工。

操作员（1人）		客户（1人）	
协作员（若干人）		记录员（1人）	

操作员负责对新能源汽车的认知的具体实训内容的操作；客户负责对新能源汽车的认知的具体实训内容结果的验收；协作员负责协助操作员完成对新能源汽车的认知的具体实训内容的操作；记录员做好对新能源汽车的认知的具体实训内容记录。

（4）指导教师对制订实训计划的审核。

审核意见：

年　　月　　日　　签字：

四、实训计划实施（实施内容由指导老师填写；实施结果由实训学生填写）

（1）参考范例。

实施步骤	实施内容	实施结果
1	准备好实训车辆	实训车辆放置在合适位置
2	准备好实训车辆的手册	手册放在操作员手中
3	判断实训车辆类型	纯电动汽车
4	查找实训车辆上的动力电池	锂离子电池
5	查找实训车辆上的驱动电机	永磁同步电机
6	解释实训车辆铭牌的意义	已解释
7	解释实训车辆识别代号的意义	已解释
8	解释实训车辆仪表盘上的各种图标意义	已解释
9	查找实训车辆的基本配置	已查找并记录
10	查找实训车辆的基本参数	已查找并记录
11	准备给顾客讲解用的 PPT（新能源汽车定义与类型,举例说明新能源汽车常见标识和基本参数等）	已准备
12	操作员给顾客(小组其他同学)进行讲解并做好记录	完成
13	实训完所有物品归位	完成

（2）实际案例。

实施步骤	实施内容	实施结果
1		
2		
3		
4		
5		
6		
7		
8		
9		
10		
11		
12		
13		
14		
15		

五、实训小组讨论（以下内容由实训学生填写）

讨论题1：讨论实训车辆与燃油汽车有哪些区别。

讨论题2：讨论最近一年中国汽车市场上新能源汽车的销售概况。

讨论题3：讨论新能源汽车的发展趋势。

讨论题4：总结本次实训的优点和不足。

六、实训质量检查（以下内容由指导教师填写）

请实训指导教师检查本组实训结果，并针对实训过程中出现的问题提出改进措施及建议。

序号	评价标准	评价结果
1	实训任务是否完成	
2	实训操作是否规范	
3	实施记录是否完整	
4	实训结论是否正确	
5	实训小组讨论是否充分	
综合评价	□优　　　□良　　　□中　　　□及格　　　□不及格	
问题与建议	问题： 建议：	

实训成绩单（以下内容由指导教师填写）

项目	评分标准	分值	得分
接受实训任务	明确任务内容，理解任务在实际工作中的重要性	5	
实训任务准备	实训任务准备完整	5	
	掌握新能源汽车的基础知识	5	
	能够正确识别新能源汽车的关键部件	5	
制订实训计划	物料准备齐全	5	
	操作流程合理	5	
	人员分工明确	5	
实训计划实施	实训计划的实施步骤合理，记录详细	10	
	实施过程规范，没有出现错误	10	
	能够正确对实训车辆基础知识进行讲解	15	
	能够对实训得出正确结论	10	
实训小组讨论	实训小组讨论是否热烈	5	
	实训总结是否客观	5	
质量检测	学生实训任务完成，实训过程规范，实施记录完整，结论正确	10	
实训考核成绩			

【归纳与提高】

　　本项目主要讲解了新能源汽车的定义与分类，新能源汽车常见标识中的车牌、铭牌、识别代号、仪表盘常见图标、常见英文缩写，新能源汽车的质量参数、电池基本参数、电机基本参数、性能参数，新能源汽车的技术体系、关键零部件、共性关键技术和核心关键技术，新能源汽车的发展趋势与发展规划等。通过对本项目知识的学习，学生可以较全面地掌握新能源汽车的基本知识。通过项目实训和知识巩固，学生可以巩固学习成果，最终培养分析问题和解决问题的能力，以及识别新能源汽车的技能。

　　由于新能源汽车发展较快，因此建议学生多了解国内汽车市场新能源汽车的销售情况，分析新能源汽车的市场渗透率，掌握新能源汽车技术的发展变化。

【知识巩固】

一、名词解释

1. 新能源汽车。

2. 纯电动汽车。

3. 混合动力电动汽车。

4．燃料电池电动汽车。

二、填空题

1．新能源汽车主要包括＿＿＿＿＿＿＿、＿＿＿＿＿＿＿＿＿和＿＿＿＿＿＿＿，其中混合动力电动汽车又分为＿＿＿＿＿＿＿和＿＿＿＿＿＿＿。

2．车辆识别代号由三部分组成：第一部分是＿＿＿＿＿＿＿＿＿；第二部分是＿＿＿＿＿＿＿＿＿；第三部分是＿＿＿＿＿＿＿。

3．小型新能源汽车牌照为＿＿＿色，大型新能源汽车牌照为＿＿＿色；中文字（汉字）、数字和字母颜色为＿＿＿色；牌照号码为＿＿＿ 位数；纯电动汽车的车型用＿＿＿，非纯电动汽车的车型用＿＿＿。

4．新能源汽车质量参数主要包括＿＿＿＿＿＿＿、＿＿＿＿＿＿＿、＿＿＿＿＿＿＿和＿＿＿＿＿＿＿等。

5．纯电动汽车电能消耗量与＿＿＿＿和＿＿＿＿密切相关，＿＿＿＿和＿＿＿＿越小，电能消耗量＿＿＿＿＿。

6．电池基本参数有＿＿＿＿＿、＿＿＿＿＿、＿＿＿＿＿、＿＿＿＿＿、＿＿＿＿＿、＿＿＿＿＿、＿＿＿＿＿等。

7．新能源汽车的核心关键技术主要涉及＿＿＿＿＿＿＿、＿＿＿＿＿＿＿、＿＿＿＿＿＿＿和＿＿＿＿＿＿＿等。

8．到 2025 年，纯电动汽车新车平均电耗降至＿＿＿＿＿＿＿，插电式混合动力（含增程式）乘用车新车平均油耗降至＿＿＿＿＿＿＿。

9．新能源汽车最高车速包括＿＿＿＿＿＿＿和＿＿＿＿＿＿＿。

10．在我国，非插电式混合动力电动汽车属于＿＿＿＿＿＿＿。

三、选择题

1．不属于新能源汽车的是（　　　）。
　　A．纯电动汽车　　　　　　　　B．插电式混合动力电动汽车
　　C．液化石油气汽　　　　　　　D．燃料电池电动汽车

2．不属于纯电动汽车部件的是（　　　）。
　　A．动力电池　　　B．增程器　　　C．电机控制器　　　D．电机

3．不属于新能源汽车性能参数的是（　　　）。
　　A．最高车速　　　B．续驶里程　　　C．电池能量密度　　D．能量消耗量

4．新能源汽车整车整备质量不包括（　　　）。
　　A．动力电池　　　B．备用轮胎　　　C．随车工具　　　D．驾驶员

5．影响纯电动汽车续驶里程的主要因素是（　　　）。
　　A．电池比能量　　B．电池比功率　　C．电池电压　　　D．电池 SOC

6．电池基本参数包括（　　　）。
　　A．电池电压　　　B．电池 SOC　　　C．电池放电倍率　D．电池续驶里程

7．电机基本参数包括（　　　）。
　　A．峰值功率　　　B．峰值转矩　　　C．额定转速　　　D．额定容量

8．新能源汽车的关键零部件包括（　　　）。
　　A．驱动电机　　　B．动力电池系统　　C．高压总成　　　D．制动器

9. 规划至 2025 年，新能源汽车新车销量占汽车总销量达（　　）。

    A．20%　　　　　　B．25%　　　　　　C．15%　　　　　　D．30%

10. 规划至 2035 年，新能源汽车新车销量占汽车总销量达（　　）。

    A．40%　　　　　　B．50%　　　　　　C．60%　　　　　　D．70%

四、判断题

1. 天然气汽车、液化石油气汽车、甲醇汽车都不属于新能源汽车，而属于节能汽车。（　　）

2. 低速电动汽车（如老年代步车等）也属于新能源汽车。（　　）

3. 整车整备质量是指电动汽车完全装备的质量，包括整车装备完好的空车质量，电池、润滑油、冷却液、随车工具、备用轮胎及备品等的质量，但不包括货物、乘客（包括驾驶员）及随身物品的质量。（　　）

4. 新能源汽车装载质量是指汽车满载时所能装载的货物和人员的总质量，即新能源汽车总质量与整车整备质量之差。（　　）

5. 电池容量是指完全充电的蓄电池在规定条件下所释放的总的电量，它等于放电电压与放电时间的积。（　　）

6. 电池能量是指在一定放电制度下电池所能输出的电能，它等于电流与电池容量的积。（　　）

7. 比能量高的动力电池可以长时间工作，保证汽车续驶里程长；比功率高的动力电池可以提供很高的瞬时电流，保证汽车加速性能好。（　　）

8. SOC 又称剩余电量，代表电池放电后剩余容量与其完全充电状态的容量的比值，其取值范围为 0～100%。当 SOC=0 时，表示电池放电完全；当 SOC=100% 时，表示电池完全充满。BMS 就是主要通过管理 SOC 并进行估算来保证电池高效工作的，所以它是 BMS 的核心。（　　）

9. 循环寿命是指电池可以循环充放电的次数，即在理想的温度和湿度条件下，以额定的充放电电流进行充放电，计算电池容量衰减到 80% 时所经历的循环次数。（　　）

10. 坡道起步能力是指电动汽车在坡道上能够启动且 1 min 内向上行驶至少 10 m 的最大坡度。车辆通过 4% 坡度的爬坡车速不低于 80 km/h；车辆通过 12% 坡度的爬坡车速不低于 30 km/h；车辆最大爬坡度不低于 20%。（　　）

五、问答题

1. EV、BEV、HEV、FCEV 分别代表什么？

2. 动力电池的基本参数有哪些？

3. 驱动电机的基本参数有哪些？

4. 新能源汽车关键零部件有哪些？

5. 新能源汽车技术体系是怎样的？

项目 2
认识纯电动汽车

纯电动汽车是新能源汽车的主要类型之一，也是目前新能源汽车保有量最多的车型，是我国重点发展的新能源汽车车型。纯电动汽车知识的学习是新能源汽车学习的重中之重，也是今后想要从事新能源汽车相关工作的人员需要掌握的基础知识。

【知识路径】

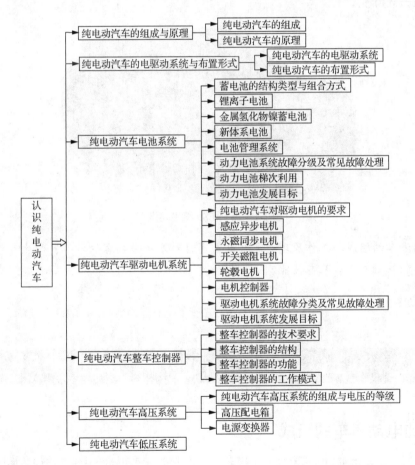

【学习目标】

知识目标：

（1）掌握纯电动汽车的组成与原理；

（2）掌握纯电动汽车的电驱动系统与布置形式；

（3）掌握纯电动汽车电池系统与驱动电机系统；

（4）了解纯电动汽车整车控制器、高压系统与低压系统。

技能目标：

（1）能够识别纯电动汽车主要部件；

（2）能够绘制纯电动汽车工作原理图和高压系统连接图。

素质目标：

（1）培养敬业精神和服务意识；

（2）培养沟通、协调、合作的能力，逐步形成良好的心理素质。

【导入案例】

图 2-1 所示为蔚来 ES6 纯电动汽车，前电机采用永磁同步电机，后电机采用交流异步电机，动力电池为三元锂电池，最高车速为 200km/h，0～100km/h 加速时间为 4.7s，NEDC 综合续驶里程为 430km。

图 2-1　蔚来 ES6 纯电动汽车

纯电动汽车的组成与工作原理是怎样的？通过对本项目内容的学习，学生可以全面了解纯电动汽车的基础知识和基本技能。

【知识探索】

2.1　纯电动汽车的组成与原理

2.1.1　纯电动汽车的组成

纯电动汽车主要由驱动电机系统、电源系统、整车控制器和辅助系统等组成，如图 2-2 所示。

1. 驱动电机系统

驱动电机系统包括电机、电机控制器及它们工作所必需的辅助装置。下面主要介绍电机和电机控制器。

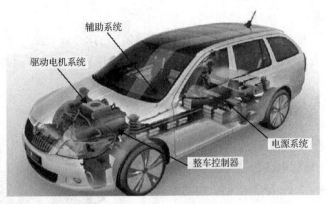

图 2-2　纯电动汽车组成

（1）电机。

电机的作用是将储存在蓄电池中的电能高效地转化为车轮的动能，并能够在汽车减速制动和下坡滑行时，将车轮的动能转化为电能充入蓄电池。电机具有电动机和发电机双重功能。

（2）电机控制器。

电机控制器是按整车控制器的指令、驱动电机的转速和电流反馈信号等对驱动电机的转速、转矩和旋转方向进行控制的。

驱动电机系统一般与机械传动装置做成一体。例如，雪佛兰 Bolt EV 采用的电驱动桥系统（见图 2-3），驱动桥前置，中心对称，左右半桥长度一样。该系统集成了永磁同步电机、减速器（变速比为 7.05）、差速器、润滑系统、电机冷却系统、驻车系统、挡位开关、油泵及一些附件。电机峰值转矩为 360 N·m，峰值功率为 150kW，最大转速为 8 810r/min。

图 2-3　雪佛兰 Bolt EV 采用的电驱动桥系统

2. 电源系统

电源系统主要包括动力电池、电池管理系统、车载充电机和辅助动力源等。

（1）动力电池。

动力电池是纯电动汽车的动力源，是能量的存储装置，也是目前制约纯电动汽车发展的关键因素。要使纯电动汽车与燃油汽车相竞争，关键是开发出比能量高、比功率大、使用寿命长、成本低的动力电池。

（2）电池管理系统。

电池管理系统实时监控动力电池的使用情况，对动力电池的端电压、内阻、温度、电解液浓度、当前电池剩余电量、放电时间、放电电流和放电深度等动力电池状态参数进行检测，并按动力电池对环境温度的要求进行调温控制。通过限流控制避免动力电池过充，对有关参数进行显示和报警，其信号流向辅助系统的车载信息显示系统，以便驾驶员随时掌握并配合其操作，按需求及时对动力电池充电并进行维护保养。

（3）车载充电机。

车载充电机（OBC）把电网供电制式转换为对动力电池充电要求的制式，即把交流电转换为相应电压的直流电，并按要求控制其充电电流。

（4）辅助动力源。

辅助动力源供给纯电动汽车其他各种辅助装置所需的动力，一般为12V或24V的直流低压电源。它主要给动力转向、制动力调节控制、照明、空调、电动窗门等各种辅助装置提供所需的能源。

目前纯电动汽车使用的动力电池主要是锂离子电池。例如，雪佛兰Bolt EV使用的动力电池（见图2-4）是由288支LG电芯制成的，单体电芯标称容量为55A·h，标称电压为3.75V，系统电量为59.4kW·h（288×55A·h×3.75V）。电池系统体积为285L，质量为435kg，能量密度为208W·h/L，比能量为136W·h/kg。热管理方面，电池包采用液冷方式控制温度。

图2-4 雪佛兰Bolt EV使用的动力电池

3. 整车控制器

整车控制器（VCU）是纯电动汽车的"大脑"，是实现整车控制决策的核心电子控制单元。它根据驾驶员输入的加速踏板和制动踏板的信号向电机控制器发出相应的控制指令，对电机进行启动、加速、减速、制动控制。在纯电动汽车减速和下坡滑行时，整车控制器配合电池管理系统进行发电回馈，使动力电池反向充电。对于与汽车行驶状况有关的速度、功率、电压、电流及有关故障诊断等信息，还需传输到车载信息显示系统进行相应的数字或模拟显示。

图2-5所示为丰田某纯电动汽车的整车控制器原理。该车是后轮驱动，左后轮和右后轮分别由两个轮毂电机驱动。整车控制器接收驾驶员的操作信号和汽车的运动传感器信号。其中，驾驶员的操作信号包括加速踏板信号、制动踏板信号、换挡信号和转向角度信号；汽车的运动传感器信号包括横摆角速度信号、纵向加速度信号、横向加速度信号和四个车轮的转速信号。整车控制器将这些信号经过控制策略计算，通过左右两组电机控制器和逆变器分别驱动左后轮和右后轮。

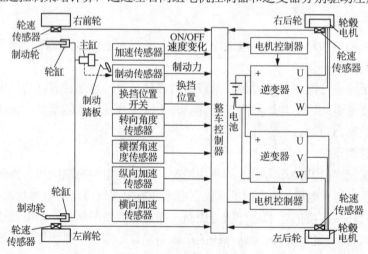

图2-5 丰田某纯电动汽车的整车控制器原理

4. 辅助系统

辅助系统包括车载信息显示系统、电动转向系统、电控制动系统、电动空调系统、照明及除霜装置、刮水器、收音机等，这些辅助系统可以帮助提高纯电动汽车的操纵性和乘坐的舒适性。

2.1.2 纯电动汽车的原理

纯电动汽车的工作原理如图 2-6 所示。当纯电动汽车行驶时，储存在动力电池中的电能通过电机控制器输送给驱动电机，驱动电机将电能高效地转化为驱动轮的动能，使车轮转动。当汽车制动减速或下坡滑行时，又将车轮的动能转化为电能充入蓄电池，进行制动能量回收。

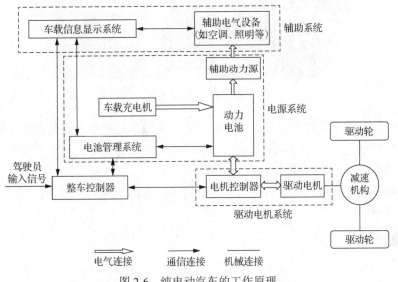

图 2-6　纯电动汽车的工作原理

纯电动汽车功能如图 2-7 所示，它具有怠速停机、纯电驱动、回收制动能量和停车充电等功能。

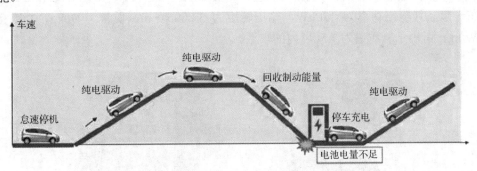

图 2-7　纯电动汽车功能

2.2 纯电动汽车的电驱动系统与布置形式

2.2.1 纯电动汽车的电驱动系统

1. 电驱动系统的定义

电驱动系统（见图 2-8）主要由电机、电机控制器和机械传动装置组成，它的结构形式直接影响纯电动汽车驱动系统的布置形式。

图2-8　电驱动系统

随着纯电动汽车技术的不断发展，电驱动系统集成化已经成为必然趋势。通过电驱动系统集成化，车企一方面可以简化主机厂的装配，提高产品合格率；另一方面可以大规模缩减供应商数量，达到轻量化、节约成本等目的。

三合一电驱动系统是指将电机、电机控制器和减速器集成为一体，目前已成为纯电动汽车电驱动系统的主流。

2. 博世的电驱动系统

德国博世（BOSCH）公司的电驱动系统的系列产品按照设计可实现输出功率从50kW到300kW、转矩从1 000N·m到6 000N·m不同的变形产品，用以覆盖纯电动汽车和混合动力电动汽车对电驱动系统的不同需求，可以安装在小型乘用车、越野车甚至轻型商用车上。

图2-9所示为博世的三合一电驱动系统，它由永磁同步电机、电机控制器和二级减速器集成在一起。其输出功率为150kW，输出转矩为3 800N·m，质量为90kg，功率密度为1.67kW/kg，可用于总质量为7.5t以内的车型。

图2-9　博世的三合一电驱动系统

三合一电驱动系统将原来独立的电机、电机控制器和减速器集成到一个外壳中，使得整个电驱动系统成本更低、体积更小、效率更高。在生产成本降低的同时，其体积降低超过20%。

博世的三合一电驱动系统可安装于纯电动汽车、混合动力电动汽车，包括前驱车或后驱车，也包括轿车、SUV甚至轻型商用车。图2-10所示为安装博世的三合一电驱动系统的电动货车。

图 2-10　安装博世的三合一电驱动系统的电动货车

博世的三合一电驱动系统具有以下特点。

（1）高度集成化。

博世充分利用其完整的产品线进行高度整合，将电机、电机控制器和减速器合三为一，体积的大幅减少更能支持新能源车型紧凑的动力布局。

（2）简化冷却管路和功率驱动线缆。

高度集成的另一个好处就是电机和电机控制器的冷却管路整合简化了管线布置。模块内部集成大功率交流驱动母线进一步降低了线缆成本。

（3）平台化设计灵活，适配不同车型。

博世的三合一电驱动系统可以适应多种类型的车辆，可以安装在纯电动汽车和混合动力电动汽车的前后车轴上。

3. 吉凯恩的电驱动系统

英国的吉凯恩（GKN）公司将电机、电机控制器和减速器置于同一个封装空间，吉凯恩的三合一电驱动系统如图 2-11 所示，其爆炸图如图 2-12 所示。

图 2-11　吉凯恩的三合一电驱动系统　　　图 2-12　吉凯恩的三合一电驱动系统爆炸图

吉凯恩的三合一电驱动系统采用轻量化设计，传动部件实现了 12.5 的传动比，该设计可适应更高的电机转速。该系统可提供高达 2 000N·m 的转矩和 70kW 的功率，足以使车辆在纯电动模式下达到 125km/h 的最高速度。此外，在全轮驱动模式下，纯电动模式比传统机械系统的提速能力强很多。整套装置的质量只有 20.2kg，且体积较小，长、宽、高分别为 457mm、229mm、259mm，便于在有限空间内安装。

该装置采用了机电驱动离合器，在不需要纯电动或混合动力驱动时，可以通过一个集成的切断装置将电机从传动系统中断开。此外，该装置还对齿轮和轴承布置进行了优化，实现了更高的效率、更好的 NVH 性能和耐久性。

吉凯恩的同轴电驱动系统 Co-axial eAxle 如图 2-13 所示，其具有单挡、两级减速，减速比为 10。

图 2-13　吉凯恩的同轴电驱动系统 Co-axial eAxle

吉凯恩电驱动系统可安装于纯电动汽车和混合动力电动汽车。图 2-14 所示为安装了吉凯恩电驱动系统的宝马纯电动汽车。

图 2-14　安装了吉凯恩电驱动系统的宝马纯电动汽车

图 2-15 所示为吉凯恩的双速三合一电驱动系统，具有两挡、两级减速，电机功率为 120kW，最大输出转矩为 3 500N·m，每个后轮转矩可达 2 000N·m。

4. 采埃孚的电驱动系统

德国采埃孚（ZF）研发的适用于小型和中型轿车的电驱动系统如图 2-16 所示，其驱动单元安装于车桥中部，最大输出功率为 120kW，能保证在低速情况下输出高转矩值。

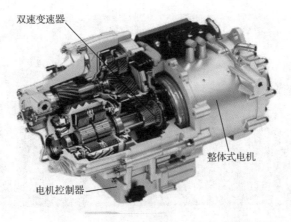

图 2-15 吉凯恩的双速三合一电驱动系统

图 2-16 ZF 研发的适用于小型和中型轿车的电驱动系统

ZF 研发的适用于客车和卡车的中央电驱动系统如图 2-17 所示。它可以快速对传统客车和卡车实现电动化，取消传统发动机和变速器，在原变速器位置放置该电驱动系统，而传动轴、后桥及整个后悬挂系统都保持不变。

图 2-18 所示为安装了 ZF 公司的中央电驱动系统的客车，其最大爬坡度能够提高 25%，最大输出功率及峰值转矩分别达 300kW 和 4 400N·m，电机功率与传统燃油机的电机功率相当，峰值转矩为

图 2-17 ZF 研发的适用于客车和卡车的中央电驱动系统

4 400N·m，后桥配速比为 5，输出转矩为 20 000N·m。我国车身长度为 12m 的客车使用的电机功率普遍为 200kW 左右，车身长度为 18m 的客车使用的电机功率为 220～250kW，所以 ZF 公司的中央电驱动系统的输出功率是比较高的。

ZF 的另一款三合一电驱动系统如图 2-19 所示，它把电机、电机控制器及减速器集成为一体，适用于前驱车或后驱车，ZF 的三合一电驱动系统（前置前驱）如图 2-20 所示。

图 2-18　安装了 ZF 公司的中央电驱动系统的客车

图 2-19　ZF 的另一款三合一电驱动系统　　　　图 2-20　ZF 的三合一电驱动系统（前置前驱）

ZF 的 AVE130 轮边双电机驱动桥如图 2-21 所示，两个驱动电机布置在车桥两侧，通过侧减速器和轮边减速器实现减速增扭驱动轮。轮边双电机驱动系统便于实现电子差速与转矩协调控制，可回收制动能量，具有能量利用率高的独特优势。

图 2-21　ZF 的 AVE130 轮边双电机驱动桥

安装了 AVE130 轮边电驱动桥的车身长度为 18m 的铰接城市客车如图 2-22 所示，它装配了 2 根 AVE130 轮边电驱动桥，并由 4 台电机驱动。

图 2-22　安装了 AVE130 轮边电驱动桥的车身长度为 18m 的铰接城市客车

　　AVE130 轮边电驱动桥与传统的低地板门式车桥对安装空间的要求相同，客车制造商无须额外开发电动化的设计平台，因此大大降低了成本。另外，AVE130 轮边电驱动桥兼容蓄电池、超级电容、燃料电池或架空接触网等几乎所有传统能源方案。

　　此外，ZF 还有多种形式的轮边电驱动桥。带有中央减速功能的 AV130 轮边电驱动桥如图 2-23 所示，主减速器偏置的轮边电驱动桥如图 2-24 所示。

图 2-23　带有中央减速功能的 AV130 轮边电驱动桥

图 2-24　主减速器偏置的轮边电驱动桥

　　轮边电驱动桥在底盘上的布置如图 2-25 所示。

轮边电驱动桥在底盘上的布置

图 2-25　轮边电驱动桥在底盘上的布置

ZF 用在乘用车和轻型商用车上的集成扭力梁式半独立悬挂轮边电驱动桥在整车上的底盘布置如图 2-26 所示。

图 2-26　ZF 用在乘用车和轻型商用车上的集成扭力梁式半独立悬挂轮边电驱动桥在整车上的底盘布置

5. 奔驰重卡轮边电驱动桥

德国奔驰（Benz）的重卡轮边电驱动桥如图 2-27 所示。它取消了中央机械式差速器，减重 80～100kg；取消了桥壳和半轴等结构，得到了进一步的减重；机械传动链更短，动力传递效率更高。

图 2-27　奔驰的重卡轮边电驱动桥

图 2-28 所示为使用了重卡轮边电驱动桥的奔驰电动卡车。

图 2-28　使用了重卡轮边电驱动桥的奔驰电动卡车

6. 麦格纳的电驱动系统

加拿大麦格纳（MAGNA）的 1eDT330 电驱动系统如图 2-29 所示,主要用于纯电动汽车。其最大输出转矩为 3 300N·m,最大输入转矩为 2×320N·m（两个电机）,质量（不带油液）为 150kg（包括电机）,长、宽、高分别为 631mm、512mm、367mm,输入轴和输出轴中心距为 215mm,减速比为 5.50,适用电机功率为 77～150kW,适用电压为 300～400V。

图 2-30 所示为麦格纳的高集成电驱动系统（低）,主要用于纯电动汽车和混合动力电动汽车。其峰值功率为 76kW,最高转速为 13 500r/min,最大输出转矩为 1 600N·m,逆变器参数分别为 360V、350A。

图 2-29　麦格纳的 1eDT330 电驱动系统　　　图 2-30　麦格纳的高集成电驱动系统（低）

图 2-31 所示为麦格纳的高集成电驱动系统（中）,主要用于纯电动汽车和混合动力电动汽车。其峰值功率为 140kW,最高转速为 18 000r/min,最大输出转矩为 3 800N·m,逆变器参数分别为 450V、500A。

图 2-32 所示为麦格纳的高集成电驱动系统（高），主要用于纯电动汽车和混合动力电动汽车。其峰值功率为 253kW，最高转速为 16 500r/min，最大输出转矩为 5 300N·m，逆变器参数分别为 460V、960A。

图 2-31　麦格纳的高集成电驱动系统（中）　　　　图 2-32　麦格纳的高集成电驱动系统（高）

图 2-33 所示为麦格纳的 1eDT200 单挡减速器。其最大输出转矩为 2 500N·m，最大输入转矩为 200N·m，质量（不带油液）为 20kg，长、宽、高分别为 455mm、230mm、318mm，输入轴和输出轴中心距为 157.5mm，减速比为 8.61 或 9.89（二选一），适用电机功率为 15～90kW，适用电压为 48～400V。

图 2-33　麦格纳的 1eDT200 单挡减速器

图 2-34 所示为麦格纳的 2eDT200 两挡变速器。其最大输出转矩为 2 500N·m，最大输入转矩为 200N·m，质量（不带油液）为 26kg，长、宽、高分别为 462mm、245mm、300mm，输入轴和输出轴中心距为 188mm，减速比分别为 12.06 和 8.61，适用电机功率为 55～90kW，适用电压为 300～400V，电机换挡。

7. 东风德纳的电驱动桥

东风德纳的 eS4500r 刚性电驱动桥如图 2-35 所示。其最高转速为 14 000r/min，峰值功率为 180kW，最大输出转矩为 4 500N·m，应用于小型纯电动载货卡车。

图 2-34　麦格纳的 2eDT200 两挡变速器

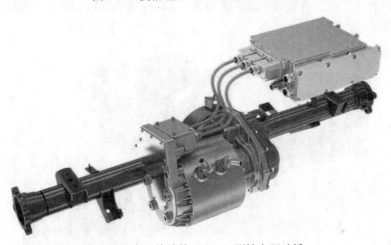

图 2-35　东风德纳的 eS4500r 刚性电驱动桥

东风德纳的 eS5700r 电驱动桥如图 2-36 所示。其功率为 130kW，车轮转矩为 5 700N·m，质量为 305kg，最大承载量为 6t，车轴最大承载量为 3.5t，最高车速为 80km/h，适用于 3 级卡车。

图 2-36　东风德纳的 eS5700r 电驱动桥

东风德纳的 eS9000r 电驱动桥如图 2-37 所示。其电机功率为 237kW，电机转矩为 300N·m，车轮转矩为 5 700N·m，工作电压为 400～650V，车桥质量为 370kg，适用于 4～6 级卡车。

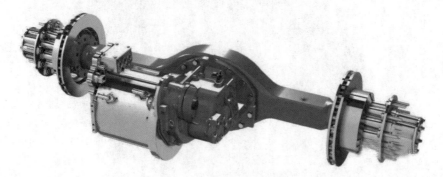

图 2-37　东风德纳的 eS9000r 电驱动桥

东风德纳的非公路用电驱动桥如图 2-38 所示。其持续功率为 139kW，峰值功率为 193kW，适用于非公路电动汽车。

图 2-38　东风德纳的非公路用电驱动桥

东风德纳针对质量为 6～8t 的城市物流电动卡车、车身长度为 8m 的城市公交纯电动客车、车身长度为 7m 的纯电动旅游客车，推出了"四合一"结构特点的电驱动桥 EP-Axle8，如图 2-39 所示。该电驱动桥集成了电机、减速器、传动轴、差速器等，具有传动效率高、尺寸小等特点。其中，电机峰值功率为 150kW，峰值转矩为 635N·m，最高转速达到 8 000r/min。

图 2-39　东风德纳的电驱动桥 EP-Axle8

相比普通传动系统，该电驱动系统大大减小了系统空间，更方便车辆的布局。

8. 比亚迪的电驱动系统

比亚迪公司开发的三合一电驱动系统（见表 2-1）几乎覆盖了全部轿车对动力性和加速性的需求。

表 2-1　比亚迪开发的三合一电驱动系统

项目	40kW 平台	70kW 平台	120kW 平台	180kW 平台

适用车重/t	<1.1	1.2～1.6	1.7～2.2	2.3～2.7
最高转速/（r·min^{-1}）	14 000	14 000	14 000	14 000
峰值转矩/（N·m）	120	180	280	330
峰值功率/kW	42	70	120	180
总成质量/kg	53	63	80	92

比亚迪针对重型纯电动卡车（简称重卡）自主研发的多级电动减速驱动系统，把电机、变速器、车桥集成到一起，减少中间传动损耗，提升效率与可靠性。比亚迪的重卡电驱动系统如图 2-40 所示。

9. 大洋电机的电驱动系统

大洋电机的三合一电驱动系统（见图 2-41）采用电机、电机控制器（可带 DC/DC）、减速器集成设计，具备电磁兼容性强、NVH 表现优良等诸多优势，功率范围为 75～120kW。

图 2-40　比亚迪的重卡电驱动系统

图 2-41　大洋电机的三合一电驱动系统

2.2.2　纯电动汽车的布置形式

纯电动汽车的布置形式是指驱动轮数量、位置及驱动电机布置的形式。

纯电动汽车的布置形式主要有后轮驱动、前轮驱动和四轮驱动。纯电动汽车以前轮驱动为主，纯电动商用车以后轮驱动为主，纯电动越野车以四轮驱动为主。

1. 后轮驱动

后轮驱动形式主要有传统后驱动、电机-驱动桥组合后驱动、单电机整体后驱动、双电机整体后驱动、轮边电机后驱动、轮毂电机后驱动等，其中以单电机整体后驱动和双电机整体后驱动为主要形式。

（1）传统后驱动。

传统后驱动的布置形式如图 2-42 所示，它与燃油汽车后轮驱动的布置形式基本一致，将发动机换成电机，去掉变速器和离合器，让电机与传动轴直接相连，后驱动桥不变，一般用于改造型纯电动汽车。图 2-43 所示为传统后驱动布置的实车。

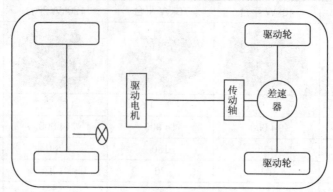

图 2-42　传统后驱动的布置形式

图 2-43　传统后驱动布置的实车

（2）电机-驱动桥组合后驱动。

电机-驱动桥组合后驱动的布置形式如图 2-44 所示。它取消了离合器、变速器和传动轴，但具有减速差速机构，把驱动电机、固定速比的减速器和差速器集成为一个整体，通过两个半轴来驱动轮。这种布置形式的整个传动长度较短，传动装置体积小，占用空间小，容易布置，可以进一步降低整车的质量；但对电机的要

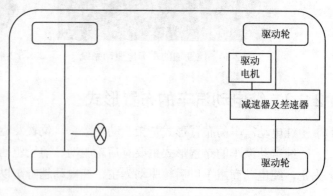

图 2-44　电机-驱动桥组合后驱动的布置形式

求较高，不仅要求电机具有较高的启动转矩，而且要求具有较大的后备功率，以保证纯电动汽车的启动、爬坡、加速超车等动力性。一般低速纯电动汽车采用这种布置形式。

电机-驱动桥组合后驱动采用的驱动桥与燃油汽车的驱动桥不同，需要纯电动汽车专用驱动桥，如图 2-45 所示。

图 2-45　纯电动汽车专用驱动桥

（3）单电机整体后驱动。

单电机整体后驱动的布置形式如图 2-46 所示，它采用一个电机，通过固定的具有差速功能的减速器驱动两个车轮。

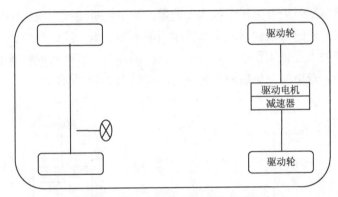

图 2-46　单电机整体后驱动的布置形式

图 2-47 所示为比亚迪唐 EV600 后置后驱纯电动汽车底盘平视图，后驱动系统由一台永磁同步电机和一个单级减速器组成，峰值功率为 180kW，峰值转矩为 330N·m。

图 2-47　比亚迪唐 EV600 后置后驱纯电动汽车底盘平视图

图 2-48 所示为特斯拉 Model S 后置后驱纯电动汽车。它属于单电机整体后驱动布置形式，电机在后，后轮驱动。

图 2-48　特斯拉 Model S 后置后驱纯电动汽车

（4）双电机整体后驱动。

双电机整体后驱动系统取消了机械式差速器，两个电机通过固定速比减速器分别驱动两个车轮，每个电机的转速可以独立地调节控制，便于实现电子差速器控制，不必选用机械差速器。电子差速器的优点是体积小、质量小，在汽车转弯时可以实现精确的电子控制，提高纯电动汽车的性能。双电机整体后驱动的布置形式如图 2-49 所示。

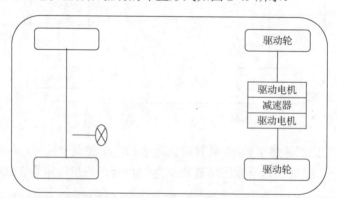

图 2-49　双电机整体后驱动的布置形式

上汽荣威 Marvel X 纯电动汽车采用了双电机整体后驱动系统，如图 2-50 所示。双电机由两个永磁同步电机并联组成，最大输出功率分别为 85kW 和 52kW，最大输出转矩分别为 255N·m和 155N·m，总功率为 137kW，峰值转矩为 410N·m，两个电机通过电控耦合器实现连接。

图 2-50　上汽荣威 Marvel X 双电机整体后驱动系统

上汽荣威 Marvel X 双电机整体后驱动系统的爆炸图如图 2-51 所示。

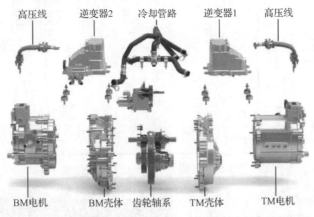

图 2-51　上汽荣威 Marvel X 双电机整体后驱动系统的爆炸图

（5）轮边电机后驱动。

轮边电机后驱动的布置形式如图 2-52 所示，轮边电机与减速器集成后融入驱动桥，采用刚性连接，减少高压电器数量和动力传输线路长度，优化后的驱动系统可降低车身高度、提高承载量、提升有效空间。

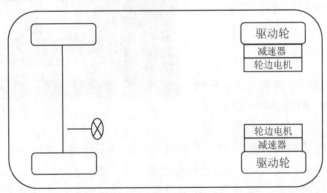

图 2-52　轮边电机后驱动的布置形式

轮边电机后驱动可用于纯电动客车，图 2-53 所示为某后驱动纯电动客车采用的轮边电机驱动桥实物。

图 2-53　某后驱动纯电动客车采用的轮边电机后驱动桥实物

（6）轮毂电机后驱动。

轮毂电机后驱动的布置形式如图 2-54 所示，轮毂电机直接安装在车轮上。

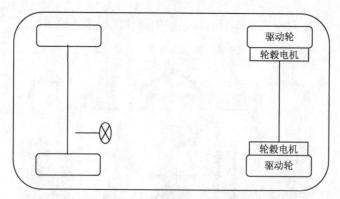

图 2-54　轮毂电机后驱动的布置形式

图 2-55 所示为纯电动汽车采用的轮毂电机后驱动实物，它大大减少了零部件数量和动力系统的体积，让车辆的动力系统变得更加简单，大大提高了车内空间的实用性和利用率。

轮边电机驱动和轮毂电机驱动的原理可以实现任何一种驱动形式，即可以实现后轮驱动、前轮驱动和四轮驱动。

2. 前轮驱动

前轮驱动纯电动汽车结构紧凑，有利于其他总成的安排，在转向和加速时行驶稳定性较好。前轮驱动兼转向，结构复杂，

图 2-55　纯电动汽车采用的轮毂电机后驱动实物

上坡时前轮附着力减小，易打滑，适用于中级及中级以下的纯电动轿车。

前轮驱动形式主要有电机-驱动桥组合前驱动、单电机整体前驱动、双电机整体前驱动、轮边电机前驱动和轮毂电机前驱动等，其中以单电机整体前驱动为主要形式。

（1）电机-驱动桥组合前驱动。

电机-驱动桥组合前驱动的布置形式如图 2-56 所示。

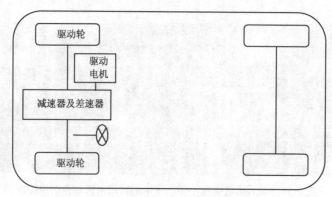

图 2-56　电机-驱动桥组合前驱动的布置形式

电机-驱动桥组合前驱动需要纯电动汽车专用前驱动转向桥，如图 2-57 所示。

图 2-57 纯电动汽车专用前驱动转向桥

（2）单电机整体前驱动。

单电机整体前驱动的布置形式如图 2-58 所示，它是目前国内纯电动轿车主流布置形式。

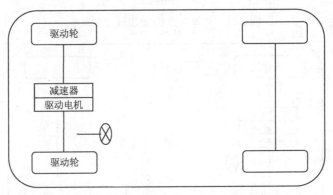

图 2-58 单电机整体前驱动的布置形式

图 2-59 所示为比亚迪唐 EV600 前驱纯电动汽车，其前驱动系统是由一台永磁同步电机和一个单速变速器组成的，电机的峰值功率为 180kW，峰值转矩为 330N·m。

图 2-60 所示为北汽 EU5 前驱纯电动汽车，其电驱动系统由一台永磁同步电机和一个单速变速器组成，电机的峰值功率为 160kW，峰值转矩为 300N·m。

图 2-59 比亚迪唐 EV600 前驱纯电动汽车

图 2-60 北汽 EU5 前驱纯电动汽车

图 2-61 所示为长城欧拉 iQ 前驱纯电动汽车，电驱动系统由一台永磁同步电机和一个单速变速器组成，电机的峰值功率为 120kW，峰值转矩为 280N·m。

（3）双电机整体前驱动。

双电机整体前驱动的布置形式如图 2-62 所示。

图 2-61 长城欧拉 iQ 前驱纯电动汽车

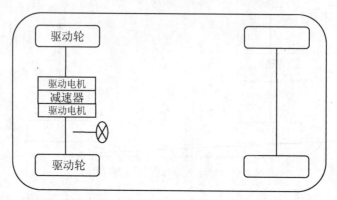

图 2-62 双电机整体前驱动的布置形式

（4）轮边电机前驱动。

轮边电机前驱动的布置形式如图 2-63 所示。

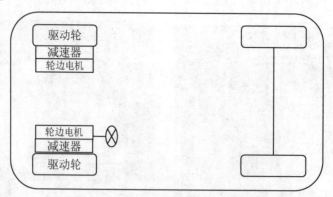

图 2-63 轮边电机前驱动的布置形式

（5）轮毂电机前驱动。

轮毂电机前驱动的布置形式如图 2-64 所示。

3. 四轮驱动

四轮驱动适合要求动力性强的纯电动轿车或城市 SUV。与四轮驱动燃油汽车相比，四轮驱动纯电动轿车或城市 SUV 取消了部分传动零件，提高了空间的利用率和动力的传递效率。

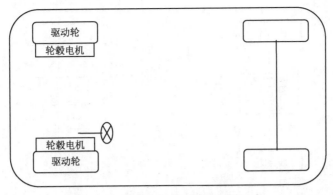

图 2-64　轮毂电机前驱动的布置形式

四轮驱动形式主要有前后单电机驱动、前后双电机驱动、前后轮边电机驱动和前后轮毂电机驱动等，其中以前后单电机驱动和前后双电机驱动为主要形式。

（1）前后单电机驱动。

前后单电机驱动的布置形式如图 2-65 所示。

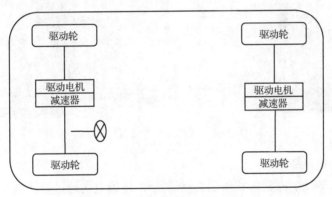

图 2-65　前后单电机驱动的布置形式

图 2-66 所示为捷豹 I-PACE 前后单电机驱动系统，电机为永磁同步电机，最大输出功率为 147kW，最大输出转矩为 348N·m。

图 2-66　捷豹 I-PACE 前后单电机驱动系统

（2）前后双电机驱动。

前后双电机驱动的布置形式如图 2-67 所示。

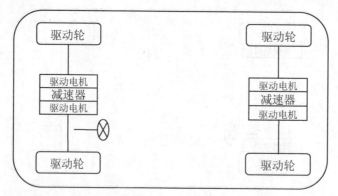

图 2-67　前后双电机驱动的布置形式

特斯拉双电机四轮驱动如图 2-68 所示。

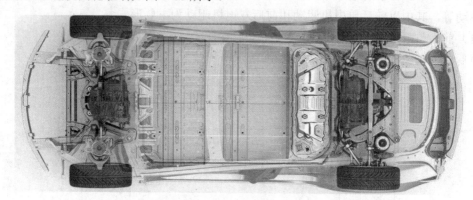

图 2-68　特斯拉双电机四轮驱动

（3）前后轮边电机驱动。

前后轮边电机驱动的布置形式如图 2-69 所示，轮边电机通过减速器与驱动轮相连。

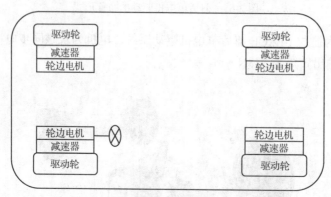

图 2-69　前后轮边电机驱动的布置形式

（4）前后轮毂电机驱动。

前后轮毂电机驱动的布置形式如图 2-70 所示，轮毂电机直接与驱动轮相连。

四轮电机驱动可以极大地节省空间，并且每个车轮都是独立的动力单元，因此能够实现对每一个车轮进行精准的转矩分配，反应更快、更直接，效率更高，这是目前传统四驱汽车无法做到的。轮边电机和轮毂电机驱动布置形式是纯电动汽车驱动系统布置形式的发展趋势。

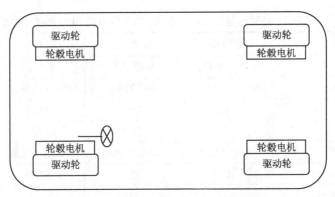

图 2-70 前后轮毂电机驱动的布置形式

市场销售的 4 种紧凑型（A 级）纯电动 SUV 的基本参数见表 2-2，市场销售的 4 种中级（B 级）纯电动 SUV 的基本参数见表 2-3。通过表 2-2 和表 2-3 可以了解目前纯电动汽车的技术状况。

表 2-2 市场销售的 4 种紧凑型（A 级）纯电动 SUV 的基本参数

基本参数	车型 A1	车型 A2	车型 A3	车型 A4
驱动形式	前轮驱动	前轮驱动	前轮驱动	前轮驱动
外形尺寸/mm	4 600×1 870×1 700	4 585×1 835×1 672	4 445×1 735×1 567	4 440×1 833×1 560
轴距/mm	2 660	2 703	2 615	2 700
整备质量/kg	2 090	1 803	1 480	1 635
蓄电池类型	三元锂电池	三元锂电池	三元锂电池	三元锂电池
蓄电池能量/（kW·h）	61.9	57	46.6	51.9
能量密度/（W·h·kg^{-1}）	141	143	140	142
额定电压/V	619.2	350.4	321.2	346
额定容量/（A·h）	100	150	145	150
直流快充时间（至 80%）/min	30	30	25	30
变速器	单挡变速器	单挡变速器	单挡变速器	单挡变速器
驱动电机类型	永磁同步电机	永磁同步电机	永磁同步电机	永磁同步电机
驱动电机峰值功率/kW	160	160	120	120
驱动电机峰值转矩/（N·m）	310	315	280	250
驱动电机最高转速/（r·min^{-1}）	12 000	10 600	11 000	12 000
0～100km/h 加速时间/s	8.7	8.5	8.9	9.9
最高车速/（km·h^{-1}）	140	160	150	140
最高车速反推传动比	约 10.5	约 8.5	约 8.5	约 10.3
综合工况续驶里程/km	400	460	360	353
60km/h 等速续驶里程/km	500	600	460	460
电能消耗量/（kW·h）/100km	16.3	14.2	14.1	14.53

表 2-3   市场销售的 4 种中级（B 级）纯电动 SUV 的基本参数

基本参数	车型 B1	车型 B2	车型 B3	车型 B4
驱动形式	四轮驱动	四轮驱动	四轮驱动	四轮驱动
外形尺寸/mm	4 682×2 011×1 565	4 678×1 919×1 618	4 870×1 950×1 725	4 850×1 965×1 758
轴距/mm	2 990	2 800	2 820	2 900
整备质量/kg	2 418	1 870	2 295	2 200
蓄电池类型	三元锂电池	三元锂电池	三元锂电池	三元锂电池
蓄电池能量/（kW·h）	81	52.5	82.78	70
能量密度/（W·h·kg^{-1}）	170	146	161	160
额定电压/V	389	350	613.2	
额定容量/（A·h）	196	150	135	150
驱动电机类型	永磁同步电机	永磁同步电机	永磁同步电机	永磁同步电机
前电机峰值功率/kW	147	85	180	160
前电机峰值转矩/（N·m）	348	255	330	305
前电机最高转速/（r·min^{-1}）	12 000		15 000	
后电机峰值功率/kW	147	52	180	160
后电机峰值转矩/（N·m）	348	155	330	305
后电机最高转速/（r·min^{-1}）	12 000	11 000	15 000	12 000
0～100km/h 加速时间/s	4.8	4.8	4.4	5.6
最高车速/（km·h^{-1}）	200	170	180	200
最高车速反推传动比	约 8.3	约 8.5	约 11.6	约 7.24
综合工况续驶里程/km	456	370	500	480
60km/h 等速续驶里程/km	550	500	600	560
电能消耗量/（kW·h）/100km	19.1	16	17.9	17.5

综上所述，目前纯电动汽车的驱动形式以前驱和四驱为主；动力电池以锂离子电池为主；驱动电机以永磁同步电机和异步电机为主。

2.3   纯电动汽车电池系统

2.3.1   蓄电池的结构类型与组合方式

一个单体蓄电池的电压只有几伏，而纯电动汽车使用的驱动电机往往是几百伏，因此纯电动汽车的动力电池系统是由成百上千个单体蓄电池构成的，而且必须进行非常好的组合才能最大限度地发挥其功能。

1. 蓄电池的结构类型

蓄电池的结构类型主要有单体蓄电池、蓄电池模块、蓄电池包和蓄电池系统等，如图 2-71 所示。

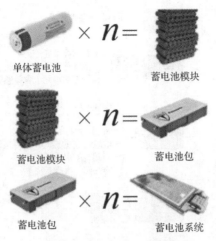

图 2-71　蓄电池的结构类型

（1）单体蓄电池。

单体蓄电池将化学能与电能进行相互转换的基本单元装置，通常包括电极、隔膜、电解质、外壳和端子，并被设计成可充电的形式，又称电芯。

（2）蓄电池模块。

蓄电池模块是将一个以上的单体蓄电池按照串联、并联或混联方式组合，作为电源使用的组合体，又称蓄电池组。

（3）蓄电池包。

蓄电池包通常包括蓄电池组、蓄电池管理系统、蓄电池箱及相应附件（如冷却部件、连接线缆等），具有从外部获得电能并可对外输出电能的单元。

（4）蓄电池系统。

蓄电池系统是指一个或一个以上蓄电池包及相应附件（如管理系统、高压电路、低压电路、热管理设备及机械总成等）构成的能量存储装置。

蓄电池系统要放在电池箱内，标准电池箱结构如图 2-72 所示。

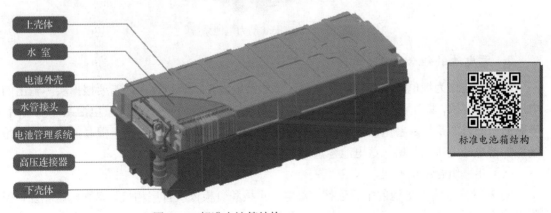

图 2-72　标准电池箱结构

动力电池系统主要由电芯、电池管理系统、冷却系统、线束、结构件和外壳构成，如图 2-73 所示。

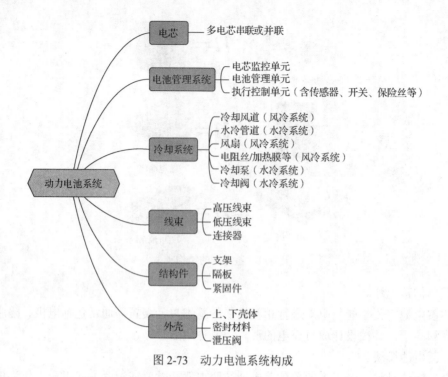

图 2-73　动力电池系统构成

图 2-74 所示为日产 leaf 动力电池系统。

图 2-74　日产 leaf 动力电池系统

2. 蓄电池的组合方式

动力电池作为纯电动汽车的能量来源，单体蓄电池无法满足要求，需要根据实际输出的电压和容量要求，将几百个单体蓄电池通过串联、并联或混联的形式组成蓄电池组才能使用。串联的主要目的是增加蓄电池电压；并联的主要目的是增加蓄电池容量；混联的主要目的是既增加蓄电池电压，又增加蓄电池容量，是常用的一种组合方式。

（1）串联组合蓄电池组。

图 2-75 所示为蓄电池的串联连接，蓄电池正极和负极依次首尾相接，串联电压相加，但蓄电池串联后电池总容量不变。蓄电池串联适合于电流不变、电压需要增大的场合。

图 2-76 所示为蓄电池的串联电路。如果有 n 个单体蓄电池串联，每个单体蓄电池的开路电压为 U、内阻为 R_i、外电阻为 R，则 n 个单体蓄电池串联组合成的蓄电池组的电压为 nU，蓄电池组的总内阻为 nR_i，那么串联组合后的蓄电池组的电流 I 为

$$I = \frac{nU}{R + nR_i} = \frac{nU}{R\left(1 + \dfrac{nR_i}{R}\right)} \tag{2-1}$$

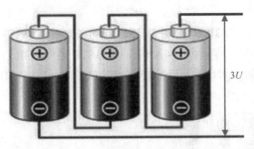

图 2-75 蓄电池的串联连接

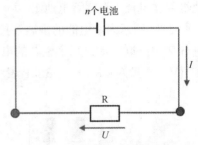

图 2-76 蓄电池的串联电路

（2）并联组合蓄电池组。

图 2-77 所示为蓄电池的并联连接，正极和正极连接，负极和负极连接，并联容量增加。蓄电池并联使用适合电压不变、电流需要增大的场合。无论是串联还是并联，蓄电池的输出功率都增加。

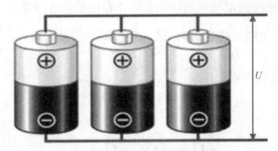

图 2-77 蓄电池的并联连接

图 2-78 所示为蓄电池的并联电路。如果有 n 个单体蓄电池并联，每个单体蓄电池的开路电压为 U、内阻为 R_i、外电阻为 R，则 n 个单体蓄电池并联组合成的蓄电池组的电压为 U，蓄电池组的总内阻为 $\dfrac{R_i}{n}$，那么并联组合后的蓄电池组的电流 I 为

$$I = \frac{U}{R + \dfrac{R_i}{n}} = \frac{U}{R\left(1 + \dfrac{R_i}{nR}\right)} \tag{2-2}$$

图 2-78 蓄电池的并联电路

要获得较大容量的蓄电池组，在单体蓄电池电压和外电阻不变的情况下，需要增加并联蓄电池数量。

（3）混联组合蓄电池组。

当需要同时输出较大的电压和较大的容量时，单一串联或并联组合形式就难以满足使用要求。这时可以根据实际的电压和容量要求，首先将 n 个单体蓄电池串联，然后将 m 个串联电池组并联组合成混联蓄电池组。

图 2-79 所示为蓄电池的混联连接，分别为 3S2P 和 3SnP。3S2P 表示 3 个蓄电池串联，再进行 2 组并联。如果每个电芯的电压为 3.7V、容量为 2.4A•h，则 3S2P 蓄电池组的电压为 11.1V、容量为 4.8A•h。3SnP 表示 3 个蓄电池串联，再进行 n 组并联。

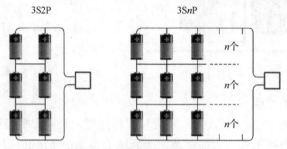

图 2-79　蓄电池的混联连接

图 2-80 所示为蓄电池的混联电路，如果单体蓄电池的开路电压为 U、内阻为 R_i、外电阻为 R，则混联后的蓄电池组的电压为 nU、蓄电池组的总内阻为 $\dfrac{nR_i}{m}$，那么混联组合后的蓄电池组的电流 I 为

$$I = \frac{nU}{R + \dfrac{nR_i}{m}} = \frac{nU}{R\left(1 + \dfrac{nR_i}{mR}\right)} \tag{2-3}$$

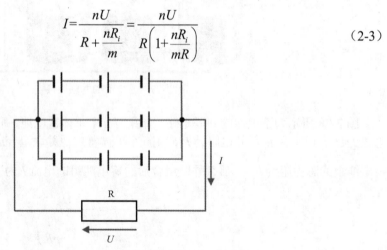

图 2-80　蓄电池的混联电路

例如，某纯电动汽车的动力电池使用的是软包装锂离子蓄电池，单体蓄电池外形尺寸为 262mm×217mm×8mm，单体蓄电池质量为 0.9kg，单体蓄电池标称电压为 3.63V，单体蓄电池数量为 192 个，组合方式为 96S2P，组合后的蓄电池组电压为 350V，能量为 38kW•h。

为获得高性能的蓄电池组，在进行蓄电池组合时，需要对单体蓄电池的性能进行严格筛选，特别是单体蓄电池的规格型号和性能一致性等。

图 2-81 所示为某纯电动汽车动力电池的组成。每个单体蓄电池电压为 3.7V、容量为 53A•h，每一个模块都有 12 个单体蓄电池，结构上采用两两并联再串联的形式，即"2 并 6 串"，整个蓄电池包由 16 个蓄电池模块串联构成。

（a）单体蓄电池

（b）蓄电池模块

（c）蓄电池包

图 2-81 某纯电动汽车动力电池的组成

16 个蓄电池模块串联成动力电池，其布置形式如图 2-82 所示，总电压为 3.7V×6×16≈355V。

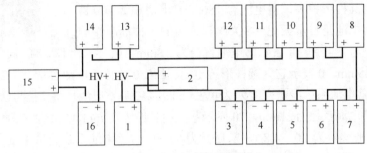

图 2-82 蓄电池模块布置形式

2.3.2 锂离子电池

锂离子电池是用锰酸锂、磷酸铁锂或钴酸锂等锂化合物做正极，用可嵌入锂离子的碳材料做负极，使用有机电解质的蓄电池。目前，纯电动汽车上应用的储能装置主要是锂离子电池。

1. 锂离子电池的结构

锂离子电池主要由正极、负极、隔膜和电解液等组成，其结构如图 2-83 所示。

（1）正极。

正极材料作为锂离子电池中 Li^+ 的唯一供给者，对锂离子电池能量密度的提高及成本的降低起着决定性作用。被广泛采用的正极材料主要有锰酸锂、磷酸铁锂、钴酸锂和镍钴锰酸锂等。

（2）负极。

负极材料影响锂离子电池的安全性，目前，广泛应用的碳

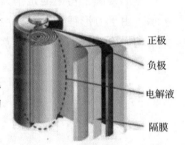

图 2-83 锂离子电池的结构

基负极材料将锂离子在负极表面的沉积/溶解转变为在碳基负极材料中的嵌入/脱出，大幅度地减少了锂枝晶的形成，提高了锂离子电池安全性。

（3）隔膜。

隔膜的主要功能是隔绝正负极以防止两电极短路及自放电，同时为两电极间提供良好的离子通道。目前，应用比较广泛的隔膜主要有 PP-PE-PP 多层隔膜、聚合物陶瓷涂覆隔膜和无纺布隔膜等。

（4）电解液。

锂离子电池采用的是非水有机溶剂类型的电解液。

纯电动汽车用锂离子电池的基本单元是单体蓄电池，按使用要求组合成不同电压和不同电量的锂离子电池总成。

2. 锂离子蓄电池的类型

锂离子蓄电池根据形状划分，可以分为圆柱形锂离子蓄电池、方形锂离子蓄电池和软包锂离子蓄电池。

（1）圆柱形锂离子蓄电池。

圆柱形锂离子蓄电池是指具有圆柱形蓄电池外壳和连接元件（电极）的蓄电池，如图2-84所示。特斯拉纯电动汽车使用的是圆柱形锂离子蓄电池。

图2-84　圆柱形锂离子蓄电池

比较典型的圆柱形锂离子蓄电池有18650蓄电池和21700蓄电池。18650蓄电池是日本索尼（SONY）公司的一种标准性的锂离子蓄电池型号，其中18表示蓄电池直径为18mm，65表示蓄电池长度为65mm，0表示它为圆柱形蓄电池。18650单体蓄电池容量为$2.2\sim3.6A\cdot h$，质量为$45\sim48g$，蓄电池系统能量密度为$250W\cdot h/kg$。21700蓄电池是特斯拉与松下联合研发的。其中，21表示蓄电池直径为21mm，70表示蓄电池长度为70mm，0表示它为圆柱形蓄电池。21700单体蓄电池容量为$3.0\sim4.8A\cdot h$，质量为$60\sim65g$，蓄电池系统能量密度为$300W\cdot h/kg$。

圆柱形锂离子蓄电池采用非常成熟的卷绕工艺，生产自动化水平高，批量化生产成本较低，同时保持较好的良品率和成组一致性。在应用层面，圆柱形锂离子蓄电池由于其结构特性，因此成组后单体蓄电池之间仍保留一定的空隙，利于散热，但其单体体积较小。为实现长续驶里程目标，相应蓄电池总量需求更大，因此大大增加了系统连接及管控难度。同时，由于钢壳蓄电池的自重较大，因此其质量能量密度提升空间受限。

（2）方形锂离子蓄电池。

方形锂离子蓄电池是指具有长方形蓄电池外壳和连接元件（电极）的蓄电池，如图2-85所示。由于方形锂离子蓄电池电芯连接比圆柱形锂离子蓄电池电芯容易，因此我国纯电动汽车用动力电池以方形锂离子蓄电池为主。

图2-85　方形锂离子蓄电池

方形锂离子蓄电池以铝壳为主，其规格尺寸多根据搭载车型需求而进行定制化开发，设计相对灵活，具有很强的适配性，但这也使得该结构单体蓄电池批量化生产工艺难以统一，降低了自动化水平进程。在应用层面，方形锂离子蓄电池外壳更趋向于使用轻量化铝合金材质，结构设计更为简单，因此相对于圆柱形锂离子蓄电池，其质量能量密度有所提升。成组后其排列方式更为紧凑，空间利用率较高，并且其外壳材质具有一定的强度，因此成组难度较小，但相应地对热安全管控技术提出了更高的要求。

（3）软包锂离子蓄电池。

软包锂离子蓄电池是指具有复合薄膜制成的蓄电池外壳和连接元件（电极）的蓄电池，如图2-86所示。

图 2-86 软包锂离子蓄电池

软包锂离子蓄电池采用质量更小且韧度更高的铝塑膜材料，同时单体蓄电池内部装配结构为叠片式结构，其规格尺寸目前也以定制化开发为主。

软包锂离子蓄电池具有以下优势。

① 安全性能好。软包锂离子蓄电池较少漏液，鼓气严重时会裂开，在一定程度上可以降低因内压过大而导致的爆炸风险。

② 质量轻。软包锂离子蓄电池的质量比同等容量的钢壳方形锂离子蓄电池的质量轻约 40%，比铝壳方形锂离子蓄电池的质量轻约 20%。

③ 单位体积电能容量大。软包锂离子蓄电池较同等规格尺寸的钢壳锂离子蓄电池可多容纳电能约 50%，较铝壳锂离子蓄电池多出 20%～30%。

④ 循环性能好。软包锂离子蓄电池的循环寿命更长，100 次循环衰减比铝壳锂离子蓄电池少 4%～7%。

⑤ 设计灵活。可根据客户需求定制外形。普通铝壳的厚度一般只能做到 4mm，而铝塑膜软包的厚度可以低至 0.5mm。

软包锂离子蓄电池也有缺点，主要是生产工艺复杂，单体蓄电池一致性和良品率相对较低。

我国纯电动汽车使用的动力电池以方形锂离子蓄电池为主。方形锂离子蓄电池典型结构如图 2-87 所示。

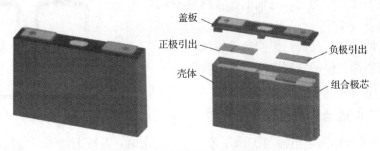

图 2-87 方形锂离子蓄电池典型结构

根据锂离子蓄电池正极材料的不同，锂离子蓄电池主要分为磷酸铁锂电池、锰酸锂电池、钛酸锂电池、钴酸锂电池和三元锂电池等。

（1）磷酸铁锂电池。

磷酸铁锂电池是指用磷酸铁锂作为正极材料的锂离子蓄电池。磷酸铁锂具有橄榄石晶体结构，其理论容量为 170mA·h/g，在没有掺杂改性时，其实际容量已高达 110mA·h/g。通过对磷酸铁锂进行表面修饰，其实际容量可高达 165mA·h/g，已经非常接近理论容量，工作电压为 3.4V 左右。磷酸铁锂电池的优点是稳定性高、安全、可靠、环保，并且价格低；缺点是电阻率较大，电极材料利用率低。

（2）锰酸锂电池。

锰酸锂电池是指用锰酸锂作为正极材料的锂离子蓄电池。锰酸锂具有尖晶石结构，其理论容量为 148mA·h/g，实际容量为 90~120mA·h/g，工作电压范围为 3~4V。锰酸锂电池的优点是锰资源丰富、价格便宜、安全性高，比较容易制备；缺点是理论容量低，与电解质相容性不好，在深度充放电的过程中蓄电池容量衰减快。

（3）钛酸锂电池。

钛酸锂电池是一种由用作锂离子蓄电池负极材料的钛酸锂和锰酸锂、三元材料或磷酸铁锂等正极材料组成的 2.4V 或 1.9V 的锂离子二次电池。此外，钛酸锂还可以用作正极，与金属锂或锂合金负极组成 1.5V 的锂离子二次电池。钛酸锂具有高安全性、高稳定性、长寿命和绿色环保的特点。钛酸锂电池工作电压为 2.4V，最高电压为 3.0V。

（4）钴酸锂电池。

钴酸锂电池是指用钴酸锂作为正极材料的锂离子蓄电池。钴酸锂电池的优点是电化学性能优越、易加工、性能稳定、一致性好、比容量高、综合性能突出；缺点是安全性较差、成本高。钴酸锂电池主要运用在小电池中，如手机电池、计算机电池等。

（5）三元锂电池。

三元锂电池是指使用镍钴锰酸或镍钴铝作为正极材料，石墨作为负极材料的锂电池。与磷酸铁锂电池不同，三元锂电池电压平台很高，这就意味着在相同的体积或质量下，三元锂电池的比能量、比功率更大。此外，在大倍率充电和耐低温性能等方面，三元锂电池有很大的优势。特斯拉的 Model S 采用的松下 18650 单体蓄电池组成的蓄电池组就是三元锂电池。

三元锂电池以镍钴锰材料为主，而且在不断提高镍的比例，从镍：钴：锰比例为 3:3:3（表示各占 1/3）转向 6:2:2，再转变到 8:1:1，称为 811 电池。

我国纯电动汽车目前使用的主流电池以三元锂电池和磷酸铁锂电池为主，它们的正极材料不同，如图 2-88 所示。

三元锂电池能量密度高，但安全性较低、循环寿命短、成本高；磷酸铁锂电池能量密度低，但安全性好、循环寿命长、成本低。

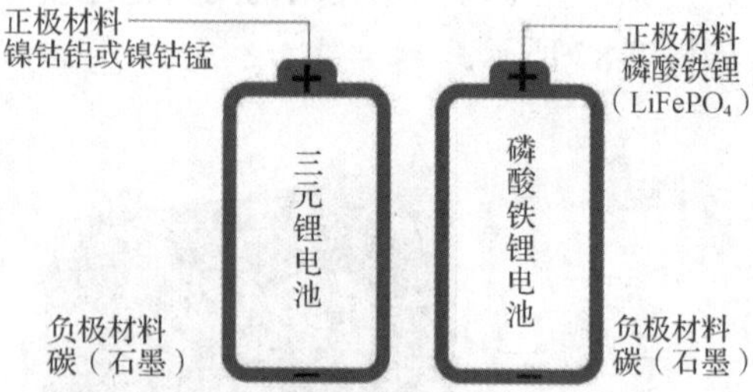

3. 锂离子电池的工作原理

图 2-89 所示为锂离子电池的工作原理。电池充电时，正极上锂原子电离成锂离子和电子（脱嵌），锂离子经过电解液运动到负极，得到电子，被还原成锂原子嵌入碳层的微孔中（插入）；电池放电时，嵌在负极碳层中的锂原子，失去电子（脱插）成为锂离子，通过电解液又运动回正极（嵌入）。锂离子电池的充放电过程，也就是锂离子在正负极间不断嵌入和脱嵌的过程，同时伴随着等当量电子的嵌入和脱嵌。锂离子数量越多，充放电容量就越高。

图 2-88　三元锂电池和磷酸铁锂电池

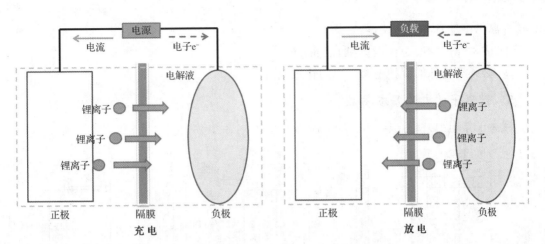

图 2-89　锂离子电池的工作原理

锂离子电池的正、负极的电化学反应分别为

$$LiMO_2 \Longleftrightarrow Li_{1-x}MO_2 + xLi^+ + xe^-$$

$$nC + xLi^+ + xe^- \Longleftrightarrow Li_xC_n$$

总的化学反应为

$$LiMO_2 + nC \Longleftrightarrow Li_{1-x}MO_2 + Li_xC_n$$

式中，M 可为 Co、Ni、Fe、W 等。

例如，以 $LiCoO_2$ 为正极材料、以石墨为负极材料的锂离子电池，正、负极的电化学反应分别为

$$LiCoO_2 \Longleftrightarrow Li_{1-x}CoO_2 + xLi^+ + xe^-$$

$$6C + xLi^+ + xe^- \Longleftrightarrow Li_xC_6$$

总的化学反应为

$$LiCoO_2 + 6C \Longleftrightarrow Li_{1-x}CoO_2 + Li_xC_6$$

4. 锂离子电池的特点

锂离子电池具有以下优点。

① 工作电压高。锂离子电池工作电压为 3.6V，是镍氢电池和镍镉电池工作电压的 3 倍。

② 比能量高。锂离子电池比能量已达到 150W·h/kg，是镍镉电池的 3 倍，镍氢电池的 1.5 倍。

③ 循环寿命长。目前锂离子电池循环寿命已达到 1 000 次以上，在低放电深度下可达几万次，超过了其他几种二次电池。

④ 自放电率低。锂离子电池月自放电率仅为 6%～8%，远低于镍镉电池（月自放电率为 25%～30%）和镍氢电池（月自放电率为 15%～20%）。

⑤ 无记忆性。可以根据要求随时充电，不会降低电池性能。

⑥ 对环境无污染。锂离子电池中不存在有害物质，是名副其实的"绿色电池"。

⑦ 能够制造成任意形状。

锂离子电池具有以下缺点。

① 成本高。主要是正极材料 $LiCoO_2$ 的价格高。

② 必须有特殊的保护电路，以防止过充。

5. 锂离子蓄电池基本参数

锂离子蓄电池外形结构如图 2-90 所示。

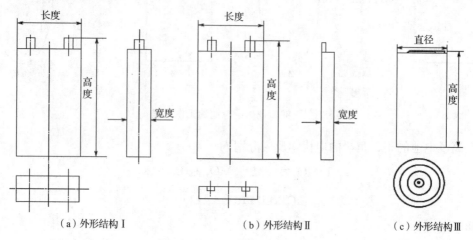

图 2-90　锂离子蓄电池外形结构

锂离子蓄电池的标称电压为 3.6V，充电终止电压为 4.25V，放电终止电压为 3V。

锂离子蓄电池标称电压、额定容量及最大外形尺寸见表 2-4。

表 2-4　锂离子蓄电池标称电压、额定容量及最大外形尺寸

序号	标称电压/V	额定容量/（A·h）	最大外形尺寸/mm		
			长度（直径）	宽度	高度
1	3.6	8	66.0	18.0	148.0
2	3.6	100	343.0	18.5	254.0
3	3.2	2	26.0	—	65.0
4	3.2	15	72.0	29.0	120.0
5	3.2	15	136.0	8.0	230.0
6	3.2	20	92.0	34.0	146.0
7	3.2	20	110.0	25.0	120.0
8	3.2	50	100.0	28.0	376.0

采用锂离子蓄电池模块组成的锂离子蓄电池总成的标称电压见表 2-5。

表 2-5　锂离子蓄电池总成的标称电压

模块数量/个	12V 系列/V	24V 系列/V	36V 系列/V	48V 系列/V	72V 系列/V
2	24	48	72	96	144
3	36	72	—	144	216
4	48	96	144	—	288
5	60	120	—	240	360
6	72	144	—	288	432

续表

模块数量/个	12V 系列/V	24V 系列/V	36V 系列/V	48V 系列/V	72V 系列/V
7	—	—	—	336	—
8	96	—	288	384	—
9	—	—	—	432	—
10	120	240	—	480	—
11	—	—	396	—	—
12	144	288	—	—	—
13	—	312	—	—	—
14	—	336	—	—	—
15	—	—	—	—	—
16	—	384	—	—	—

注：锰酸锂动力电池模块没有 12V 系列的锂离子蓄电池模块。

6. 锂离子电池的要求

锂离子电池的要求分为单体蓄电池的要求、蓄电池模块的要求和蓄电池总成的要求。

对锂离子单体蓄电池具有以下要求。

① 外观。在良好的光线条件下，用目测法检查单体蓄电池的外观，外壳不得有变形及裂纹，表面平整、干燥、无碱痕、无污物，且标志清晰。

② 极性。用电压表检查蓄电池的极性时，电池极性应与标志的极性符号一致。

③ 外形尺寸及质量。单体蓄电池的外形尺寸及质量应符合生产企业提供的技术条件。

④ 室温放电容量。单体蓄电池按规定方法进行试验时，其放电容量应不低于额定容量，并且不超过额定容量的 110%，同时所有测试对象初始容量极差不大于初始容量平均值的 5%。

对锂离子蓄电池模块具有以下要求。

① 外观。在良好的光线条件下，用目测法检查蓄电池模块的外观，外观不得有变形及裂纹，表面平整、干燥、无外伤，且排列整齐、连接可靠、标志清晰等。

② 极性。用电压表检查蓄电池模块的极性时，蓄电池极性应与标志的极性符号一致。

③ 外形尺寸及质量。蓄电池模块的外形尺寸及质量应符合生产企业提供的技术条件。

④ 室温放电容量。蓄电池模块按规定方法进行试验时，其放电容量应不低于额定值，并且不超过额定容量的 110%，同时所有测试对象初始容量极差不大于初始容量平均值的 7%。

⑤ 室温倍率放电容量。按照厂家提供电池类型分别进行试验，高能量蓄电池模块按规定方法进行试验时，其放电容量应不低于初始容量的 90%；高功率蓄电池模块按规定方法进行试验时，其放电容量应不低于初始容量的 80%。

⑥ 室温倍率充电性能。蓄电池模块按规定方法试验时，其放电容量应不低于初始容量的 80%。

⑦ 低温放电容量。蓄电池模块按规定方法试验时，其放电容量应不低于初始容量的 70%。

⑧ 高温放电容量。蓄电池模块按规定方法试验时，其放电容量应不低于初始容量的 90%。

⑨ 荷电保持率与容量恢复能力。蓄电池模块按规定方法试验时，其室温及高温荷电保持率应不低于初始容量的 85%，容量恢复应不低于初始容量的 90%。

⑩ 耐振动性。蓄电池模块按规定方法进行耐振动性试验时，不允许出现放电电流锐变、电压异常、蓄电池壳变形、电解液溢出等现象，并保持连接可靠、结构完好。

⑪ 储存。蓄电池模块按规定方法试验时，容量恢复应不低于初始容量的90%。

⑫ 安全性。蓄电池模块按规定方法进行短路、过放电、过充电、加热、针刺、挤压等试验时，应不爆震、不起火、不漏液等。

锂离子蓄电池总成是指由一个或若干个锂离子蓄电池模块、电路设备（保护电路、锂离子蓄电池管理系统、电路和通信接口）等组成的，用来为用电装置提供电能的电源系统。对锂离子蓄电池总成主要有以下技术要求。

（1）锂离子蓄电池一致性。

锂离子蓄电池一致性是指组成锂离子蓄电池模块和锂离子蓄电池总成的单体蓄电池性能的一致性的特性。这些性能主要包括实际电能、阻抗、电极的电气特性、电气连接、温度特性差异、衰变速度等多种复杂因素。这些因素的差异将直接影响运行过程中输出电参数的差异。组成锂离子蓄电池模块和锂离子蓄电池总成的蓄电池的一致性应在规定的负荷条件和荷电状态下进行试验。锂离子蓄电池的一致性分为充电状态一致性和放电状态一致性。若没有具体规定，应以放电状态测试的一致性为锂离子蓄电池模块或锂离子蓄电池总成的一致性。

（2）正极和负极输出连接。

组成锂离子蓄电池总成的锂离子蓄电池模块正极和负极的连接可采用螺栓连接方式或可插拔连接器连接方式。正极和负极的连接处应有清晰的极性标志。正极采用红色标志和红色电缆，负极采用黑色标志和黑色电缆。

（3）接口和协议。

组成锂离子蓄电池总成的蓄电池管理系统的接口和协议包括电路接口和接口协议、通信接口和通信协议。其中，电路接口和接口协议包括充电控制导引接口和接口协议、单体蓄电池电压监测电路接口和接口协议、充放电控制电路接口和接口协议、I/O 充放电接口电路和接口协议；通信接口和通信协议包括内部通信接口和通信协议、充放电通信接口和通信协议、用户通信接口和通信协议。

（4）额定电能。

当采用标称电压相同的锂离子蓄电池模块组成锂离子蓄电池总成时，锂离子蓄电池总成的额定电能等于组成动力锂离子蓄电池总成中电能最小的蓄电池模块的电能与模块数量的积。当采用不同标称电压的蓄电池模块组成锂离子蓄电池总成时，锂离子蓄电池总成的额定电能等于由蓄电池模块的额定电能除以蓄电池模块标称电压最小值与锂离子蓄电池总成标称电压的积。

（5）电源功率消耗。

电源功率消耗特指组成锂离子蓄电池总成的蓄电池管理系统电路消耗的峰值功率，其应符合制造厂商提供的产品技术文件的规定。

（6）标称电压。

采用锂离子蓄电池模块组成的锂离子蓄电池总成的标称电压见表2-5。

（7）使用寿命。

锂离子蓄电池总成的使用寿命分为标准循环使用寿命和工况循环使用寿命。磷酸亚铁锂蓄电池标准循环使用寿命应大于或等于 1 200 次；锰酸锂蓄电池标准循环使用寿命应大于或等于 800 次。纯电动汽车用锂离子蓄电池总成的工况循环使用寿命可采用续驶里程数来表示。

2.3.3 金属氢化物镍蓄电池

金属氢化物镍蓄电池是指正极使用镍氧化物、负极使用可吸收释放氢的储氢合金，以氢氧化钾为电解质的蓄电池。

1. 金属氢化物镍蓄电池的结构

纯电动汽车用金属氢化物镍蓄电池可分为圆柱形和方形两种，其实物形状如图 2-91 所示。

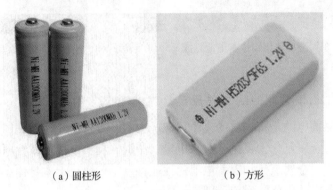

（a）圆柱形　　　　　　　　　（b）方形

图 2-91　金属氢化物镍蓄电池的实物形状

圆柱形金属氢化物镍蓄电池的结构如图 2-92 所示，其主要由电池正极、电池负极、分离层、金属外壳、氢氧化镍、金属氢化物和密封橡胶等组成。金属氢化物镍蓄电池正极是活性物质氢氧化镍，负极是储氢合金，分离层是隔膜纸，电解质是氢氧化钾，在正负极之间有分离层，共同组成金属氢化物镍单体蓄电池。在金属铂的催化作用下，蓄电池完成充电和放电的可逆反应。在圆柱形金属氢化物镍蓄电池中，正负极用隔膜纸分开卷绕在一起，然后密封在金属外壳中；在方形金属氢化物镍蓄电池中，正负极由隔膜纸分开后叠成层状密封在外壳中。

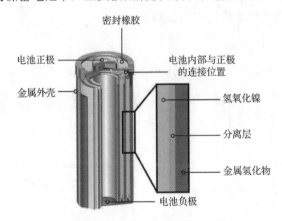

图 2-92　圆柱形金属氢化物镍蓄电池的结构

金属氢化物镍蓄电池在混合动力电动汽车上的应用较多。纯电动汽车用金属氢化物镍蓄电池的基本单元是单体蓄电池，按使用要求组合成不同电压和不同电量的金属氢化物镍蓄电池总成，如图 2-93 所示。

丰田普锐斯混合动力电动汽车使用的就是金属氢化物镍蓄电池，如图 2-94 所示。

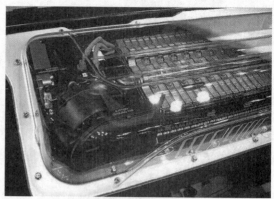

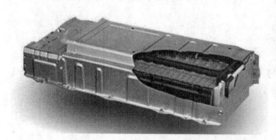

图 2-93　纯电动汽车用金属氢化物镍蓄电池总成

图 2-94　丰田普锐斯混合动力电动汽车的
金属氢化物镍蓄电池

2. 金属氢化物镍蓄电池的工作原理

金属氢化物镍蓄电池是将物质的化学反应产生的能量直接转化成电能的一种装置。金属氢化物镍蓄电池由金属氢化物镍化合物正电极、储氢合金负电极及碱性电解液（如 30% 的氢氧化钾溶液）组成。金属氢化物镍蓄电池的性能特点主要取决于本身体系的电极反应。

充电时正、负极的电化学反应分别为

$$\mathrm{Ni(OH)_2} - e^- + \mathrm{OH}^- \rightarrow \mathrm{NiOOH} + \mathrm{H_2O}$$

$$2\mathrm{MH} + 2e^- \rightarrow 2\mathrm{M}^- + \mathrm{H_2}$$

放电时正、负极的电化学反应分别为

$$\mathrm{NiOOH} + \mathrm{H_2O} + e^- \rightarrow \mathrm{Ni(OH)_2} + \mathrm{OH}^-$$

$$2\mathrm{M}^- + \mathrm{H_2} \rightarrow 2\mathrm{MH} + 2e^-$$

3. 金属氢化物镍蓄电池的基本参数

金属氢化物镍蓄电池外形结构如图 2-95 所示。

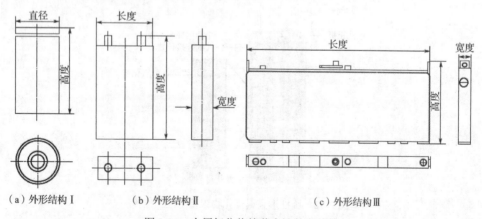

（a）外形结构 I　　　　　（b）外形结构 II　　　　　（c）外形结构 III

图 2-95　金属氢化物镍蓄电池外形结构

金属氢化物镍蓄电池的标称电压为 1.2V，充电终止电压为 1.5V，放电终止电压为 1V。

金属氢化物镍蓄电池的标称电压、额定容量及最大外形尺寸见表 2-6。

表 2-6　金属氢化物镍蓄电池的标称电压、额定容量及最大外形尺寸

序号	标称电压/V	额定容量/（A·h）	最大外形尺寸/mm		
			长度（直径）	宽度	高度
1	1.2	6	33.0	—	61.5
2	1.2	6	60.0	20.5	83.5
3	1.2	40	83.0	28.5	158.5
4	1.2	60	100.5	29.0	184
5	7.2	6	276.0	22.0	120.0

2.3.4　新体系电池

新体系电池主要是指固态电池、锂硫电池和金属空气电池。

1.　固态电池

固态电池是一种使用固体正负极和固体电解质，不含有任何液体，所有材料都由固态材料组成的电池，如固态锂离子电池。

液态锂离子电池被人们形象地称为"摇椅式电池"，摇椅两端为电池正负两极，中间为液态电解质，而锂离子就像优秀的运动员，在摇椅的两端来回奔跑，在锂离子从正极到负极再到正极的运动过程中完成电池的充放电。固态锂离子电池的原理与液态锂离子电池相同，只不过其电解质为固态，电池体积大大降低，能量密度得到提高，如图 2-96 所示。

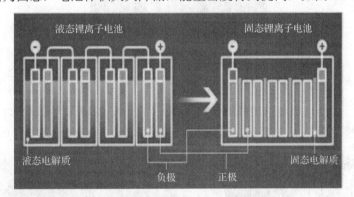

图 2-96　固态锂离子电池的原理

液态锂离子电池的缺点如图 2-97 所示。

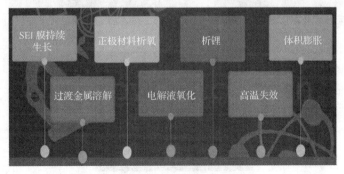

图 2-97　液态锂离子电池的缺点

与液态锂离子电池相比，固态锂离子电池的特点如图 2-98 所示。

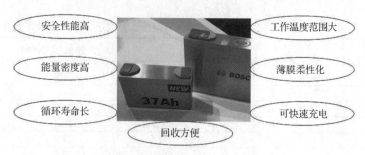

安全性能高　　能量密度高　　循环寿命长　　回收方便　　工作温度范围大　　薄膜柔性化　　可快速充电

图 2-98　固态锂离子电池的特点

2. 锂硫电池

锂硫电池是锂电池的一种，尚处于试验阶段。锂硫电池是以硫作为电池正极、以金属锂作为负极的一种锂电池，如图 2-99 所示。利用硫作为正极材料的锂硫电池，硫的理论比容量和电池理论比能量分别达到 1 675mA·h/g 和 2 600W·h/kg，是目前锂离子电池的 3～5 倍。锂硫电池是一种非常有前景的锂电池，有望被应用于动力电池、便携式电子产品等领域。

图 2-99　锂硫电池

3. 金属空气电池

金属空气电池是以电极电位较低的金属如锌、铝、镁、铁等作为负极，以空气中的氧或纯氧作为正极的活性物质，主要有锌空气电池、铝空气电池、镁空气电池等，如图 2-100 所示。

（a）锌空气电池

（b）铝空气电池

（c）镁空气电池

图 2-100　金属空气电池

金属空气电池具有比能量高、价格便宜、性能稳定等特点。

2.3.5　电池管理系统

1. 电池管理系统的定义

电池管理系统（BMS）是连接动力电池和纯电动汽车的重要纽带，其精准的控制和管理为动力电池的完美应用保驾护航。

电池管理系统是指监视蓄电池的状态（如温度、电压、电流、荷电状态等），可以为蓄电池提供通信、安全、电芯均衡及管理控制，并提供与应用设备通信接口的系统，其在纯电动汽车上的位置如图 2-101 所示。

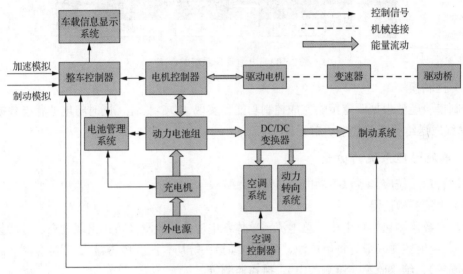

图 2-101　电池管理系统在纯电动汽车上的位置

电池管理系统与动力电池组一起组成电池包整体，与电池管理系统有通信关系的两个部件分别是整车控制器和充电机。电池管理系统向上通过 CAN 总线与纯电动汽车整车控制器通信，上报电池包状态参数；接收整车控制器指令，配合整车需要，确定功率输出；向下监控整个电池包的运行状态，保护电池包不受过放、过热等非正常运行状态的侵害；充电过程中，与充电机交互，管理充电参数，监控充电过程正常完成。

2. 电池管理系统的组成

电池管理系统的组成如图 2-102 所示，它主要由检测模块、均衡电源模块和控制模块 3部分组成。

（1）检测模块。

检测模块能够对电池组中各单体蓄电池的电压、电流、温度等关键状态参数进行准确和实时的检测，并通过串行外设接口（SPI）总线上报给控制模块。

（2）均衡电源模块。

均衡电源模块能够平衡单体蓄电池间的电压差异，解决电池组"短板效应"。

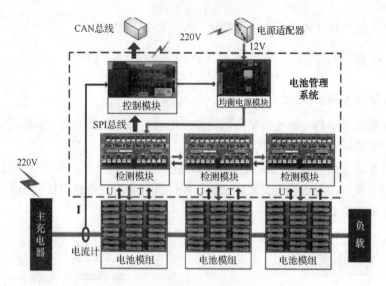

图 2-102　电池管理系统的组成

（3）控制模块。

控制模块能够根据既定策略完成控制功能，实现 SOC 估计，同时将电池状态数据通过 CAN 总线发送给整车其他电子单元。

3. 电池管理系统的功能

电池管理系统应具备以下功能。

（1）电池参数监测。

电池参数监测包括总电压、总电流、单体蓄电池电压监测（防止出现过充、过放甚至反极现象）、温度监测（最好每串电池、关键电缆接头等均有温度传感器）、烟雾探测（监测电解液泄漏等）、绝缘监测（监测漏电）、碰撞监测等。

（2）电池状态评估。

电池状态评估包括荷电状态（SOC）或放电深度（DOD）、健康状态（SOH）、功能状态（SOF）、能量状态（SOE）、故障及安全状态（SOS）等。

（3）在线故障诊断。

在线故障诊断包括故障检测、故障类型判断、故障定位、故障信息输出等。故障检测是指通过采集到的传感器信号，采用诊断算法诊断故障类型，并进行早期预警。电池故障是指电池组、高压电回路、热管理等各个子系统的传感器故障，执行器故障（如接触器、风扇、泵、加热器等），以及网络故障、各种控制器软硬件故障等。电池组本身故障是指过压（过充）、欠压（过放）、过电流、超高温、内短路故障、接头松动、电解液泄漏、绝缘能力降低等。

（4）电池安全控制与报警。

电池安全控制与报警包括热系统控制、高压电安全控制。BMS 诊断到故障后，通过网络通知整车控制器，并要求整车控制器进行有效处理（超过一定阈值时，BMS 也可以切断主回路电源），以防止高温、低温、过充、过放、过电流、漏电等对电池和人身的损害。

（5）充电控制。

BMS 中具有一个充电管理模块，它能够根据电池的特性、温度高低及充电机的功率等级控制充电机给电池进行安全充电。

（6）电池均衡。

不一致性的存在使得电池组的容量小于组中最小单体的容量。电池均衡根据单体蓄电池信息，采用主动或被动、耗散或非耗散等均衡方式，尽可能使电池组容量接近于最小单体的容量。

（7）热管理。

热管理是指根据电池组内温度分布信息及充放电需求，决定主动加热/散热的强度，使得电池尽可能工作在合适的温度，充分发挥电池的性能。

（8）网络通信。

BMS 需要与整车控制器等网络节点通信。同时，BMS 在车辆上拆卸不方便，需要在不拆壳的情况下进行在线标定、监控、自动代码生成和在线程序下载（更新程序而不拆卸产品）等，一般的车载网络均采用 CAN 总线技术。

（9）信息存储。

信息存储用于存储关键数据，如 SOC、SOH、SOF、SOE、累积充放电安时数、故障码和一致性等。车辆中的真实 BMS 可能只有上面提到的部分硬件和软件。每个电池单元至少应有一个电池电压传感器和一个温度传感器。对于具有几十个电池单元的电池系统，可能只有一个 BMS 控制器，或者将 BMS 功能集成到车辆的主控制器中。对于具有数百个电池单元的电池系统，可能有一个主控制器和多个仅管理一个电池模块的从属控制器。对于每个具有数十个电池单元的电池模块，可能存在一些模块电路接触器和平衡模块，并且从控制器像测量电压和电流一样管理电池模块，控制接触器，均衡电池单元并与主控制器通信。根据所报告的数据，主控制器将执行电池状态估计、故障诊断、热管理等。

（10）电磁兼容。

由于纯电动汽车的使用环境恶劣，因此要求 BMS 具有好的抗电磁干扰能力，同时要求 BMS 对外辐射小。

图 2-103 所示为某纯电动汽车动力电池管理系统的基本功能。

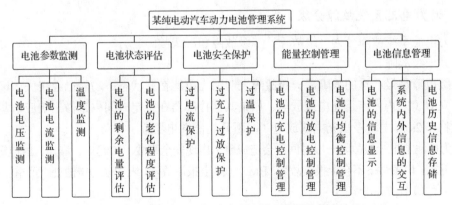

图 2-103　某纯电动汽车动力电池管理系统的基本功能

4. 动力电池的 SOC 估算方法

动力电池的 SOC 是反映动力电池当前状态的重要参数之一，也是整车能量分配策略的重要依据之一。由于无法通过直接测量的方法来得到电池 SOC，因此一般间接测量电池其他参数，如用电池电流、电压等来估算电池的 SOC。常见的估算动力电池 SOC 的方法有放电法、开路电压法、安时积分法、卡尔曼滤波法和神经网络法等。

（1）放电法。

放电法对电池进行恒流放电，直到电池端电压达到最低值（此时 SOC=0），放电容量为电流与时间的积，SOC 值即放电容量占电池额定容量的比值。放电法是按照 SOC 的定义去估算的，因此也是最准确的方法之一。但是此方法只适用于实验室内，而无法在纯电动汽车实际运行中使用。

（2）开路电压法。

开路电压法预先通过试验的手段获取 SOC 与开路电压的对应关系，然后测量电池开路电压即可得到此状态下电池的 SOC。这种方法原理简单、操作方便，但在测量开路电压时还要对电池单独进行静置处理，因此无法在实际情况下进行实时测量。

（3）安时积分法。

电池在一段时间内放出的容量是电流对时间的积分，故安时积分法测量电池工作状态下的电流值，计算已放出容量，然后根据电池总容量与已放出容量之差即可计算出当前状态下电池的 SOC。该方法是电池管理系统中 SOC 估算最常用的方法之一，不需要考虑电池模型，但不可避免地会产生误差，尤其是 SOC 估算误差会随着时间而积累，因此需要对 SOC 进行校正。

（4）卡尔曼滤波法。

卡尔曼滤波法的核心是根据已建立的电池状态模型，利用卡尔曼滤波原理，根据电池工作时的电流、电压及温度等进行状态递推，得到 SOC 的实时估算值及估算误差。

（5）神经网络法。

神经网络法依据大量的样本数据和神经网络模型，通过大量的数据分析，实时将 SOC 与输入端数据建立一定的联系。

随着各种先进方法的提出，SOC 估算精度逐渐提高。

2.3.6　动力电池系统故障分级及常见故障处理

1. 动力电池系统故障分级

动力电池系统故障分为一级故障、二级故障和三级故障。

（1）一级故障。

一级故障是最严重的故障。一级故障表明动力电池在此状态下功能已经丧失，请求其他控制器立即（1s 内）停止充电或放电。如果其他控制器在指定时间内未做出响应，蓄电池管理系统将在 2s 后主动停止充电或放电（即断开高压继电器）。

动力电池上报一级故障一段时间后会造成整车出现安全事故，如起火、爆炸、触电等。动力电池在正常工作条件下不会上报该故障，BMS 一旦上报该故障，表明动力电池处于严重滥用状态。

（2）二级故障。

二级故障表明动力电池在此状态下功能已经丧失，请求其他控制器停止充电或放电，其他控制器应在一定的延迟时间内响应动力电池停止充电或放电的请求。其他控制器响应动力电池二级故障的延迟时间建议少于 60s，否则会引发动力电池上报一级故障。

动力电池上报二级故障会造成整车进入跛行、暂时停止能量回馈、停止充电，动力电池在正常工作条件下不会上报该故障，BMS 一旦上报该故障，表明动力电池某些硬件出现故障或动力电池处于非正常工作条件下。

（3）三级故障。

三级故障表明动力电池性能下降，蓄电池管理系统降低最大允许充/放电电流。

动力电池上报三级故障对整车无影响或不同程度地造成整车进入限功率行驶状态，动力电池在正常工作条件下可能上报该故障。BMS 一旦上报该故障，表明动力电池处于极限温度环境下或单体蓄电池一致性出现一定劣化等，应该查找原因进行排除。

动力电池系统的故障一般在仪表上只显示动力电池故障、动力电池绝缘故障及动力电池系统断开 3 种故障信息，只能粗略地判断故障位置，并不能精确定位。

2. 动力电池常见故障处理

纯电动汽车动力电池系统的故障按照故障发生的部位可以分为 3 类，即单体蓄电池故障、电池管理系统故障、线路或连接件故障。

（1）单体蓄电池故障。

单体蓄电池故障包括以下 3 种。

① 电池性能正常，无须更换，对应故障有单体蓄电池 SOC 偏低和单体蓄电池 SOC 偏高。如果单体蓄电池 SOC 偏低，则该电池在汽车行驶过程中，电压最先达到放电截止电压，使得电池组实际容量降低，应对该单体蓄电池进行充电；如果单体蓄电池 SOC 偏高，则该电池在充电末期最先达到充电截止电压，影响充电容量，需对该单体蓄电池进行单独放电。

② 电池性能衰退严重，应立即更换，对应故障有单体蓄电池容量不足和单体蓄电池内阻偏大。在电池组中，最小的单体蓄电池容量限制了整个电池组的容量，因此发生单体蓄电池容量不足故障会影响车辆续驶里程。锂离子电池内阻如果过大，会严重影响电池的电化学性能，如充放电过程中极化严重、活性物质利用率低、循环性能差等。

③ 电池影响行车安全，对应故障包括单体蓄电池内部短路、单体蓄电池外部短路和单体蓄电池极性装反等。在强震动情况下，锂离子电池的极耳和极片上的活性物质、接线柱、外部连线及焊点可能会折断或脱落，造成单体蓄电池内部短路或外部短路故障。

通常情况下，造成单体蓄电池前两种故障的原因可能包括两个：一是动力电池成组时单体蓄电池一致性问题，单体蓄电池的 SOC、容量、内阻本身就存在差异；二是单体蓄电池在成组应用过程中因为应用环境差异（如温度、充放电电流）而造成一致性差异增加，加剧单体蓄电池的不一致性。

（2）电池管理系统故障。

电池管理系统对于保障电池组的安全及使用寿命、最大限度地发挥电池系统效能起到重要作用。电池管理系统通常对单体电压、总电压、总电流和温度等进行实时监控采样，并将实时参数反馈给整车控制器。电池管理系统除对电池性能参数进行监控、实施电性能管理外，还具有以热管理为主的应用环境管理功能，实施对电池的加热和冷却，确保电池的良好应用环境温度及温度场的一致性。若电池管理系统发生故障，就会失去对电池的监控，不能估计电池的 SOC，容易造成电池的过充、过放、过载、过热及不一致性问题的增加，影响电池的性能、使用寿命和行车安全。

电池管理系统故障包括 CAN 通信故障、总电压测量故障、单体电压测量故障、温度测量故障、电流测量故障和冷却系统故障等。

（3）线路或连接件故障。

线路或连接件故障的诊断对于确保行车安全和整车的可靠性同样重要。例如，车辆的震动，可能会导致电池间的连接螺栓出现松动，电池间接触电阻增大，发生电池间虚接故障，以致电池组内部能量损耗增加，造成车辆动力不足和续驶里程短。在极端情况下，还能引起高温，产生电弧，熔化电池电极和连接片，甚至造成电池着火等极端的电池安全事故。

在纯电动汽车运行过程中，单体蓄电池之间可能发生相对跳动，造成两电池间的连接片折断。电池箱和纯电动汽车的电气连接也是故障的高发点，电插接器在经历长时间震动后容易产生虚接，出现易烧蚀、接触不良等故障。

动力电池系统常见故障及处理方法见表 2-7。

表 2-7　动力电池系统常见故障及处理方法

项目	故障现象	故障后果	处理方法
单体蓄电池	单体蓄电池 SOC 偏低	电池组容量降低，纯电动汽车续驶里程短	对单体蓄电池单独充电
	单体蓄电池 SOC 偏高		对单体蓄电池单独放电
	单体蓄电池容量不足	电池组充电不足，使用寿命减少，纯电动汽车续驶里程短	更换单体蓄电池
	单体蓄电池内阻偏大	电池组充电不足，使用寿命减少，纯电动汽车动力不足，续驶里程短	
	单体蓄电池过充电	电池内部短路，电池热失控，严重时会起火、爆炸	检查电池管理系统
	单体蓄电池过放电		
	单体蓄电池内部短路	电池热失效，严重时会起火、爆炸	更换单体蓄电池
	单体蓄电池外部短路		排除短路故障，更换单体蓄电池
	单体蓄电池极性装反		更换单体蓄电池
电池管理系统	CAN 通信故障	无法监控纯电动汽车	检查 CAN
	总电压测量故障	无法监控总电压	检查总电压测量模块
	单体电压测量故障	无法监控单体电压	检查单体电压测量模块
	温度测量故障	无法监控电池温度	检查温度测量模块
	电流测量故障	无法监控电池电流	检查电流测量模块
	冷却系统故障	电池温度偏高	检查冷却风扇控制线路
线路或连接件	电池间虚接	纯电动汽车动力不足，续驶里程短	紧固电池连接
	电池间断路		检查电池连接
	快速熔断器断开	纯电动汽车无法启动	检查快速熔断器
	动力电插接器断开		检查动力电插接器
	动力电插接器虚接	插接器易烧蚀，纯电动汽车动力不足	
	信号电插接器故障	无法监控纯电动汽车	检查信号电插接器
	正极接触器故障	纯电动汽车无法启动	检查接触器
	负极接触器故障		
	电源线短路	电池热失控，严重时起火、爆炸	检查电源线

2.3.7　动力电池梯次利用

随着纯电动汽车保有量的快速增加和动力电池的寿命逐渐到期，动力电池梯次利用及资源回收越来越受到重视。从纯电动汽车上退役的动力电池一般具有初始容量 60%～80%的剩余容量，并且具有一定的寿命，目前主要有两种可行的处理方法：一是梯次利用，即将退役的动力电池用在储能等其他领域作为电能的载体使用，从而充分发挥其剩余价值；二是拆解回收，即将退役的动力电池进行放电和拆解，提炼原材料，从而实现循环利用。

1. 动力电池梯次利用的定义

动力电池梯次利用是指将纯电动汽车不能再使用的动力电池（或其中的动力电池包、蓄电池模块、单体蓄电池等）应用到其他领域的过程，可以一级利用，也可以多级利用，如图 2-104 所示。

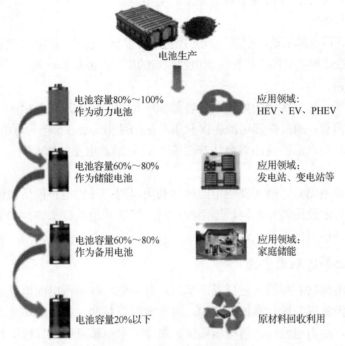

图 2-104　动力电池的梯次利用

2. 动力电池梯次利用方向

动力电池梯次利用方向很多，可以替代传统铅酸蓄电池作为通信备用电源、新能源路灯、低速纯电动汽车、纯电动自行车等；也可以开发微电网市场，用作微电网储能系统、移动式充电车、家用微电网储能柜、电网用户侧储能系统等。图 2-105 所示为动力电池梯次利用方向。

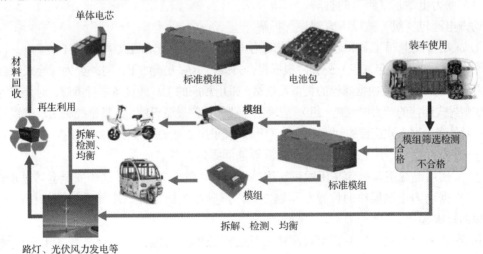

图 2-105　动力电池梯次利用方向

3. 动力电池梯次利用的性能分析

动力电池梯次利用要进行以下性能分析。

（1）安全性。

从现有研究和使用情况来看，没有发现梯次利用电源产品在安全性方面与新电池制造的电源产品存在明显差异，与铅酸蓄电池也没有明显差异。

（2）电源整体性能。

通过可梯次利用电源筛选、配组标准的控制，可以保证梯次利用电源产品在电压等级、有效容量、充放电性能等主要性能指标与新电池制造的电源产品基本一致。

（3）使用寿命。

从理论上分析，如果按动力电池剩余容量80%退役，电动汽车使用5年，梯次利用场景为通信备用电源测算，磷酸铁锂电池梯次利用产品的使用寿命（5年）与铅酸蓄电池的相同，三元锂电池梯次利用产品的使用寿命（2～3年）比铅酸蓄电池的短。

（4）经济性。

按现有市场价格测算，磷酸铁锂电池梯次利用电源产品的销售价格与铅酸蓄电池产品基本持平。如果二者的使用寿命相同，则两种产品的经济性也是持平的；如果磷酸铁锂的使用寿命更长，则经济性更优。

4. 动力电池梯次利用步骤

退役动力电池梯次利用通常包括以下步骤：蓄电池回收、蓄电池拆解、蓄电池筛选、蓄电池重组、蓄电池集成与运行维护。其中，蓄电池拆解是非常重要的环节。

从理论上讲，动力电池包、蓄电池模块、单体蓄电池都可以进行梯次利用。但从退役动力电池的实际情况分析，蓄电池包直接梯次利用存在电压等级不匹配、蓄电池管理系统不兼容、内部蓄电池一致性差、存在安全隐患等问题，所以很少被采用。单体蓄电池由于拆解成本高、蓄电池电极容易在拆解过程中被损坏、检测重新配组成本高等问题，因此也很少被采用。蓄电池模块梯次利用的方式常被采用。进行蓄电池模块梯次利用需要对动力电池包（组）和动力电池模块进行拆解。

（1）动力电池包（组）的拆解。

动力电池包（组）按以下方法进行拆解。

① 采用专用起吊工具和起吊设备将动力电池包（组）起吊至专用拆解工装台。

② 拆除动力电池包（组）外壳，根据组合方式，拆解方式如下：对外壳为螺栓式组合连接的动力电池包（组），应根据螺栓的类型及规格，采用相应的工具或设备进行拆解；对外壳为金属焊接或塑封式连接的动力电池包（组），应采用专业的切割设备拆解，并精确控制切割位置及切入深度；对外壳为嵌入式连接的动力电池包（组），宜采用专业的机械化切割设备拆解。

③ 外壳拆除后，应先拆除托架、隔板等辅助固定部件。

④ 应使用绝缘工具拆除高压线束、线路板、蓄电池管理系统、高压安全盒等功能部件。

⑤ 根据动力电池模块的位置和固定方式，拆除相关固定件、冷却系统等部件，采用专用取模器移除模块。

⑥ 在动力电池包（组）拆解过程中要注意避免拆除的螺栓等部件与高低压连接触头位置的接触，以免造成短路起火，同时要备用专用磁吸工具取出脱落在缝隙中的金属件。

（2）动力电池模块的拆解。

动力电池模块按以下方法进行拆解。

① 宜采用专用模块拆解设备对模块进行安全、环保的拆解。

② 采用专用起吊工具和起吊设备将动力电池模块起吊至专用拆解工装台或模块拆解设备进料口。

③ 拆除动力电池模块外壳，根据组合方式，拆解方式如下：对外壳为螺栓式组合连接的动力电池模块，应根据螺栓的类型及规格，在专用模组工装夹具的辅助下定位，采用相应的工具进行拆解；对外壳为金属焊接或塑封式连接的动力电池模块，应根据焊位或封装口角度，宜采用专用模块拆解设备在封闭空间内进行拆解，并精确控制切割位置及刀口切入深度，防止短路起火；对外壳为嵌入式连接的动力电池模块，应采用专业的机械化拆解设备进行拆解。

④ 外壳拆除后，应采用绝缘工具拆除导线、连接片等连接部件，分离出单体蓄电池。

⑤ 动力电池模块拆解过程中要注意模块的成组类型与连接方式，拆解过程中做好绝缘防护，对高低压连接插件的接口应用绝缘材料及时封堵，不应徒手拆解动力电池模块。

5. 动力电池余能检测

《车用动力电池回收利用　余能检测》（GB/T 34015—2017）规定了动力电池的余能检测方法。

动力电池的余能检测作业流程如图 2-106 所示。

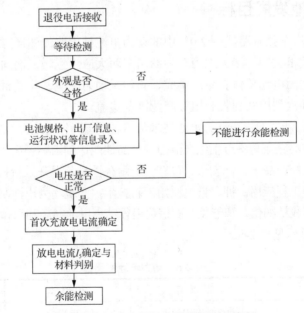

图 2-106　动力电池的余能检测作业流程

外观检查是在良好的光线条件下，用目测法检查动力电池模块和单体蓄电池的外观。若有变形、裂纹、漏液等，不应对其进行余能检测；若有主动保护线路，应去除后再检测。

电压判别是用电压表检测动力电池的端电压，初步判定蓄电池类别，并判别蓄电池极性。如果动力电池不满足企业技术规定条件中的电压限值条件，则不应对其进行余能检测；如果满足，则可以进行余能检测。

（1）单体蓄电池余能检测方法。

单体蓄电池按以下步骤进行余能检测。

① 充电。单体蓄电池按相关标准规定进行充电，其中充电电流采用 I_5，I_5 为 5h 率放电流。

② 室温放电容量。单体蓄电池在 25℃±2℃下的放电容量按相关标准进行测试，其中放电电流采样 I_5。

③ 单体蓄电池余能。测得的室温放电容量为单体蓄电池在室温下的余能。

（2）蓄电池模块余能检测方法。

蓄电池模块按以下步骤进行余能检测。

① 充电。蓄电池模块按相关标准规定进行充电，其中充电电流采用 I_5，I_5 为 5h 率放电电流。

② 室温放电容量。蓄电池模块在 25℃±2℃下的放电容量按相关标准进行测试，其中放电电流采样 I_5。

③ 低温放电容量。蓄电池模块在-20℃±2℃下的放电容量按相关标准进行测试，其中放电电流采样 I_5。

④ 高温放电容量。蓄电池模块在 55℃±2℃下的放电容量按相关标准进行测试，其中放电电流采样 I_5。

⑤ 蓄电池模块余能。测得的室温放电容量、低温放电容量和高温放电容量分别为蓄电池模块在室温下、低温下和高温下的蓄电池模块余能。

2.3.8　动力电池发展目标

《节能与新能源汽车技术路线图 2.0》中的动力电池技术路线图涵盖能量型、能量功率兼顾型和功率型三大技术类别，涵盖乘用车和商用车两大应用领域，面向普及、商用、高端三类应用场景，实现动力电池单体、系统集成、新体系动力电池、关键材料、制造技术及关键装备、测试评价、梯次利用及回收利用等产业链全覆盖。

到 2035 年，我国新能源汽车动力电池技术总体居于国际领先地位，动力电池产业链完整、自主、可控。关键材料完全具备自主生产能力，产品性能达到国际领先水平；形成多材料体系动力电池、模块和系统产品平台，安全、可靠性及耐久性显著提升；新材料、新结构、新体系动力电池实现突破和工程应用，拥有自主原始创新技术；实现动力电池制造装备和制造过程的数字化和无人化；形成精细化、智能化、高值化退役动力电池循环利用体系。

动力电池发展目标见表 2-8。

表 2-8　动力电池发展目标

蓄电池类型		2025 年	2030 年	2035 年
能量型蓄电池	普及型	比能量>200W·h/kg 寿命>3 000 次/12 年 成本<0.35 元/（W·h）	比能量>250W·h/kg 寿命>3 000 次/12 年 成本<0.32 元/（W·h）	比能量>300W·h/kg 寿命>3 000 次/12 年 成本<0.30 元/（W·h）
	商用型	比能量>200W·h/kg 寿命>6 000 次/8 年 成本<0.45 元/（W·h）	比能量>225W·h/kg 寿命>6 000 次/8 年 成本<0.40 元/（W·h）	比能量>250W·h/kg 寿命>6 000 次/8 年 成本<0.35 元/（W·h）

续表

蓄电池类型		2025 年	2030 年	2035 年
能量型蓄电池	高端型	比能量>350W·h/kg 寿命>1 500 次/12 年 成本<0.50 元/（W·h）	比能量>400W·h/kg 寿命>1 500 次/12 年 成本<0.45 元/（W·h）	比能量>500W·h/kg 寿命>1 500 次/12 年 成本<0.40 元/（W·h）
能量、功率 兼顾型蓄电池	兼顾型	比能量>250W·h/kg 寿命>5 000 次/12 年 成本<0.60 元/（W·h）	比能量>300W·h/kg 寿命>5 000 次/12 年 成本<0.55 元/（W·h）	比能量>325W·h/kg 寿命>5 000 次/12 年 成本<0.50 元/（W·h）
	快充型	比能量>225W·h/kg 寿命>3 000 次/10 年 成本<0.70 元/（W·h） 充电时间<15 分钟	比能量>250W·h/kg 寿命>3 000 次/10 年 成本<0.65 元/（W·h） 充电时间<12 分钟	比能量>275W·h/kg 寿命>3 000 次/10 年 成本<0.60 元/（W·h） 充电时间<10 分钟
功率型蓄电池	功率型	比能量>80W·h/kg 寿命>30 万次/12 年 成本<1.20 元/（W·h）	比能量>100W·h/kg 寿命>30 万次/12 年 成本<1.00 元/（W·h）	比能量>120W·h/kg 寿命>30 万次/12 年 成本<0.80 元/（W·h）

2.4　纯电动汽车驱动电机系统

2.4.1　纯电动汽车对驱动电机的要求

纯电动汽车在行驶过程中需要频繁地启动/停车、加速/减速等，这就要求纯电动汽车中的驱动电机比一般工业应用的电机性能更高，基本要求如下。

（1）电机的运行特性要满足纯电动汽车的要求。在恒转矩区，要求低速运行时具有大转矩，以满足纯电动汽车启动和爬坡的要求；在恒功率区，要求低转矩时具有高的速度，以满足纯电动汽车在平坦的路面能够高速行驶的要求。

（2）电机应具有瞬时功率大、带负载启动性能好、过载能力强、加速性能好、使用寿命长的特点。

（3）电机应在整个运行范围内具有很高的效率，以提高一次充电的续驶里程。

（4）电机应能够在汽车减速时实现再生制动，将能量回收并反馈给蓄电池，使得纯电动汽车具有最佳能量的利用率。

（5）电机应可靠性好，能够在较恶劣的环境下长期工作。

（6）电机应体积小、质量小，一般为工业用电机（质量和体积都包括）的 1/3～1/2。

（7）电机的结构要简单、坚固，适合批量生产，便于使用和维护。

（8）价格便宜，从而能够减少纯电动汽车整体的价格，提高性价比。

（9）运行时噪声低，可减少噪声污染。

目前，纯电动汽车的驱动电机主要有感应异步电机、永磁同步电机和开关磁阻电机。

在乘用车领域，目前主要使用感应异步电机和永磁同步电机，前者的主要代表是特斯拉，而后者更为主流，宝马及国内大部分纯电动汽车厂家都在使用。而开关磁阻电机主要应用于商用车。

2.4.2 感应异步电机

感应异步电机也称为交流感应电机，它是指定子及转子为独立绕组，双方通过电磁感应来传递力矩，其转子以低于或高于气隙旋转磁场转速旋转的交流电机。

1. 感应异步电机的结构

感应异步电机一般由定子（静止不动的部分）、转子（旋转产生动能的部分）、机座（连接定子和转子的壳体）和散热部件等构成，如图 2-107 所示。转子由导电性好的金属材质制成，如铝、铜等材质，且转子大多采用鼠笼式结构，工作时也是通过给定子通电，并与转子感应电流相互作用产生电磁转矩，从而使转子转动。"异步"之意就是在运行时，转子的转速总是小于旋转磁场的转速。

图 2-107 感应异步电机结构

图 2-108 所示为特斯拉 Model S 采用的感应异步电机，其峰值功率为 193kW，峰值转矩为 330N·m，最高转速为 18 000r/min，既可用于前驱车，也可用于后驱车。

图 2-108 特斯拉 Model S 采用的感应异步电机

特斯拉 Model S 采用的感应异步电机的剖视图如图 2-109 所示。定子外直径为 254mm、内直径为 157mm；转子外直径为 155.8mm、内直径为 50mm；定子长度为 152.6mm、转子长度为 153.8mm；定子槽数为 60、转子槽数为 74。

图 2-109 特斯拉 Model S 采用的感应异步电机的剖视图

2. 感应异步电机的工作原理

感应异步电机工作原理逻辑如图 2-110 所示，感应异步电机工作原理如图 2-111 所示。

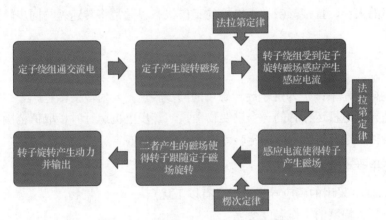

图 2-110 感应异步电机工作原理逻辑

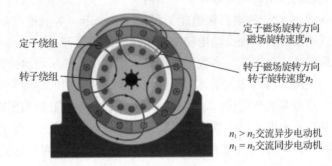

图 2-111 感应异步电机工作原理

（1）当定子上缠绕的绕组通上交流电后，由于交流电的特性，因此定子绕组会产生一个旋转的电磁场。

（2）转子绕组是一个闭环导体，它处在定子的旋转磁场中就相当于在不停地切割定子的磁感应线。

（3）根据法拉第定律，闭合导体的一部分在磁场里做切割磁感应线的运动时，导体中就会产生电流，而这个电流又会形成一个电磁场。

（4）此时就有了两个电磁场：一个是接通外部交流电而产生的定子电磁场；另一个是因切割定子的电磁感应线而产生电流后形成的转子电磁场。

（5）根据楞次定律，感应电流的磁场总要反抗引起感应电流的原因（转子绕组切割定子电磁场的磁感应线），也就是尽力使转子上的导体不再切割定子磁场的磁感应线。

（6）转子绕组会不停追赶着定子的旋转电磁场，使转子跟着定子旋转电磁场旋转，最终使电机开始旋转。

在整个工作流程中，由于定子通电后才能产生旋转的磁场，此磁场使转子发生电磁感应从而旋转，因此转子的转速与定子磁场的转速不同步（转速差约为2%～5%），故称其为异步交流电机。反之，如果二者的转速相同，就称其为同步交流电机。

如果电机转子轴上带有机械负载，则负载被电磁转矩拖动而旋转。当负载发生变化时，转子转速也随之发生变化，使转子导体中的电动势、电流和电磁转矩发生相应变化，以适应负载需要。因此，异步电机的转速是随负载变化而变化的。

异步电机的转子转速与定子旋转磁场的同步转速之间存在转速差，它的大小决定转子电动势及其频率的大小，直接影响异步电机的工作状态。通常将转速差与同步转速的比值用转差率表示，即

$$s_n = \frac{n_1 - n}{n_1} \tag{2-4}$$

式中，s_n 为电机转差率；n_1 为定子旋转磁场的同步转速；n 为转子转速。

转差率是异步电机运行时的一个重要物理量。异步电机运行时，取值范围为 $0 < s_n < 1$。在额度负载条件下运行时，一般额定转差率为 0.01～0.06。

3. 感应异步电机的特点

特斯拉 Model S 采用的感应异步电机具有以下优点。

（1）能忍受大幅度的工作温度变化。

（2）感应异步电机的输出转矩可以在大范围内调整，因此无须安装第 2 套乃至第 3 套传动机构。特斯拉 Model S 设计的电机转速能达到 12 000r/min，并且能产生最高为 400N·m 的转矩，能在加速或爬坡时强制提高输出转矩（虽然时间很短）。

（3）体积小。目前纯电动汽车大多数电机还是采用水冷，而采用水冷散热的电机意味着电机体积更大，因为水路太占用体积了。而特斯拉 Model S 采用的感应异步电机可以将体积做到西瓜大小，其优点是其散热更快。不要忽视电机体积对电机散热的影响。将电机体积做小，就可以保证在功率不变的情况下增加电机转速，保证低速（起步）转矩。

（4）质量小。特斯拉 Model S 电机质量不超过 52kg，转速区间可以达到 0～12 000r/min，所以无须安装多余的传动机构。

特斯拉 Model S 采用的感应异步电机具有以下缺点。

（1）感应异步电机由于采用单边励磁，产生单位转矩需要的电流很大，而且定子中有无功励磁电流，因此能耗较大、功率因数滞后。

（2）结构复杂，采用交流感应电机，其控制系统复杂、技术要求高、制造成本高。

2.4.3 永磁同步电机

永磁同步电机（Permanent Magnet Synchronous Motor，PMSM）因具有效率高、转速范围宽、体积小、质量轻、功率密度大、成本低等优点而成为纯电动汽车市场的主要驱动电机。

1. 永磁同步电机的类型

按照永磁体在转子上位置的不同，永磁同步电机可分为表面式永磁转子结构和内置式永磁转子结构两大类。

（1）表面式永磁转子结构。

表面式永磁转子结构如图 2-112 所示。它具有表贴式和插入式两种形式。采用该结构的电机具有以下特点。

① 交直轴磁路基本对称，凸极率（交轴电感与直轴电感之比）为 1，它是一种典型的隐极电机，无凸极效应和磁阻转矩。

② 交直轴磁路的等效气隙很大，电枢反应较小。

③ 该类电机用作牵引电机时，动态响应快、转矩脉动小，但弱磁能力较差，其恒功率弱磁运行范围通常都较小。

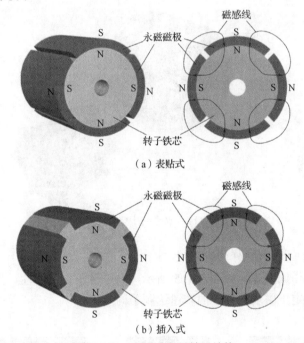

（a）表贴式

（b）插入式

图 2-112 表面式永磁转子结构

（2）内置式永磁转子结构。

内置式永磁转子结构的永磁体位于转子铁芯内部，其表面与气隙之间有铁磁物质的极靴保护，永磁体受到极靴的保护。内置式永磁转子结构如图 2-113 所示，它具有径向式、切向式和 U 型混合式 3 种形式。该结构电机具有以下特点。

① 转子交直轴磁路不对称，电机凸极率大于 1，电磁转矩由永磁转矩和磁阻转矩共同产生，因此内置式永磁转子电机又称永磁磁阻电机。

② 磁阻转矩提高了电机的过载能力，而且易于弱磁扩散，扩大了电机的恒功率运行范围。

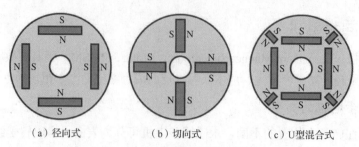

（a）径向式   （b）切向式   （c）U型混合式

图2-113　内置式永磁转子结构

2. 永磁同步电机的结构

永磁同步电机与交流感应电机在基本结构和外观上大致相同，都是由定子、转子、电机外壳等部件组成。只不过转子在结构、用料和工作原理上存在差异。

永磁同步电机属于交流电机的一种，其转子由带有永久磁场的钢制成，电机工作时给定子通电，产生旋转磁场推动转子转动。而"同步"的意思是在稳态运行时，转子的旋转速度与磁场的旋转速度同步。

图2-114所示为永磁同步电机结构。

定子

永磁同步电机实物

永磁材质的转子

图2-114　永磁同步电机结构

3. 永磁同步电机的工作原理

永磁同步电机工作原理逻辑如图2-115所示，由于转子自带磁性，当定子绕组通电后，转子立即受力，因此定子磁场与转子的转速达到了同步。

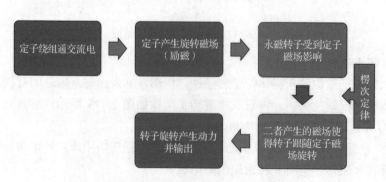

图2-115　永磁同步电机工作原理逻辑

永磁同步电机的工作原理如图 2-116 所示，电机的转子是永磁体，N 极、S 极沿圆周方向交替排列，定子是旋转的磁场。电机运行时，定子存在旋转磁动势，转子像磁针在旋转磁场中旋转一样随着定子的旋转磁场同步旋转。

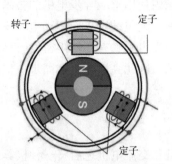

图 2-116　永磁同步电机的工作原理

同步电机转速可表示为

$$n = n_0 = \frac{60 f_s}{p_n} \tag{2-5}$$

式中，f_s 为电源频率；p_n 为电机极对数。

永磁同步电机的定子是三相对称绕组，三相正弦波电压在定子三相绕组中产生对称三相正弦波电流，并在气隙中产生旋转磁场。旋转磁场与已充磁的磁极作用，带动转子与旋转磁场同步旋转并力图使定子、转子磁场轴线对齐。当外加负载转矩以后，转子磁场轴线将落后定子磁场轴线一个功率角，负载越大，功率角越大，直到一个极限角度，电机停止。由此可见，同步电机在运行中，转速必须与频率严格成比例旋转，否则会失步停转。因此，它的转速与旋转磁场同步，其静态误差为零。在负载扰动下，只是功率角变化，而不引起转速变化，它的响应时间是实时的。

4. 永磁同步电机与感应异步电机的比较

永磁同步电机和感应异步电机都是交流电机。永磁同步电机的转子自带磁场，而感应异步电机的转子只是导体，并不带磁场，通电之后产生了感应磁场才能与定子发生作用。

永磁同步电机和感应异步电机的对比见表 2-9。

表 2-9　永磁同步电机和感应异步电机的对比

电机类型	永磁同步电机	感应异步电机
优点	功率密度高，能量转换效率高，适合低速、高速及复杂工况	单位功率成本低，不会产生退磁，高转速性能好
缺点	单位功率成本高，温度大幅变化会引发退磁	功率密度低，能量转换效率相对较低，复杂工况能耗高

从两种电机的优缺点上来看，永磁同步电机功率密度高，在低速、高速工况下均有较高的能量转换效率。因此，相对于高速工况才有较高的能量转换效率的感应异步电机来说，永磁同步电机更适用于低速工况较多、频繁起步停车的城市道路。这也就不难解释为什么现在

生产的纯电动汽车车型中，永磁同步电机处于主流地位。

另一个原因是大多数的纯电动汽车并不追求极高的性能，就算永磁同步电机的单位功率成本较高，但各家车企采用的电机功率并不会高到大幅影响造车成本的地步，所以除性能车外，车企还不会因为这一点而考虑使用感应异步电机的技术。

中国、日本及欧洲部分国家的纯电动汽车用驱动电机主要以永磁同步电机为主，而美国则以感应异步电机为主。永磁同步电机具有高转矩密度、高功率密度、高效率、高可靠性等优点。我国具有丰富的稀土资源，因此高性能永磁同步电机是我国车用驱动电机的重要发展方向。

2.4.4 开关磁阻电机

开关磁阻电机是继直流电机和交流电机之后又一种极具发展潜力的新型电机。

开关磁阻电机是采用定转子凸极且极数相接近的大步距磁阻式步进电机的结构，利用转子位置传感器，通过电子功率开关控制各相绕组导通使之运行的电机。

开关磁阻电机主要应用于电动大巴和电动卡车上。

1. 开关磁阻电机的结构

开关磁阻电机由双凸极的定子和转子组成，如图 2-117 所示。

图 2-117　开关磁阻电机的结构

开关磁阻电机的定子和转子的凸极均由普通的硅钢片叠压而成。定子凸极上绕有集中绕组，把沿径向相对的两个绕组串联成一个两级磁极，称为"一相"；转子既无绕组又无永磁体，仅由硅钢片叠压而成。现今应用较多的是四相（8/6）结构和三相（12/8）结构。

通过控制加到电机绕组中电流脉冲的幅值、宽度及其与转子的相对位置（导通角、关断角），即可控制电机转矩的大小与方向，这正是开关磁阻电机调速控制的基本原理。

2. 开关磁阻电机的特点

开关磁阻电机主要具有以下优点。

（1）电机结构简单、坚固，制造工艺简单，成本低，转子仅由硅钢片叠压而成，可工作于极高转速的场景；定子线圈为集中绕组，嵌放容易，端部短而牢固，工作可靠，能适用于各种恶劣、高温及强震动环境。

（2）损耗主要产生在定子，电机易于冷却，转子无永磁体，允许有较高的温升。

（3）转矩方向与相电流方向无关，从而可减少功率变换器的开关器件数，降低系统成本。

（4）功率变换器不会出现直通故障，可靠性高。

（5）启动转矩大，低速性能好，无异步电机在启动时所出现的冲击电流现象。

（6）调速范围宽，控制灵活，易于实现各种特殊要求的转矩速度特性。

（7）在宽广的转速和功率范围内都具有高效率。

（8）能四象限运行，具有较强的再生制动能力。

开关磁阻电机主要具有以下缺点。

（1）转矩脉动。由工作原理可知，开关磁阻电机转子上产生的转矩是由一系列脉冲转矩叠加而成的，由于双凸极结构和磁路饱和非线性的影响，因此合成转矩不是恒定转矩，而有一定的谐波分量，影响了电机低速运行性能。

（2）传动系统的噪声和振动比一般电机大。

（3）电机的出线头较多，如三相 SR 电机至少有 4 根出线头，四相 SR 电机至少有 5 根出线头，而且有位置检测器出线端，对于整体的线路布局有影响。

（4）控制部分相对比较复杂，这在一定程度上提升了整体成本。

2.4.5 轮毂电机

轮毂电机技术又称车轮内装式电机技术，是一种将电机、传动系统和制动系统融为一体的轮毂装置技术，是现阶段先进纯电动汽车技术研究的热点之一。

从各种驱动技术的特点和发展趋势来看，采用轮毂电机技术是纯电动汽车的最终驱动形式的方向。随着电池技术、动力控制系统和整车能源管理系统等相关技术研发的不断深入，电机性能的不断提高，轮毂电机技术将在纯电动汽车上取得更大成功。

1. 轮毂电机驱动系统结构形式

轮毂电机驱动系统通常由电机（电机定子、电机转子）、制动装置和电子控制器等组成，其结构如图 2-118 所示。

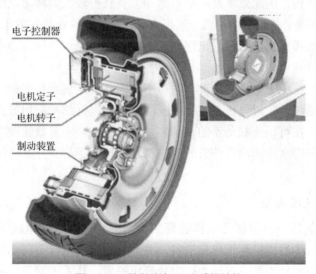

图 2-118　轮毂电机驱动系统结构

轮毂电机驱动系统根据电机的转子形式主要分成两种结构形式：内转子式和外转子式。其中，外转子式采用低速外转子电机，电机的最高转速在 1 000～1 500r/min，无减速装置，车轮的转速与电机的相同；而内转子式则采用高速内转子电机，配备固定传动比的减速器，为获得较高的功率密度，电机的转速可高达 10 000r/min。减速结构通常采用传动比为 10∶1 左右的行星齿轮减速装置，车轮的转速为 1 000r/min 左右。随着更为紧凑的行星齿轮减速器的出现，内转子式轮毂电机在功率密度方面比低速外转子式电机更具竞争力。

图 2-119 所示为轮毂电机驱动系统分解。

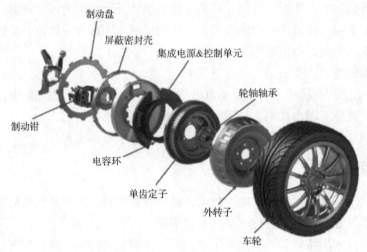

图 2-119　轮毂电机驱动系统分解

高速内转子的轮毂电机的优点是具有较高的比功率，质量小、体积小、效率高、噪声小、成本低；缺点是必须采用减速装置，使效率降低、非簧载质量增大，电机的最高转速受线圈损耗、摩擦损耗及变速机构的承受能力等因素的限制。低速外转子电机的优点是结构简单、轴向尺寸小、比功率高，能在很宽的速度范围内控制转矩，且响应速度快，外转子直接与车轮相连，没有减速机构，因此效率高；缺点是如果要获得较大的转矩，则必须增大发动机体积和质量，因此成本高，加速时效率低、噪声大。这两种结构在目前的电动汽车中都能应用，但是随着紧凑的行星齿轮变速机构的出现，高速内转子式驱动系统在功率密度方面比低速外转子式驱动系统更具竞争力。

轮毂电机动力系统由于电机电制动容量较小，因此不能满足整车制动效能的要求，通常需要附加机械制动系统。轮毂电机系统中的制动器可以根据结构采用鼓式或者盘式制动器。电机电制动容量的存在可以使制动器的设计容量适当减小。大多数轮毂电机系统采用风冷方式进行冷却，也有采用水冷和油冷的方式对电机、制动器等的发热部件进行散热降温，但结构比较复杂。

2. 轮毂电机应用类型

轮毂电机系统的驱动电机按照电机磁场的类型分为轴向磁通电机和径向磁通电机两种类型。轴向磁通电机的结构更利于热量散发，并且它的定子可以不需要铁芯；径向磁通电机定子和转子之间受力比较均衡，磁路由硅钢片叠压得到，技术更简单、成熟。

轮毂电机的电机类型主要分为无刷永磁同步电机、感应（异步）电机和开关磁阻式电机，其特点如下。

（1）无刷永磁同步电机可采用圆柱形径向磁场结构或盘式轴向磁场结构，具有较高的功率密度和效率，以及宽广的调速范围，发展前景十分广阔，已在国内外多种纯电动汽车中获得应用。

（2）感应（异步）电机的优点是结构简单、坚固耐用、成本低廉、运行可靠、转矩脉动小、噪声大，不需要位置传感器，转速极限高；缺点是驱动电路复杂、成本高，相对于无刷永磁同步电机而言，感应异步电机的效率和功率密度偏低。

（3）开关磁阻式电机具有结构简单、制造成本低廉、转速/转矩特性好等优点，适用于纯电动汽车驱动；缺点是设计和控制非常困难和精细，运行噪声大。

3. 轮毂电机驱动方式

轮毂电机驱动方式可以分为直接驱动和减速驱动两种基本方式。

轮毂电机直接驱动方式如图 2-120 所示，采用低速外转子电机，轮毂电机与车轮组成一个完整部件总成，电机布置在车轮内部，直接驱动轮带动汽车行驶。其主要优点是电机体积小、质量小、成本低、系统传动效率高、结构紧凑，既有利于整车结构布置和车身设计，也便于改型设计。这种驱动方式直接将外转子安装在车轮的轮辋上驱动轮转动。由于纯电动汽车在起步时需要较大的转矩，因此安装在直接驱动型电动轮中的电机必须能在低速时提供大转矩；而承载大转矩时需要大电流，易损坏电池和永磁体；电机效率峰值区域很小，负载电流超过一定值后效率会急剧下降。为使汽车能够有较好的动力性，电机还必须具有很宽的转矩和转速调节范围。由于电机工作产生一定的冲击和震动，因此要求车轮轮辋和车轮支撑必须坚固、可靠。同时，由于非簧载质量大，因此如果想要保证汽车的舒适性，就需要对悬架系统进行优化设计。此方式适用于平路或负载小的场合。

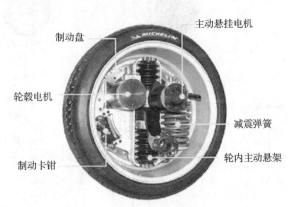

图 2-120　轮毂电机直接驱动方式

轮毂电机减速驱动方式如图 2-121 所示，采用高速内转子电机，适合现代高性能纯电动汽车的运行要求。这种电动轮采用高速内转子电机，其目的是获得较高的功率。减速机构布置在电机与车轮之间，起减速和增矩的作用，保证纯电动汽车在低速行驶时能够获得足够大的转矩。电机输出轴通过减速机构与车轮驱动轴连接，使电机轴承不直接承受车轮与路面的载荷作用，改善了轴承的工作条件；采用固定速比行星齿轮减速器，使系统具有较大的调速范围和输出转矩，消除了车轮尺寸对电机输出转矩和功率的影响。但轮毂电机内齿轮的工作噪声较大，并且润滑方面存在很多问题，其非簧载质量也比直接驱动式电动轮电驱动系统的大，对电机及系统内部的结构方案设计要求更高。

图 2-121　轮毂电机减速驱动方式

2.4.6　电机控制器

电机控制器是控制动力电源与电机之间能量传输的装置，是控制电机驱动整车行驶的控制单元，属于纯电动汽车的核心零部件。

1. 电机控制器的功能

电机控制器在纯电动汽车中主要连接动力电池与驱动电机，电动控制器的连接如图 2-122 所示。它根据整车的需求，从动力电池获得直流电，经过逆变器的调制，获得控制电机需要的交流电，提供给驱动电机，使得驱动电机的转速和转矩满足整车的加速、减速、制动、停车等需求。

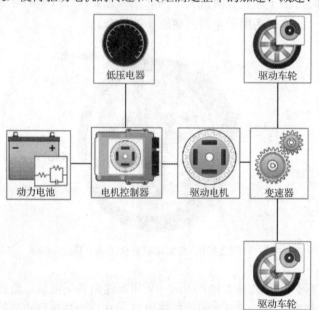

图 2-122　电机控制器的连接

电机控制器的功能及复杂度会随电机工况的需要而不同。纯电动汽车的电机控制器一般应具有以下功能。

（1）把直流电变成交流电。

动力电池提供的是直流电，而驱动电机需要的是交流电，因此电机控制器必须把动力电池提供的直流电转换成驱动电机需要的交流电。这种转换依靠电机控制器中的逆变器。

（2）控制驱动电机的正向旋转和反向旋转。

燃油汽车的前进和后退主要依靠变速器的前进挡和倒挡，但纯电动汽车的前进和后退主要依靠驱动电机的正向旋转和反向旋转，因此电机控制器应该能够根据纯电动汽车的前进和后退控制驱动电机的正向旋转和反向旋转。

（3）控制驱动电机的输出。

纯电动汽车有各种不同的行驶工况，这些行驶工况对驱动电机的动力输出和转速输出的要求是不一样的，电机控制器应能够根据纯电动汽车的行驶工况控制驱动电机的输出，以满足纯电动汽车行驶的需求。例如，纯电动汽车启动时需要较大的启动转矩，这就要求电机控制器在低速时能控制驱动电机输出较大的电流；纯电动汽车巡航行驶时，需要稳定的输出力矩，这就要求电机控制器在巡航时能控制驱动电机输出稳定的电流。在纯电动汽车行驶过程中，驾驶员踩加速踏板时，整车控制器将加速踏板开度大小换算为正转矩值大小，通过 CAN 报文发送给电机控制器，电机控制器按照该转矩值通过驱动纯电机输出以驱动纯电动汽车行驶。

（4）控制能量回收。

纯电动汽车减速或制动时，电机控制器将驱动电机作为发电机运行时产生的三相交流电，经过整流变成直流电反馈到动力电池，实现能量回收，提高纯电动汽车的续驶里程。驾驶员踩制动踏板时，整车控制器根据制动踏板信号及车速信号，将负转矩值通过 CAN 报文发送给电机控制器，电机控制器按照该转矩值控制驱动电机发电，并将能量反馈到动力电池，实现能量回收。

（5）实现 CAN 通信。

电机控制器具备高速 CAN 通信功能，能根据整车 CAN 协议内容正确地进行 CAN 报文发送、接收及解析，有效地实现各系统及整车功能策略，控制驱动电机系统安全、可靠运行，确保车辆安全行驶。

（6）主动放电功能。

电机控制器内含大容量电容，考虑到电容自行放电时间长，存在高压安全风险，故电机控制器需具备主动放电功能。主动放电的含义是当电机控制器高压电源被切断后，切入专门的放电回路，电机控制器支撑电容快速放电过程。主动放电的要求是电机控制器进行主动放电时，支撑电容放电至 60V 所需时间应不超过 3s。

（7）安全保护功能。

电机控制器应具备故障检测、故障提醒、故障处理等安全保护功能；能有效根据故障危害程度进行故障报警、停机等方式分级处理，在确保产品及整车使用安全的同时更好地满足纯电动汽车行驶需求。

图 2-123 所示为某企业生产的电机控制器。从外部看，一般的电机控制器最少具备两个高压接口和一个低压接头。高压输入接口用于连接动力电池；高压输出接口连接电机，提供控制电源。所有通信、传感器、低压电源等都要通过低压接头引出，连接到整车控制器和动力电池管理系统。

不同纯电动汽车的电机控制器，其功能是有差异的，在使用前应阅读其说明书。

图 2-123 电机控制器的外形

2. 电机控制器的组成

电机控制器主要由电子控制模块、驱动模块、功率变换模块和传感器组成。

（1）电子控制模块。

电子控制模块包括硬件电路和相应的控制软件。硬件电路主要包括微处理器及其最小系统，对驱动电机电流、电压、转速、温度等状态的监测电路，各种硬件保护电路，以及与整车控制器、蓄电池管理系统等外部控制单元数据交互的通信电路。控制软件根据不同类型驱动电机的特点实现相应的控制算法。

（2）驱动模块。

驱动模块将微处理器对驱动电机的控制信号转换为驱动功率变换器的驱动信号，并实现功率信号和控制信号的隔离。

（3）功率变换模块。

功率变换模块对驱动电机电流进行控制。纯电动汽车经常使用的功率器件有大功率晶体管、门极可关断晶闸管、功率场效应晶体管、绝缘栅双极型晶体管（IGBT）和智能功率模块等。

（4）传感器。

传感器主要包括电流传感器、电压传感器和温度传感器。电流传感器用于检测供给电机工作的实际电流（包括母线直流电流、三相交流电流）；电压传感器用于检测供给电机控制器工作的实际电压（包括动力电池电压、启动蓄电池电压）；温度传感器用于检测电机控制系统的工作温度（包括 IGBT 模块温度、电机控制器温度）。

3. 电机控制器的工作原理

电机控制器主要依靠电流传感器、电压传感器、温度传感器等来进行电机运行状态的监测，根据相应参数进行电压、电流的调整控制及其他控制功能的完成。电流传感器用于检测电机实际工作电流，包括母线直流电流、三相交流电流；电压传感器用于检测供给电机控制器工作的实际电压，包括动力电池电压、12V 蓄电池电压；温度传感器用于检测电机控制系统的工作温度，包括 IGBT 模块的温度。

图 2-124 所示为某纯电动汽车的电机控制器连接。整车控制器根据驾驶员意图发出各种指令，电机控制器响应并反馈，实时调整驱动电机输出，以实现整车的怠速、前行、倒车、停车、能量回收及驻坡等功能。电机控制器另一个重要功能是通信和保护，实时进行状态和故障检测，保护驱动电机系统和整车安全、可靠地运行。

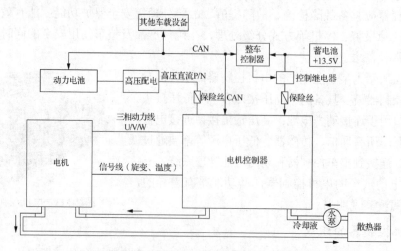

图 2-124　某纯电动汽车的电机控制器连接

4. 电机与电机控制器的匹配

电机控制器必须与电机相匹配。电机控制器容量等级为 5kV·A、10kV·A、15kV·A、35kV·A、50kV·A、60kV·A、100kV·A、150kV·A、200kV·A、270kV·A、300kV·A、360kV·A、420kV·A 及以上。

额定电压小于或等于 360V 和额定功率小于或等于 200kW 的单台电机与电机控制器输出容量的匹配关系见表 2-10。

表 2-10　单台电机与电机控制器输出容量的匹配关系

电机额定功率/kW	电机控制器输出容量/(kV·A)	电机额定功率/kW	电机控制器输出容量/(kV·A)	电机额定功率/kW	电机控制器输出容量/(kV·A)
1	5	18.5	50	90	150
2.2	5	22	50	110	200
3.7	10	30	60	132	200
5.5	15	37	60	150	270
7.5	15	45	100	160	330
11	35	55	100	185	360
16	35	75	150	200	420

电机控制向数字化方向发展，专用芯片及数字信号处理器的出现，促进了电机控制器的数字化，提高了电机系统的控制精度，有效地减小了系统体积。

2.4.7 驱动电机系统故障分类及常见故障处理

1. 驱动电机系统故障分类

根据故障的危害程度，驱动电机系统的故障可分为致命故障、严重故障、一般故障、轻微故障 4 级。驱动电机系统的故障分类见表 2-11。

表 2-11　驱动电机系统的故障分类

故障等级	故障类型	故障特性描述
1 级	致命故障	（1）危害人身安全； （2）影响行车安全； （3）对周围环境造成严重危害； （4）造成车辆在故障发生地不能行驶； （5）主要零部件功能失效； （6）引起整车其他相关主要零部件严重损坏
2 级	严重故障	（1）造成车辆不能正常行驶，但可以从发生故障地点移动到路边，等待救援； （2）性能发生较明显的衰退
3 级	一般故障	（1）非主要零部件故障，可以从发生故障地点非正常开到停车场； （2）非主要零部件故障，能用易损备件和随车工具在短时间内排除
4 级	轻微故障	（1）不需要更换零部件，车辆仍能正常行驶； （2）不需要更换零部件，可用随车工具在短时间内排除

2. 驱动电机系统的故障模式

驱动电机系统的故障模式如图 2-125 所示。

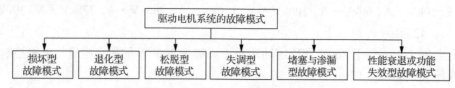

图 2-125　驱动电机系统的故障模式

（1）损坏型故障模式。

损坏型故障模式主要包括断裂、碎裂、裂纹、开裂、点蚀、烧蚀、击穿、变形、压痕、烧损、磨损和短路。

① 断裂。断裂是指具有有限面积的几何表面分离，发生位置如控制器的壳体、电机机座、端盖等。

② 碎裂。碎裂是指零部件变成许多不规则形状的碎块，发生位置如轴承、转子花键等。

③ 裂纹。裂纹是指在零部件表面或内部产生的微小的裂纹，发生位置如控制器的壳体、电机机座、端盖等。

④ 开裂。开裂是指焊接处、钣金件、非金属件产生的可见裂纹，发生位置如绝缘板、接线板、电缆线等。

⑤ 点蚀。点蚀是指零部件表面产生的点状剥蚀，发生位置如电机花键等。

⑥ 烧蚀。烧蚀是指零部件表面因局部熔化而发生的损坏，发生位置如断路器等。

⑦ 击穿。击穿是指绝缘体丧失绝缘出现放电现象，造成损坏，发生位置如电机绕组、电容、功率器件等。

⑧ 变形。变形是指零部件在外力作用下改变原有形状的现象，如电机转轴的弯曲或扭转变形、控制器外壳的变形等。

⑨ 压痕。压痕是指零部件表面产生的凹状痕迹，如转子花键表面的压痕等。

⑩ 烧损。烧损是指运行温度超过零部件的允许温度，且持续一定时间，造成其全部或部分功能失效，发生位置如定子绕组、功率器件、电容、电路板、风机、电机等。

⑪ 磨损。磨损是指因摩擦使相互配合零件表面磨蚀严重而影响该对零部件正常工作的物理现象，或非配合零部件表面磨蚀严重而影响其中一个零部件正常工作的物理现象，发生位置如电缆线、连接线等。

⑫ 短路。短路是指因电路中不同电位之间绝缘损坏而发生线路短路。

（2）退化型故障模式。

退化型故障模式主要包括老化、剥离、异常磨损、腐蚀和退磁。

① 老化。老化是指非金属零部件随使用时间的增长或周围环境的影响而性能衰退的现象，如绝缘板、密封垫、密封圈等的老化。

② 剥离。剥离是指金属、非金属或油漆层以薄片状与原表面分离的现象。

③ 异常磨损。异常磨损是指运动零部件表面产生的过快的非正常磨损，如转子花键的磨损等。

④ 腐蚀。腐蚀是指外壳、电连接器、电路板的氧化和锈蚀等。

⑤ 退磁。退磁是指永久磁体退磁。

（3）松脱型故障模式。

松脱型故障模式主要包括松动和脱落。

① 松动。松动是指连接件丧失应具有的紧固力或过盈失效，发生位置如连接螺栓、轴承、转子铁芯等。

② 脱落。脱落是指连接件丧失连接而造成的零部件分离的现象，发生位置如悬挂点的连接等。

（4）失调型故障模式。

失调型故障模式主要包括间隙超差、干涉和性能失调。

① 间隙超差。间隙超差是指触点间隙或配合间隙超出规定值而影响功能的现象，如接触器、轴承等的间隙超差等。

② 干涉。干涉是指运动部件之间发生相碰或不正常摩擦的现象，如风机叶片与风罩、速度传感器与齿盘、电机定子与转子之间的干涉等。

③ 性能失调。性能失调是指关键输出量不稳定，如输出转矩和转速的振荡、不稳定等。

（5）堵塞与渗漏型故障模式。

堵塞与渗漏型故障模式主要包括堵塞、漏水和渗水。

① 堵塞。堵塞是指在管路中流体流动不畅或不能流动的现象，发生位置如液冷电机和电机控制器的管路。

② 漏水。漏水是指在密闭的管道及容器系统中，有液体成滴或成流泄出的现象。

③ 渗水。渗水是指在密闭的管道及容器系统中，有液体痕迹但不滴落的现象。

（6）性能衰退或功能失效型故障模式。

性能衰退或功能失效型故障模式主要包括性能衰退、功能失效、公害限值超标、异响和过热。

① 性能衰退。性能衰退是指在规定的续驶里程或使用寿命内，驱动电机及电机控制器的性能低于技术条件规定的指标的现象，如最大输出转矩、功率出现明显下降造成整车动力性能下降等。

② 功能失效。功能失效是指某一局部故障导致驱动电机或控制器某些功能完全丧失的现象。

③ 公害限值超标。公害限值超标是指产品的噪声超过规定的限值。

④ 异响。异响是指驱动电机或电机控制器工作时发出非正常的声响。

⑤ 过热。过热是指驱动电机或电机控制器的整体或局部的温度超过规定值。

3. 驱动电机系统常见故障处理

驱动电机系统的故障主要分为电机故障和电机控制器故障。

（1）电机故障。

电机故障涉及的因素较多，如电路系统、磁路系统、绝缘系统、机械系统及通风散热系统等。任何一个系统工作不良或其相互之间配合不好均会导致电机出现故障，所以电机故障要比其他设备的故障更复杂，电机故障诊断所涉及的技术范围更广。此外，电机的运行还与其负载情况和环境因素有关。电机在不同的状态下运行，表现出的故障状态各不相同，这进一步增加了电机故障诊断难度。电机故障一般可分为机械故障和电气故障。机械故障主要有定子铁芯损坏、转子铁芯损坏、轴承损坏和转轴损坏，其故障原因有由震动、润滑不充分、转速过高、静载过大、过热而引起的磨损、压痕、腐蚀、电蚀和开裂等；电气故障则主要是定子绕组故障与转子绕组故障，故障原因包括电机绕组接地、短路、断路、接触不良和鼠笼断条等。

常见电机故障及处理方法见表2-12。

表2-12　常见电机故障及处理方法

序号	故障现象	故障原因	处理方法
1	电机在空转时不能启动	电源未接通	检查开关、接触器触点及电机引出线头，查出后修复
		逆变器控制原因	检查逆变器
		定子绕组故障	检查定子绕组，找出故障并修复
		电源电压太低	检查电源电压和每个连接处
2	电机通电后不启动，"嗡嗡响"	定子、转子绕组断路	查明断路点进行修复
		绕组引出线始末端接错或绕组内部接反	定子绕组中通入直流电，检查绕组极性，判断绕组首末端是否正确
		电机负载过大或被卡住	检查设备，排除故障
		电源未能全部接通	紧固接线柱松动的螺钉，用万用表检查电源线某断线或假接故障
3	定子过热	输电线或定子绕组一相断线，造成走单相	按序号1中处理方法的第1项和第3项进行检查
		过载	减少负载或增加容量
		绕组匝数不对	检查绕组电阻
		通风不良	检查风机是否正常
4	绝缘电阻低	绕组受潮或被水淋湿	进行加热烘干处理
		绕组绝缘粘满粉尘、油垢	清洗绕组粉尘、油垢，并进行干燥、表面处理
		引出线绝缘老化、破裂	重包引线绝缘
		绕组绝缘老化	不能安全运行时，需要更换
5	电机振动	轴承磨损，间隙不合格	检查轴承间隙，应符合设计要求
		气隙不均匀	调整气隙
		转子不平衡	重新校对平衡
		笼型转子导条断裂	更换转子
		定子绕组故障	查出绕组故障点并进行处理
		转轴弯曲	校直转轴
		铁芯变形或松动	校正铁芯，或重新叠装铁芯
6	电机空载运行时空载电流不平衡，且相差较大	绕组首端接错	查明首末端，校正后再启动电机
		电源电压不平衡	测量电源电压，找出原因并消除
		绕组有故障	拆开电机检查绕组极性和故障
7	电机运行时有杂音，不正常	轴承磨损，有故障	检查并更换轴承
		定子、转子铁芯松动	检查松动原因，重新压装铁芯
		电压不平衡	测量电源电压，检查电压不平衡原因
		绕组有故障	检查绕组故障并处理
		轴承缺少润滑脂	清洗轴承，添加规定量的润滑脂
		气隙不均匀，定子、转子相擦	调整气隙，提高装配精度

续表

序号	故障现象	故障原因	处理方法
8	轴承发热超过规定	润滑脂过多或过少	拆开轴承盖，检查油量，按规定增减润滑脂量
		脂质不好，含有杂质	检查油脂有无杂质，更换好的润滑脂
		轴承与轴配合过松或过紧	采取措施，使轴承与轴配合符合要求
		轴承与端盖配合过松或过紧	采取措施，使轴承与端盖配合符合要求
		油封间隙配合太紧	更换或修理油封
		轴承内盖偏心，与轴相擦	修理轴承内盖，使其与轴的间隙合适
		电机两侧端盖或轴承盖未装平	按正确工艺将端盖或轴承盖装入止口内，然后均匀紧固螺钉
		轴承有故障、磨损、杂物等	更换损坏的轴承，对含有杂物的轴承要彻底清洗、换油
		轴承间隙过大或过小	更换新轴承

（2）电机控制器故障。

电机控制器的故障主要包括 IGBT 故障、输入电源线和接地线故障、整流二极管短路、直流母线接地错误、直流侧电容器短路、晶闸管短路、温度超限报警、相电流过流、过电压及欠电压等高压电气系统故障。

常见电机控制器故障及处理方法见表 2-13。

表 2-13　常见电机控制器故障及处理方法

故障码	故障说明	处理方法
1	W 相 IGBT 饱和保护	重新启动系统，如不能消除或经常发生，需要专业维修
2	U 相 IGBT 饱和保护	重新启动系统，如不能消除或经常发生，需要专业维修
3	V 相 IGBT 饱和保护	重新启动系统，如不能消除或经常发生，需要专业维修
100	高压欠压	表示系统高压未接通，如高压已接通，而长时间没有消除，需要专业维修
171	系统上电自检异常	需要专业维修
190	高压过低	重新启动系统，如不能消除或经常发生，需要专业维修
191	旋变检查异常	检查旋变信号线，重新启动系统，如不能消除或经常发生，需要专业维修
192	瞬间超速保护	检查旋变信号线，重新启动系统，如不能消除或经常发生，需要专业维修
194	过流保护	重新启动系统，如不能消除或经常发生，需要专业维修
196	24V 瞬间断路	检查供电系统是否断路或接触不良
199	15V 驱动电源工作异常	重新启动系统，如不能消除或经常发生，需要专业维修
203	15V 驱动电源启动异常	重新启动系统，如不能消除或经常发生，需要专业维修

2.4.8　驱动电机系统发展目标

驱动电机系统是指将驱动电机、电机控制器和变速器（或减速器）等集成为一体，三合一电驱动系统目前已成为纯电动汽车电驱动系统的主流。

到 2035 年，我国纯电动汽车的电驱动系统产品总体达到国际先进水平。驱动电机系统总体发展目标见表 2-14。

表 2-14 驱动电机系统总体发展目标

2025 年	2030 年	2035 年
电驱动总成系统关键性能达到国际先进水平，实现可高压高速化与先进制造工艺，核心关键材料与关键制造装备实现国产化	电驱动总成系统关键性能达到国际领先水平，实现可高压高速化与先进制造工艺，核心关键材料与关键制造装备实现国产化	电驱动总成系统关键性能整体达到国际领先水平，核心关键材料、关键制造、测试装备与设计开发工具实现国产化
乘用车电机比功率达到 5.0kW/kg，电机系统效率大于 90%的高效率区要大于 80%	乘用车电机比功率达到 6.0kW/kg，电机系统效率大于 93%的高效率区要大于 80%	乘用车电机比功率达到 7.0kW/kg，电机系统效率大于 95%的高效率区要大于 80%
乘用车电机控制器功率密度达到 40kW/L	乘用车电机控制器功率密度达到 50kW/L	乘用车电机控制器功率密度达到 70kW/L
纯电驱动系统比功率达到 2.0kW/kg，综合使用效率达到 87.0%（CLTC）	纯电驱动系统比功率达到 2.4kW/kg，综合使用效率达到 88.5%（CLTC）	纯电驱动系统比功率达到 3.0kW/kg，综合使用效率达到 90%（CLTC）

2.5 纯电动汽车整车控制器

2.5.1 整车控制器的技术要求

整车控制器通过向电机控制器、蓄电池管理系统发送指令间接控制电机运转和蓄电池充放电，通过控制主继电器来实现车载模块的上下电。

根据整车控制网络的构成及对整车控制器输入输出信号的分析，整车控制器应满足以下技术要求。

（1）设计硬件电路时，应该充分考虑汽车恶劣的行驶环境，注重电磁兼容性，提高抗干扰能力。整车控制器在软硬件上都应该具备一定的自我保护能力，以防止极端情况的发生。

（2）整车控制器需要有足够多的 I/O 接口，能够快速、准确地采集各种输入信息，至少具有两路模数（A/D）通道用于采集加速踏板信号和制动踏板信号，应该具有多个开关量输入通道，用于采集汽车挡位信号，同时应该具有多个驱动车载继电器的功率驱动信号输出通道。

（3）整车控制器应该具备多种通信接口，CAN 通信接口用于与电机控制器、蓄电池管理系统和车载仪表通信，RS-232 通信接口用于与上位机通信，同时预留一个 RS-485/422 通信接口，这可以将不支持 CAN 通信的设备兼容，如某些型号的车载触摸屏。

（4）不同的路况条件下，汽车会遇到不同的冲击和震动，整车控制器应该具备良好的抗冲击性，才能保证汽车的可靠性和安全性。

2.5.2 整车控制器的结构

整车控制器采集加速踏板信号、制动踏板信号及其他部件信号，并做出相应判断后，控制下层的各部件控制器的动作，可实现整车驱动、制动和能量回收。

整车控制器主要由主控芯片及其最小系统、信号调理电路组成，如图 2-126 所示。

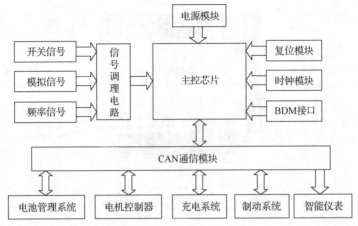

图 2-126　整车控制器组成

1. 主控芯片

主控芯片是整车控制器的核心，综合考虑纯电动汽车整车控制器的功能及其运行的外界环境。主控芯片应该具有高速的数据处理性能、丰富的硬件接口、低成本和可靠性高的特点。

2. 最小系统

最小系统由主控芯片周边的时钟模块、复位模块、BDM 接口和电源模块组成。

3. 信号调理电路

信号调理电路包括开关信号、模拟信号和频率信号的处理电路及与主控芯片相连的 CAN 通信模块。

开关信号包括钥匙信号、挡位信号、充电开关、制动信号等；模拟信号，一般有加速踏板信号、制动踏板信号、电池电压信号等；频率信号，如车速传感器的电磁信号。

图 2-127 所示为整车控制器和内部结构实物。

图 2-127　整车控制器和内部结构实物

2.5.3　整车控制器的功能

整车控制器通过采集加速踏板信号、制动踏板信号和挡位开关信号等驾驶信息，同时接收 CAN 总线上电机控制器和电池管理系统发出的数据，并结合整车控制策略对这些信息进行分析和判断，提取驾驶员的驾驶意图和车辆运行状态信息，最后通过 CAN 总线发出指令来控制各部件控制器的工作，保证车辆的正常行驶。

整车控制器基本功能如图 2-128 所示。

图 2-128　整车控制器基本功能

1. 控制汽车行驶

纯电动汽车的动力电机必须按照驾驶员意图输出驱动或制动转矩。当驾驶员踩下加速踏板或制动踏板时，动力电机要输出一定的驱动功率或再生制动功率。踏板开度越大，动力电机的输出功率越大。因此，整车控制器要合理解释驾驶员操作，接收整车各子系统的反馈信息，为驾驶员提供决策反馈；对整车各子系统发送控制指令，以保障车辆的正常行驶。

2. 整车网联化管理

整车控制器是纯电动汽车众多控制器中的一个，是 CAN 总线中的一个节点。在整车网络管理中，整车控制器是信息控制的中心，负责信息的组织和传输、网络状态的监控、网络节点的管理，以及网络故障的诊断与处理。

3. 制动能量回收

纯电动汽车区别于燃油汽车的重要特征就是能够进行制动能量回收，通过使纯电动汽车的电机工作在再生制动状态来实现。整车控制器分析驾驶员制动意图、电池组状态和电机状态等消息，并结合制动能量回收控制策略，在满足制动能量回收的条件下对电机控制器发送电机模式指令和转矩指令，使得电机工作在发电模式，在不影响制动性能的前提下将制动回收的能量储存在电池组中，从而实现制动能量回收。

4. 能量管理与优化

在纯电动汽车中，电池除给动力电机供电外，还要给电动附件供电。因此，为获得最大的续驶里程，整车控制器将负责整车的能量管理，以提高能量的利用率。在电池的 SOC 值较低时，整车控制器将对某些电动附件发出指令，限制电动附件的输出功率，以此增加续驶里程。

5. 监测车辆状态

整车控制器通过直接采集信号和接收 CAN 总线上的数据的方式获得车辆运行的实时数据，包括车速、电机的工作模式、转矩、转速、电池的剩余电量、总电压、单体电压、电池温度和故障等信息，然后通过 CAN 总线将这些实时信息发送到车载仪表进行显示。此外，整车控制器定时检测 CAN 总线上各模块的通信，如果发现总线上某一节点不能正常通信，则在车载仪表上显示该故障信息，并对相应的紧急情况采取合理的措施进行处理，防止极端状况的发生，使得驾驶员能够直接、准确地获取车辆当前的运行状态信息。

6. 故障诊断与处理

连续监测整车电控系统，进行故障诊断。故障指示灯指示故障类型和部分故障码，根据故障内容，及时进行相应安全保护处理。对于不太严重的故障，能做到低速行驶到附近维修站进行检修。

7. 外接充电管理

实现充电的连接，监控充电过程，报告充电状态，充电结束。

8. 设备在线诊断

负责与外部诊断设备的连接和诊断通信，实现 UDS 诊断服务，包括数据流读取、故障码的读取和清除、控制端口的调试。

图 2-129 所示为某纯电动汽车的整车控制器原理。

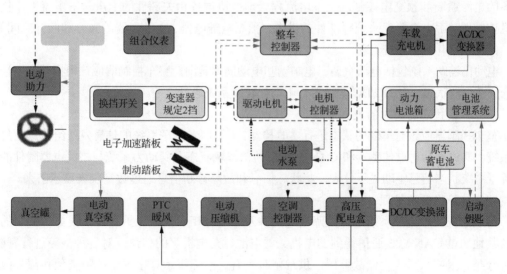

图 2-129　某纯电动汽车的整车控制器原理

该整车控制器具有以下功能。

（1）驾驶员意图解析。

驾驶员意图解析主要是对驾驶员操作信息及控制命令进行分析处理，也就是将驾驶员的油门信号和制动信号根据某种规则，转化成电机的需求转矩命令。因此，驱动电机对驾驶员操作的响应性能完全取决于整车控制的油门解释结果，直接影响驾驶员的操作感觉和控制效果。

（2）驱动控制。

根据驾驶员对车辆的操纵输入（加速踏板、制动踏板及选挡开关）、车辆状态、道路及环境状况，经分析和处理后，向 VMS 发出相应的指令，控制电机的驱动转矩来驱动车辆，以满足驾驶员对车辆驱动的动力性要求。同时，根据车辆状态，向 VMS 发出相应指令，保证安全性、舒适性。

（3）制动能量回馈控制。

整车控制器根据加速踏板和制动踏板的开度、车辆行驶状态信息及动力电池的状态信息（如 SOC 值）来判断某一时刻能否进行制动能量回馈，在满足安全性能、制动性能及驾驶员舒适性的前提下，回收部分能量。制动能量回馈的原则是制动能量回收不应该干预 ABS 的工作。当 ABS 进行制动力调节时，制动能量回收不应该工作；当 ABS 报警时，制动能量回收不应该工作；当电驱动系统具有故障时，制动能量回收不应该工作。

（4）整车能量优化管理。

整车能量优化管理通过对纯电动汽车的电机驱动系统、蓄电池管理系统、传动系统及其他车载能源动力系统（如空调、电动泵等）的协调和管理，提高整车能量利用效率，延长续驶里程。

（5）充电过程控制。

充电过程控制是指与蓄电池管理系统共同进行充电的过程中的充电功率控制，整车控制器接收到充电信号后，应该禁止高压系统上电，保证车辆在充电状态下处于行驶锁止状态，并根据蓄电池状态信息限制充电功率，保护蓄电池。

（6）高压上下电控制。

根据驾驶员对行车钥匙开关的控制，进行动力电池的高压接触器开关控制，以完成高压设备的电源通断和预充电控制。上下电流程处理：协调各相关部件的上电与下电流程，包括电机控制器、蓄电池管理系统等部件的供电，预充电继电器、主继电器的吸合和断开时间等。

（7）电动化辅助系统管理。

电动化辅助系统包括电动空调、电制动和电动助力转向。整车控制器应该根据动力电池以及低压蓄电池状态，对 DC/DC 变换器、电动化辅助系统进行监控。

（8）车辆状态的实时监测和显示。

整车控制器应该对车辆的状态进行实时检测，并且将各个子系统的信息发送给车载信息显示系统，其过程是通过传感器和 CAN 总线，检测车辆状态及其动力系统与相关电器附件的相关各子系统状态信息驱动显示仪表，将状态信息和故障诊断信息通过数字仪表显示出来。

（9）故障诊断与处理。

连续监视整车电控系统进行故障诊断，并及时进行相应安全保护处理。根据传感器的输入及其他通过 CAN 总线通信得到的电机、蓄电池、充电机等的信息，对各种故障进行判断、等级分类、报警显示，存储故障码，供维修时查看。故障指示灯指示出故障类型和部分故障码。在行车过程中，根据故障内容进行故障诊断与处理。

（10）远程控制。

远程控制包括远程查询功能、远程空调控制和远程充电控制。远程查询功能是指用户可以通过手机 App 实时查询车辆状态，实时了解自己爱车的状况包括剩余 SOC 值、续驶里程等；远程空调控制是指无论是在炎热的夏季还是在寒冷的冬季，用户在出门前就可以通过手机指令实现远程的空调制冷、空调暖风和除霜功能，提前开启远程暖风或远程制冷，用户一上车就可以享受舒适的环境和温度；远程充电控制是指用户离开车辆时将充电枪插入充电桩，并不会立即进行充电，可以利用电价波谷并在家里实时查询 SOC 值，需要充电时通过手机 App 发送远程充电指令，进行充电操作。

（11）整车 CAN 总线网关及网络化管理。

在整车的网络管理中，整车控制器是信息控制的中心，负责信息的组织与传输、网络状态的监控、网络节点的管理、信息优先权的动态分配及网络故障的诊断与处理等。通过 CAN 总线协调蓄电池管理系统、电机控制器、空调系统等模块相互通信。

（12）基于 CCP 的在线匹配标定。

基于 CCP 的在线匹配标定的主要作用是监控 ECU 工作变量、在线调整 ECU 的控制参数（包括 MAP、曲线及点参数）、保存标定数据结果及处理离线数据等。完整的标定系统包括上位机 PC 标定程序、PC 与 ECU 通信硬件连接及 ECU 标定驱动程序 3 个部分。

（13）换挡控制。

挡位管理关乎驾驶员的驾驶安全，正确理解驾驶员意图及识别车辆合理的挡位，在基于模型开发的挡位管理模块中得到了很好的优化，能在出现故障时做出相应处理保证整车安全，在驾驶员出现挡位误操作时通过仪表等提示驾驶员，使驾驶员能迅速纠正。

（14）防溜车功能控制。

纯电动汽车在坡上起步时，驾驶员从松开制动踏板到踩加速踏板过程中会出现整车向后溜车的现象。在坡上行驶过程中，如果驾驶员踩加速踏板的深度不够，整车车速会逐渐降到 0，然后出现向后溜车的现象。为防止纯电动汽车在坡上起步和运行时出现向后溜车的现象，在整车控制策略中增加了防溜车功能。防溜车功能可以保证整车在坡上起步时向后溜车距离小于 10cm，在整车坡上运行过程中如果动力不足，整车车速会慢慢降到 0，然后保持 0 的车速，不再向后溜车。

2.5.4　整车控制器的工作模式

根据整车工况和动力总成状态不同，整车控制器的工作模式主要有自检模式、启动模式、起步模式、行驶模式、制动模式、再生模式、停车模式、故障模式、充电模式和下电模式等，如图 2-130 所示。不同车型的整车控制器工作模式会有所差别。

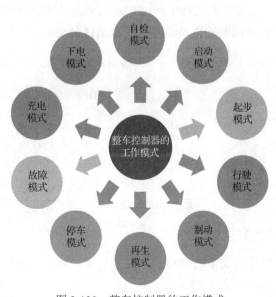

图 2-130　整车控制器的工作模式

（1）自检模式。

如果钥匙门信号处于 ON 挡，则启动自检模式，闭合主继电器，同时 VCU 进行自检，如果自检失败则进入故障处理模式，自检通过等待启动信号。

（2）启动模式。

驾驶员通过打开钥匙等操作，使 VCU 上电，然后唤醒 CAN 上其他节点开始工作。当整车所有设备都正常启动后，系统进入准备（READY）状态，指示可以进行正常驾驶操作。

如果钥匙门信号处于启动（START）状态，同时自检模式有效，挡位在 P 挡，没有禁止启动故障则运行高压上电程序，同时 VCU 给电机系统、DC/DC 变换器及空调控制系统发送高压上电请求命令，电机系统、DC/DC 变换器及空调控制系统检测没有高压故障则反馈给 VCU 准许上高压指令，VCU 通过控制高压预充电及主继电器实现高压上电过程，高压上电结束后仪表上 EV-Ready 灯亮，完成启动模式。

（3）起步模式。

这个模式最重要的特点是进入起步模式以后，如果车辆处于水平路面，则车辆会以较小的速度开始行驶；如果车辆处于斜坡上，则车辆至少会维持住原地不动的状态。这是起步模式的特殊设计，在该模式下不必踩加速踏板，电机会自动输出一个基础转矩，防止溜车。起步模式如图 2-131 所示，当车辆由静止不踩加速踏板起步限制车速时，期望电机转矩以某标定的汽车转矩 Start_T 为目标值。当车速 $V < V_1$ 时，以某个斜率上升，以克服车辆的静止摩擦阻力；当车速 $V > V_2$ 时，通过控制电机功率，将车速控制在一个合理的速度范围内，输出的电机转矩进入一个滤波环节进入平滑处理，实现平稳的电起步。

（4）行驶模式。

行驶模式是指车辆处于正常运行状态，包括加速、减速和倒车。在这个过程中，VCU 持续监测各个电气系统的电流、电压、温度等参数，以及车辆自身的车速、滑移率等行车参数，识别驾驶员意图，按照加速踏板的开度和开度变化率，计算电机的驱动转矩和蓄电池的输出功率。行驶模式主要根据加速踏板位置及车辆行驶状态，实时控制电机转矩指令，实现按驾驶员意图控制车辆运行。行驶控制过程中的控制方式分为恒转矩控制和恒功率控制，行驶模式如图 2-132 所示，VCU 的控制输出是转矩，约束条件是功率。

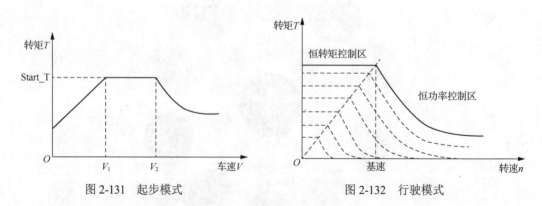

图 2-131　起步模式　　　　　　　图 2-132　行驶模式

当电机输出功率没有达到期望功率时，VCU 采用恒转矩控制策略；当电机输出功率达到期望功率后，VCU 采用恒功率控制策略。

VCU 采集来自驾驶员的控制信号（挡位信号、加速踏板信号、车辆模式等），并根据系统的限制条件，经算法运算向 MCU 输出驱动扭矩，控制汽车的运行。根据驾驶员的不同需求，可以实现蠕行、前进、后退、巡航、一般模式行驶、运动模式行驶、经济模式行驶等运行方式。

（5）制动模式。

当制动踏板被踩下时，即可启动制动模式。VCU 分析制动踏板的开度、开度变化率和车速，结合车辆自身的车型参数推算制动力矩，指挥制动控制器，做出合理的制动力矩分配方案（提供制动力矩的主体包括液压制动系统和电机回收制动系统），以及是否优先启动 ABS 主导制动过程，安全、有效地实现驾驶员的制动意图。

相对于传统燃油汽车，纯电动汽车的制动过程可以实现能量回收。当纯电动汽车处于制动状态时，VCU 通过状态数据采集，推算所需的制动转矩。此时，驱动电机从电动机模式转换为发电机模式向动力电池组充电。

（6）再生模式。

再生模式实现特定工况下控制电机发电给蓄电池充电，根据制动踏板状态分为滑行再生制动及制动再生制动两种，图 2-133 所示为再生制动策略。

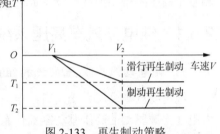

图 2-133　再生制动策略

滑行再生制动与制动再生制动采取的发电转矩是：当车速 $V > V_2$ 时，采取恒转矩发电，制动再生制动转矩为 T_2，滑行再生制动转矩为 T_1；当车速 $V_1 < V < V_2$ 时，电机制动再生制动或滑行再生制动发电转矩按比例逐渐减小；当车速 $V < V_1$ 时，取消电机发电，同时电机发电转矩取决于当前车速及电机的发电能力。

（7）停车模式。

停车模式是指整车运行过程中无故障出现，驾驶者正常关闭钥匙。此模式中 VCU 控制电机和动力电池系统下电，然后控制各个附件设备关闭，完成自下电过程。

（8）故障模式。

在纯电动汽车运行过程中，把系统内出现的故障定义成几个等级。故障等级最低的，一般只是提示驾驶员，如蓄电池温度达到 50℃；故障等级最高的，会强制车辆在一个比较短的时间内停车，如检测出系统绝缘故障；而介于最高与最低之间的故障等级，不会强制停车，但会对车辆的运行状态进行限制，如蓄电池电量 SOC 低于 30%，将对车辆进行限速，此时的动力电池系统已经无法输出额定功率，而只能以一个较小的功率工作。

整车故障一般分为 1 级故障和 2 级故障。故障来自 VCU、BMS、空调等终端设备或加速踏板器等输入传感设备。这里定义 1 级故障为严重故障，2 级故障为一般故障。整车系统出现 2 级故障时，汽车进入跛行故障模式，主要以限制系统输出功率的方式实现。整车系统出现 1 级故障时，汽车进入紧急停止工作状态。

（9）充电模式。

充电时，插上充电枪，充电机开始工作，VCU 被触发上电。在检测到充电连接信号后，VCU 监控整车当前状态允许充电时启动 BMS，然后 BMS 与充电机进行通信。启动充电过程中，VCU 持续监测 BMS 及充电机的状态信息，如果在充电，则仪表控制器显示充电灯表示处于充电状态。充电过程出现故障时，VCU 会及时切断 BMS 继电器以中断充电过程，防止发生危险事故。

（10）下电模式。

如果钥匙门信号在 OFF 挡，则启动下电模式，VCU 根据电机、空调等高压系统的准许下高压信号来控制 BMS 断开高压继电器，同时 VCU 根据电机系统的温度来确认是否要延时下电，温度降到一定范围内时，关闭电机冷却水泵和冷却风扇，关闭电源主继电器，下电完成。

2.6　纯电动汽车高压系统

纯电动汽车电压系统分为低压系统和高压系统。低压系统是指由 12V 低压蓄电池供电的零部件系统，纯电动汽车低压系统一般采用直流 12V 或 24V 电源，一方面为灯光、仪表、车身附件等常规低压电器供电，另一方面为整车控制器、高压电气设备的控制电路和辅助部件供电。纯电动汽车的高压系统主要负责车辆的启动、行驶、充放电、空调动力等，并随时检测整个高压系统的绝缘故障、断路故障、接地故障和高压故障等，确保整车设备和人员安全。

2.6.1　纯电动汽车高压系统的组成与电压的等级

1.　纯电动汽车高压系统的组成

纯电动汽车高压系统是指纯电动汽车内部 B 级电压以上与动力电池直流母线相连或由动力电池电源驱动的高压驱动零部件系统，主要包括动力电池系统、电驱动系统、高压电控系统、充电系统及电动空调等，如图 2-134 所示。

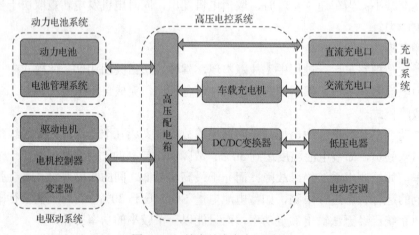

图 2-134　纯电动汽车高压系统

（1）动力电池系统。

动力电池系统是纯电动汽车中的能源供给装置，需要给整车所有系统提供能源。当电量消耗后，也需要给它充电。因此，其能源流动既有流出，也有流入。动力电池为高压直流电，其工作电压可以达到几百伏，输出电流可达到 300A。三元锂电池是目前的主流电池。

（2）电驱动系统。

纯电动汽车的电驱动系统主要由驱动电机、电机控制器和变速器共同组成。驱动电机按照电机控制器的指令，将电能转化为机械能，输出给车辆的传动系统。电机控制器将高压直流电转化为三相交流电，并与整车控制器及其他模块进行信号交互，实现对驱动电机的有效控制。同时，可以将行驶中产生的机械能（如制动效能等）转化为电能，通过车载充电器输送给动力电池。当前的主流驱动电机是永磁同步电机和三相交流异步电机。

（3）高压电控系统。

高压电控系统包括高压配电箱（PDU）、DC/DC 变换器、车载充电机等。高压配电箱是整车高压电的一个电源分配装置，类似于低压电路系统中的电器保险盒，高压系统中各个组件都需要它来进行电量分配，如高压压缩机、高压加热器、电机控制器等。维修开关介于动力电池与 PDU 之间，当维修动力电池时，使用它可以进行整车高压电的切断，确保维修安全；DC/DC 变换器将动力电池的高压直流电转化为整车用电器需要的低压直流电，供给蓄电池，以保持整车用电平衡；车载充电机是将交流电转化为直流电的装置。受整车布置的影响，越来越多车型趋向于将 DC/DC 变换器与车载充电机整合为控制器，甚至将 PDU、DC/DC 变换器与车载充电机整合为三合一控制器。

（4）充电系统。

充电系统包括直流充电口和交流充电口。直流充电口属于快充口，快充口的电是高压直流电，可以不经过处理直接通过 PDU 输送给动力电池进行充电；交流充电口属于慢充口，慢充口的电是高压交流电，需要经过二合一控制器中的车载充电机单元或车载充电机（若没有二合一控制器，车载充电机与 DC/DC 变换器是分离的）进行转化，转化后的高压直流电经过 PDU 给动力电池充电。

图 2-135 所示为某纯电动汽车利用车载充电机为动力电池充电的电流路径，其中车载充电机集成在高压配电箱中。

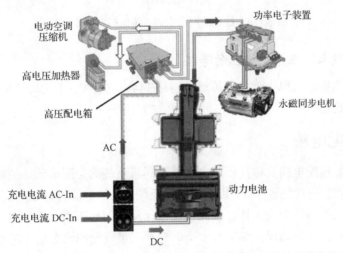

图 2-135 某电动汽车利用车载充电机为动力电池充电的电流路径

（5）电动空调。

纯电动汽车空调系统与传统燃油汽车空调系统的工作原理相同，只是空调压缩机的驱动方式及暖风产生方式有所不同。纯电动汽车采用高压电动空调压缩机，由动力电池驱动。暖风通常采用电加热方式产生，电加热方式有两种：一种是通过加热冷却液，再经过循环为暖水箱提供热量；另一种是直接加热经过蒸发箱的空气实现暖风。图 2-136 所示为纯电动汽车空调系统结构和工作原理。

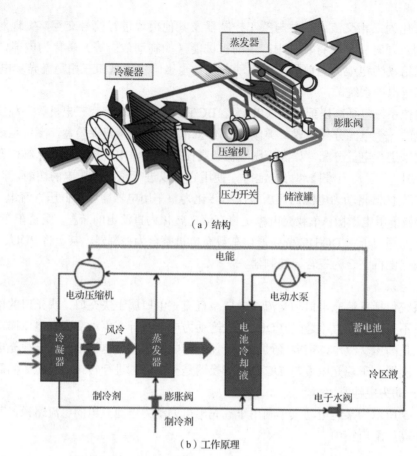

（a）结构

（b）工作原理

图 2-136　纯电动汽车空调系统结构和工作原理

2. 纯电动汽车高压系统电压的等级

纯电动汽车高压系统电压常见的等级分别是 144V、288V、317V、346V、400V 和 576V 等，但并不限于这些。

2.6.2　高压配电箱

纯电动汽车高压配电箱又称高压配电盒，是高压系统的分配单元。纯电动汽车具有高电压和大电流的特点，通常配备 300V 以上的高压系统，工作电流可达 200A 以上，可能危及人身安全和高压零部件的使用安全性。因此，在设计和规划高压动力系统时，不仅要充分满足整车动力驱动要求，还要确保汽车运行安全、驾乘人员安全和汽车运行环境安全。

高压配电箱实物如图 2-137 所示。

纯电动汽车高压配电箱的功能是保障整车系统动力电能的传输，它是动力电池与各高压设备的电源和信号传递的桥梁，并随时检测整个高压系统的绝缘故障、断路故障、接地故障及高压故障等。

图 2-137　高压配电箱实物

高压配电箱在纯电动汽车上的位置如图 2-138 所示，它与动力电池管理系统、电机控制器、车载充电机、非车载充电设备及电动附件等相连。

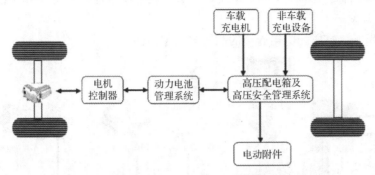

图2-138 高压配电箱在纯电动汽车上的位置

纯电动汽车高压配电箱中主要有高压继电器、高压连接器、高压线束和熔断器等。

1. 高压继电器

纯电动汽车主电路电压一般都大于200V，远高于传统汽车的12～48V，纯电动汽车除需配备传统汽车所需的低电压继电器外，还需配备 5～8 个特殊的高压直流继电器，分别是 2 个主继电器、1 个预充电器、2 个急速充电器、2 个普通充电继电器和 1 个高压系统辅助机器继电器。纯电动汽车中电路属于高压直流，一般继电器无法满足要求，目前应用最多的是真空型和充气型继电器。

2. 高压连接器

纯电动汽车使用的连接器不同于传统汽车使用的连接器，传统的连接器难以满足纯电动汽车大电流、高电压的要求。因此，纯电动汽车必须使用针对纯电动汽车的大功率连接产品。

3. 高压线束

高压线束是纯电动汽车上的连接器和线缆在整个汽车运行当中非常关键的连接件，影响高压线束的隐患主要是过热或燃烧。高压线束在恶劣环境中有屏蔽性能、进水和进尘的风险等。不同于传统汽车12V线束，使用高压线束需要考虑其与整车电气系统的电磁兼容性。

在实际使用中，纯电动汽车受到的电磁干扰是传统燃油汽车的近百倍。纯电动汽车的高压线束是高效的电磁干扰发射天线和接收天线，是导致纯电动汽车出现电磁兼容故障及辐射干扰超过法规要求的最重要原因。

高压线束产生的电磁干扰会影响到汽车信号线路中数据传输的完整性和准确性，严重时会影响到整车的操控性和安全性。因此，在高压线束外常常采用注胶、包裹屏蔽线等方式来减少对整车的电磁干扰。

4. 熔断器

熔断器有交流和直流的用途之分。交流应用于工业配电系统。车载的锂电池、储能电容、电机、变流器和电控线路均属直流系统，都需要直流类型的熔断器做短路保护，才能保证安全可靠的正常运行情况和超强能力的短路开断效果。

纯电动汽车高压配电箱中，输出端主要连接汽车辅助电源系统。一般情况下配电盒内部包括电加热风机支路、空调压缩机支路、DC/DC 支路及充电机支路，这 4 个支路上，每个支路都需要安装线路保护熔断器，其目的是在各负载发生短路时能够及时切断电源、保护线路，避免车辆发生火灾。

图 2-139 所示为高压配电箱连接的高压电气零部件。

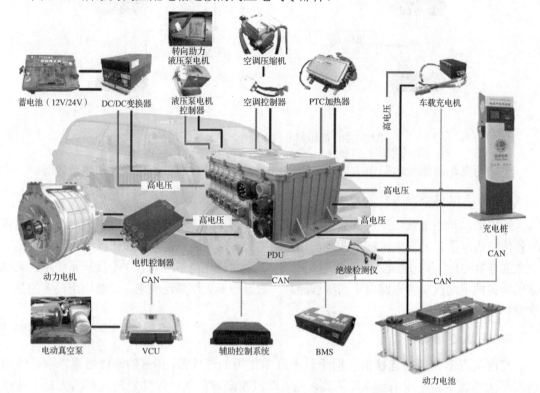

转向助力液压泵电机　空调压缩机

蓄电池（12V/24V）　DC/DC变换器　液压泵电机控制器　空调控制器　PTC加热器　高电压　车载充电机

高电压

高电压　高电压　高电压　充电桩

电机控制器　　PDU　　绝缘检测仪　　CAN

动力电机　CAN　　CAN　　CAN

电动真空泵　VCU　辅助控制系统　BMS

动力电池

图 2-139　高压配电箱连接的高压电气零部件

目前大多数纯电动汽车的系统最大电压一般为 700V 以下，也有少数车型会略高于此电压，所以用于电池保护的熔断器以 500V 和 700V 两种为主，电流多为 200～400A。

2.6.3　电源变换器

电源变换器是依靠功率半导体器件将一个电源变换成另一个电源的功率电子电路（电力电子电路）。通过脉冲宽度调制（PWM）技术控制功率半导体器件的导通和关闭时间，连续调节电源变换器输出的电压，可实现输入、输出电压之间的下降/上升或电气隔离。

电源变换器可分为 DC/DC 变换器、DC/AC 变换器和 AC/DC 变换器。

1. DC/DC 变换器

DC/DC 变换器是在直流电路中将一个电压值的电能变换为另一个电压值的电能的装置，它分为降压型 DC/DC 变换器、升压型 DC/DC 变换器和双向型 DC/DC 变换器。

DC/DC 变换器主要实现以下功能。

（1）驱动直流电机。

在小功率直流电机驱动的转向、制动等辅助系统中，一般直接采用 DC/DC 变换器供电。

（2）向低压设备供电。

向纯电动汽车中的各种低压设备如车灯等供电。

（3）给低压蓄电池充电。

在纯电动汽车中，高压电源需要通过降压型 DC/DC 变换器给低压蓄电池充电，如图 2-140 所示，将动力电池的 400V 高压直流电转化为 12V 低压直流电以给低压蓄电池充电。

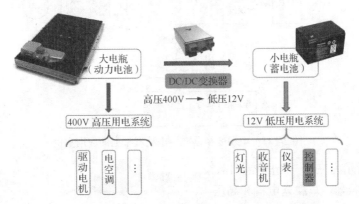

图 2-140　动力电池给低压蓄电池充电

（4）不同电源之间的特性匹配。

以燃料电池电动汽车为例，一般采用燃料电池组和动力电池的混合动力系统结构。在能量混合型系统中，采用升压型 DC/DC 变换器；在功率混合型系统中，采用双向型 DC/DC 变换器。

2. DC/AC 变换器

DC/AC 变换器是将直流电变换成交流电的装置，又称逆变器。使用交流电机的纯电动汽车必须通过 DC/AC 变换器将动力电池的直流电变换为交流电。

在纯电动汽车上，采用动力电池组的直流电作为电源，三相交流电机作为驱动电机时，三相交流电机不能直接使用直流电源，另外三相交流电机具有非线性输出特性，需要应用逆变器中的功率半导体变换器件，来实现直流电源与三相交流电机之间电流的传输和变换，并要求能够实现频率调节，在所调节的频率范围内保持功率的连续输出，同时实现电压的调节，能够在恒定转矩范围内维持气隙磁通恒定，将直流电变换为频率和幅值可调且电压可调的交流电来驱动三相交流电机。

3. AC/DC 变换器

AC/DC 变换器将交流电压变换成电子设备所需要的稳定直流电压，纯电动汽车中 AC/DC 的功能主要是将交流发动机发出的交流电变换为直流电提供给用电设备或储能装置储存。

电源变换器在纯电动汽车上的应用实例如图 2-141 所示。

纯电动汽车动力电池为 320V，由电池管理系统进行管理和监测，并通过一个车载充电机（含 AC/DC 变换器）进行充电；动力电池通过双向型 DC/DC 变换器和 AC/DC 变换器来驱动交流电机，同时用于再生制动，将回收的能量存入动力电池。同时，为使 320V 高电压的动力电池充当可供车载电子设备使用和可给蓄电池充电的 12V 电源，需要一个降压型 DC/DC 变换器。

纯电动汽车高压系统正逐渐向着集成化、模块化发展，逐渐衍生出纯电动汽车"三大件"：蓄电池系统、动力总成和高压电控。

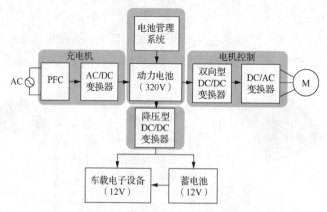

图 2-141　电源变换器在纯电动汽车上的应用实例

　　图 2-142 所示为三合一集成控制器，其把 DC/DC 变换器、车载充电机和高压配电箱集成为一体。其特点是成本降低、空间节省、高压线束减少、可靠性增强。

　　图 2-143 所示为五合一集成控制器，其把驱动电机、电机控制器、DC/DC 变换器、车载充电机和高压配电箱集成在一起。其特点是成本降低、集成度高、电效率高。

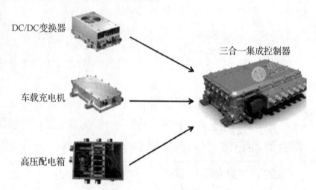

图 2-142　三合一集成控制器

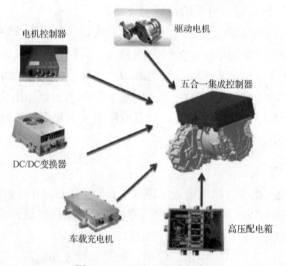

图 2-143　五合一集成控制器

2.7　纯电动汽车低压系统

　　纯电动汽车低压系统是指由 12V 低压蓄电池供电的零部件系统，图 2-144 所示为某纯电动汽车低压系统组成部件。

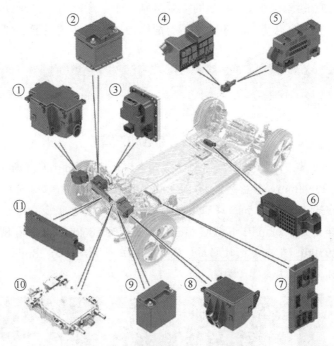

①右侧前接线盒（FJB）；②12V 启动蓄电池；③配电盒（PSDB）；④后接线盒（RJB）；⑤静态电流控制模块（QCCM）；⑥乘客接线盒（PJB）；⑦车身控制模块（BCM）；⑧左侧前接线盒；⑨辅助蓄电池；⑩DC/DC 变换器；⑪蓄电池接线盒（BJB）

图 2-144　某纯电动汽车低压系统组成部件

　　纯电动汽车低压系统一般采用直流 12V 或 24V 电源。其一方面为灯光、仪表、车身附件等常规低压电器供电；另一方面为整车控制器、高压电气设备的控制电路和辅助部件供电。纯电动汽车低压系统如图 2-145 所示。

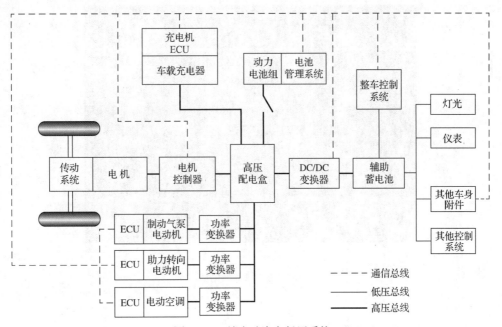

图 2-145　纯电动汽车低压系统

纯电动汽车与燃油汽车的低压系统的主要区别在于：燃油汽车的辅助蓄电池由与发动机相连的发电机来充电；纯电动汽车的辅助蓄电池则由动力电池通过 DC / DC 变换器来充电。

【扩展阅读】

小鹏 P7 纯电动汽车

图 2-146 所示为小鹏 P7 纯电动汽车，驱动形式为后置后驱，外形尺寸为 4 880mm×1 896mm× 1 450mm，轴距为 2 998mm；整备质量为 1 890kg；驱动电机采用永磁同步电机，其峰值功率为 196kW，峰值转矩为 390N·m；风阻系数为 0.236；动力电池采用三元锂电池，其能量为 70.8kW·h；最高车速为 170km/h；ENDC 综合续驶里程为 586km，电量由 80% 至 30% 的 NEDC 综合续驶里程为 293km；直流快充时间（电量由 30% 充至 80%）为 28min，交流慢充时间（电量由 30% 充至 80%）为 5.7h。

（a）外形

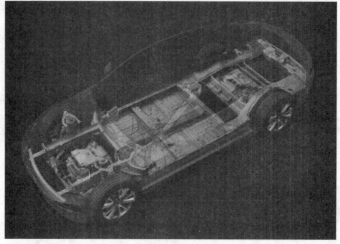

（b）底盘

图 2-146　小鹏 P7 纯电动汽车

思考讨论

1. 分析我国纯电动汽车驱动电机的主流配置。
2. 分析我国纯电动汽车动力电池的主流配置。

【项目实训】

对纯电动汽车的认知

通过"纯电动汽车的认知"项目实训，填写项目实训工单，增强学生对纯电动汽车的认知。

项目实训工单

实训参考题目	对纯电动汽车的认知				
实训实际题目	由指导教师根据实际条件和分组情况，给出具体实训题目，包括实训车型、具体实训项目、实训内容等。实训项目可以涉及纯电动汽车的组成与原理、电驱动系统与布置形式、电池系统、驱动电机系统、整车控制器、高压系统、低压系统等，重点是掌握纯电动汽车的主要部件的识别。根据分组情况可以分配不同的实训内容				
学生姓名		班级		学号	
组长姓名		同组同学			
实训地点		学时		日期	
实训目标	（1）能够根据实训实际题目和要求，独立完成实训前的各种准备工作； （2）能够识别实训用的纯电动汽车的主要部件； （3）能够根据实训规范，结合车辆手册，制订项目实训方案； （4）能够从网上查找纯电动汽车； （5）能够结合车辆手册和所学知识，对实训纯电动汽车进行分析、讲解				

一、接受实训任务

小张同学在某汽车4S店实习，即将实习结束，要进行综合考核，综合考核分为实训考核和理论考核两部分，其中实训考核部分的内容占70%，理论考核部分的内容占30%。实训考核是小张同学模仿销售人员，完成实训任务。

某汽车4S店接受了一位顾客的预约，顾客反映，目前纯电动汽车非常受欢迎，自己想要购买一辆，希望销售人员对纯电动汽车给予详细的讲解。汽车4S店委派实习生小张等同学负责接待顾客，需提前做好准备并进行纯电动汽车知识的全面介绍，促成销售成功，同时做好各项记录

二、实训任务准备（以下内容由实训学生填写）

（1）实训设备选择：□实训车辆　　□实训专用实验台　　□网上车辆

（2）实训目标是否完全理解：□完全理解　　□不完全理解

（3）实训任务是否完全理解：□完全理解　　□不完全理解

（4）实训车辆拟实训项目：＿＿＿＿＿＿＿＿＿＿＿＿＿＿＿＿＿＿＿＿＿＿＿

（5）实训车辆资料是否完整：□完整　　□不完整（原因：＿＿＿＿＿＿＿）

（6）网上纯电动汽车系统资料是否准备：□准备　　□没准备（原因：＿＿＿＿＿）

（7）纯电动汽车知识是否熟悉：□熟悉　　□不熟悉

（8）本次实训所需要的PPT准备情况：□准备　　□没准备（原因：＿＿＿＿＿）

（9）本次实训所需要的辅助设备准备情况：□齐全　　□不齐全（原因：＿＿＿＿＿）

（10）本次实训所需时长约为＿＿＿＿＿＿＿＿＿＿＿＿＿

（11）实训完是否需要检验：□需要　　□不需要

（12）其他准备：＿＿

三、制订实训计划（以下内容由实训学生填写，指导教师审核）

（1）根据对纯电动汽车的认知实训任务，完成物料的准备工作。

完成本次实训需要的所有物料

序号	物料种类	物料名称范例	实际物料名称
1	实训设备	实训用纯电动汽车一辆	
2	从网上查找的纯电动汽车	蔚来纯电动汽车	
		小鹏纯电动汽车	
		特斯拉纯电动汽车	
		比亚迪纯电动汽车	
3	相关资料	动力电池产品资料	
		电池管理系统资料	
		驱动电机产品资料	
		电机控制器资料	
4	辅助设备	投影仪、笔记本电脑	

（2）根据对纯电动汽车的认知实训任务，制订操作流程。

对纯电动汽车的认知的操作流程

序号	操作流程范例	实际操作流程
1	接受实训任务	
2	实训任务准备	
3	实训物料准备	
4	在实训车辆上查找主要部件	
5	在网上查找纯电动汽车的配置	
6	制作讲授用的PPT	
7	结合实训车辆和PPT识别、讲解纯电动汽车	
8	实训小组讨论	
9	实训质量检查	

（3）根据实训计划，完成小组成员任务分工。

操作员（1人）		客户（1人）	
协作员（若干人）		记录员（1人）	

操作员负责对纯电动汽车的认知的具体实训内容的操作；客户负责对纯电动汽车的认知的具体实训内容结果的验收；协作员负责协助操作员完成对纯电动汽车的认知的具体实训内容的操作；记录员做好对纯电动汽车的认知的具体实训内容记录。

（4）指导教师对制订实训计划的审核。

审核意见：

　　　　　　　　　　　　　　　年　　　月　　　日　　签字：

四、实训计划实施（实施内容由指导老师填写；实施结果由实训学生填写）

（1）参考范例。

实施步骤	实施内容	实施结果
1	准备好实训车辆	实训车辆放置在合适位置
2	准备好实训车辆的手册	手册放在操作员手中
3	确定实训车辆的驱动形式	前驱动
4	查找实训车辆的动力电池系统	三元锂电池，67.3kW·h
5	分析实训车辆电池管理系统的作用	已分析
6	查找实训车辆的驱动电机	永磁同步电机，160kW/360N·m
7	查找实训车辆的整车控制器	已找到
8	查找实训车辆的高压部件并记录	已完成
9	绘制实训车辆工作原理图	已绘制
10	绘制实训车辆高压部件连接图	已绘制
11	准备给顾客讲解用的 PPT（纯电动汽车组成与原理，举例说明动力电池、电池管理系统、驱动电机、电机控制器、整车控制器在纯电动汽车上的应用）	已准备
12	操作员给顾客（小组其他同学）进行讲解	完成
13	实训完所有物品归位	完成

（2）实际案例。

实施步骤	实施内容	实施结果
1		
2		
3		
4		
5		
6		
7		
8		
9		
10		
11		
12		
13		
14		
15		

续表

五、实训小组讨论（以下内容由实训学生填写）

讨论题1：讨论实训车辆的组成与原理。

讨论题2：讨论纯电动汽车动力电池的使用情况及发展趋势。

讨论题3：讨论纯电动汽车驱动电机的使用情况及发展趋势。

讨论题4：总结本次实训的优点和不足。

六、实训质量检查（以下内容由指导教师填写）

请实训指导教师检查本组实训结果，并针对实训过程中出现的问题提出改进措施及建议。

序号	评价标准	评价结果
1	实训任务是否完成	
2	实训操作是否规范	
3	实施记录是否完整	
4	实训结论是否正确	
5	实训小组讨论是否充分	
综合评价	□优　　□良　　□中　　□及格　　□不及格	
问题与建议	问题： 建议：	

续表

实训成绩单（以下内容由指导教师填写）

项目	评分标准	分值	得分
接受实训任务	明确任务内容，理解任务在实际工作中的重要性	5	
实训任务准备	实训任务准备完整	5	
	掌握纯电动汽车的基本知识	5	
	能够识别纯电动汽车主要部件	5	
制订实训计划	物料准备齐全	5	
	操作流程合理	5	
	人员分工明确	5	
实训计划实施	实训计划实施步骤合理，记录详细	10	
	实施过程规范，没有出现错误	10	
	能够对实训车辆进行正确讲解	15	
	能够对实训得出正确结论	10	
实训小组讨论	实训小组讨论是否热烈	5	
	实训总结是否客观	5	
质量检测	学生实训任务完成，实训过程规范，实施记录完整，结论正确	10	
实训考核成绩			

【归纳与提高】

　　本项目主要介绍了纯电动汽车的组成与原理，纯电动汽车的电驱动系统与布置形式，纯电动汽车电池系统（内容包括蓄电池的结构类型与组合方式、锂离子电池、金属氢化物镍蓄电池、新体系电池、电池管理系统、动力电池系统故障分级及常见故障处理、动力电池梯次利用、动力电池发展目标），纯电动汽车驱动电机系统（内容包括纯电动汽车对驱动电机的要求，感应异步电机、永磁同步电机、开关磁阻电机、轮毂电机、电机控制器、驱动电机系统故障分类及常见故障处理、驱动电机系统发展目标），纯电动汽车整车控制器（内容包括整车控制器的技术要求、结构、功能和整车控制器的工作模式），纯电动汽车高压系统（内容包括纯电动汽车高压系统的组成及其电压的等级、高压配电箱、电源变换器），纯电动汽车低压系统等。通过对本项目知识的学习，学生可以较全面地掌握纯电动汽车的基本知识。通过项目实训和知识巩固，学生可以巩固学习效果，最终培养分析问题和解决问题的能力及识别纯电动汽车的技能。

　　由于新能源汽车发展较快，因此应重点关注动力电池和驱动电机的技术发展和使用情况。

【知识巩固】

一、名词解释

1．电驱动系统。

2．锂离子电池。

3．电池管理系统。

4．感应异步电机。

5．永磁同步电机。

二、填空题

1．纯电动汽车主要由＿＿＿＿＿＿、＿＿＿＿＿＿＿、＿＿＿＿＿＿＿和＿＿＿＿＿＿等组成。

2．纯电动汽车电源系统主要包括＿＿＿＿＿＿＿＿＿＿＿、＿＿＿＿＿＿＿＿＿＿＿、＿＿＿＿＿＿＿＿＿＿及＿＿＿＿＿＿＿＿等。

3．纯电动汽车的布置形式主要有＿＿＿＿＿＿＿＿、＿＿＿＿＿＿＿和＿＿＿＿＿＿＿。纯电动汽车以＿＿＿＿＿＿＿＿＿为主，商用纯电动汽车以＿＿＿＿＿＿＿＿为主，越野纯电动汽车以＿＿＿＿＿＿＿为主。

4．我国纯电动汽车使用的锂离子电池类型主要有＿＿＿＿＿＿＿、＿＿＿＿＿＿＿、＿＿＿＿＿＿和＿＿＿＿＿＿。

5．新体系电池主要是指＿＿＿＿＿＿＿、＿＿＿＿＿＿和＿＿＿＿＿＿。

6．常见的估算动力电池 SOC 的方法有＿＿＿＿＿＿＿＿、＿＿＿＿＿＿＿、＿＿＿＿＿＿＿＿、＿＿＿＿＿＿等。

7．纯电动汽车动力电池系统的故障按照故障发生的部位可以分为 3 类，即＿＿＿＿＿、＿＿＿＿＿＿、＿＿＿＿＿＿。

8．在纯电动汽车领域，驱动电机目前主要采用＿＿＿＿＿＿＿和＿＿＿＿＿＿。

9．DC/DC 变换器是在＿＿＿＿＿＿＿中将一个＿＿＿＿＿＿＿变换为＿＿＿＿＿＿的装置；AC/DC 变换器是将＿＿＿＿＿＿＿变换成＿＿＿＿＿＿＿的装置。

10．轮毂电机的驱动方式可以分为＿＿＿＿＿＿＿和＿＿＿＿＿＿＿两种。

11．电机控制器是控制＿＿＿＿＿＿＿与＿＿＿＿＿＿＿之间能量传输的装置。

三、选择题

1．不属于动力电池系统的是（　　）。

　　A．电芯　　　　　　B．电池管理系统　　C．电池冷却系统　　D．启动蓄电池

2．我国纯电动汽车使用最多的驱动电机是（　　）。

　　A．直流电机　　　　B．感应异步电机　　C．永磁同步电机　　D．开关磁阻电机

3. 我国纯电动汽车使用最多的锂电池是（　　　）。

  A．三元锂电池　　　B．磷酸铁锂电池　　C．锰酸锂电池　　　D．钛酸锂电池

4. 属于纯电动汽车高压系统的部件是（　　　）。

  A．电机控制器　　　B．仪表　　　　　　C．灯光　　　　　　D．电动车窗

5. 属于纯电动汽车高压系统的部件是（　　　）。

  A．电动空调　　　　B．辅助蓄电池　　　C．动力电池　　　　D．灯光

6. 纯电动汽车动力电池给启动蓄电池充电，需要使用（　　　）。

  A．升压型 DC/DC 变换器　　　　　　B．降压型 DC/DC 变换器

  C．AC/DC 变换器　　　　　　　　　D．DC/AC 变换器

7. 纯电动汽车单体蓄电池容量不足可能产生的后果有（　　　）。

  A．电池使用寿命减小　　　　　　　B．电池组充电不足

  C．电动汽车续驶里程短　　　　　　D．电池容易起火

8. 纯电动汽车单体蓄电池内部短路或外部短路可能产生的后果有（　　　）。

  A．电池热失效　　B．电池动力不足　　C．电池起火　　　D．电池爆炸

9. 纯电动汽车电池管理系统出现故障可能产生的后果有（　　　）。

  A．无法监测电池电压　　　　　　　B．无法监测电池电流

  C．无法监测电池温度　　　　　　　D．无法监测续驶里程

10. 纯电动汽车电池线路或连接件故障可能产生的后果有（　　　）。

  A．电池容量降低　　　　　　　　　B．电动汽车无法启动

  C．电动汽车动力不足　　　　　　　D．电池使用寿命减小

四、判断题

1. 整车控制器根据驾驶员输入的加速踏板和制动踏板的输入信号，向电机控制器发出相应的控制指令，对电机进行启动、加速、减速、制动控制等。（　　　）

2. 纯电动汽车的三合一电驱动系统一般是由永磁同步电机、电机控制器和整车控制器集成在一起的。（　　　）

3. 前轮驱动纯电动汽车结构紧凑，有利于其他总成的安排，在转向和加速时行驶稳定性较好，适用于中级及中级以下的纯电动轿车。（　　　）

4. 锂离子电池是用锰酸锂、磷酸铁锂或钴酸锂等锂离子的化合物作负极，用可嵌入锂离子的碳材料作正极，使用有机电解质的蓄电池。（　　　）

5. 纯电动汽车用锂离子电池的基本单元是单体蓄电池，按使用要求组合成不同电压和不同电量的锂离子电池总成。（　　　）

6. 纯电动汽车高压系统是指纯电动汽车内部与动力电池直流母线相连或由动力电池电源驱动的高压驱动零部件系统。（　　　）

7. DC/AC 变换器是将直流电变换成交流电的装置，又称逆变器。使用交流电机的纯电动汽车必须通过 DC/AC 变换器将蓄电池或燃料电池的直流电变换为交流电。（　　　）

8. DC/DC 变换器是在直流电路中将低电压值的电能变换为高电压值的电能的装置。（　　　）

9. 纯电动汽车低压系统是指由 24V 低压蓄电池供电的零部件系统。（　　　）

10. 纯电动汽车具有高电压和大电流的特点，通常配备 200V 以上的高压系统，工作电

流可达 100A 以上，可能危及人身安全和高压零部件的使用安全。（　　）

五、问答题

1. 纯电动汽车的工作原理是什么？

2. 电池管理系统主要有哪些功能？

3. 电机控制器主要有哪些功能？

4. 整车控制器主要有哪些功能？

5. 纯电动汽车上带有高压电的零部件主要有哪些，它们的连接逻辑是怎样的？

项目 3
认识混合动力电动汽车

　　随着我国碳达峰和碳中和目标的提出及人们对纯电动汽车续驶里程的焦虑，混合动力电动汽车逐渐被人们接受，其销量稳步提升，混合动力电动汽车将成为新能源汽车的重要类型之一。对混合动力电动汽车知识进行学习，是想要从事新能源汽车相关工作的人员必不可少的。

【知识路径】

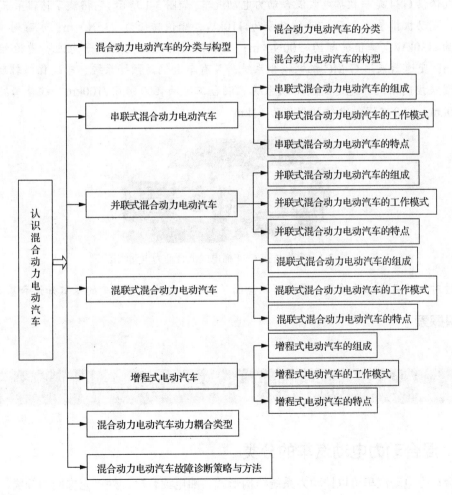

【学习目标】

知识目标：

（1）掌握混合动力电动汽车的分类与构型；

（2）掌握串联式混合动力电动汽车、并联式混合动力电动汽车、混联式混合动力电动汽车的组成、工作模式和特点；

（3）掌握增程式电动汽车的组成、工作模式和特点；

（4）了解混合动力电动汽车动力耦合类型。

技能目标：

（1）能够识别混合动力电动汽车的类型；

（2）能够识别混合动力电动汽车主要部件。

素质目标：

（1）培养敬业精神和服务意识；

（2）培养沟通、协调、合作的能力，逐步形成良好的心理素质。

【导入案例】

广汽传祺 GS4 是一款插电式混合动力电动汽车，如图 3-1 所示。它搭载了传祺第三代 235T 发动机，发动机排量为 1.5L，峰值功率为 110kW，峰值转矩为 235N·m；永磁同步电机峰值功率为 130kW，峰值转矩为 300N·m；搭载的动力电池为锂离子电池，电池组能量为 12kW·h；变速器采用 G-MC 机电耦合系统；具有车道偏离预警系统、车道保持辅助系统、自适应巡航控制系统等先进驾驶辅助系统。混合工况油耗为 4.6L/100km，综合工况油耗为 1.3L/100km，综合工况纯电续驶里程为 61km。

图 3-1　广汽传祺 GS4 插电式混合动力电动汽车

通过对本项目内容的学习，学生可以全面了解混合动力电动汽车的基本知识和基本技能。

【知识探索】

3.1　混合动力电动汽车的分类与构型

3.1.1　混合动力电动汽车的分类

混合动力电动汽车可以按动力系统结构形式、油电混合度、外接充电能力分类。

1. 按动力系统结构形式划分

按动力系统结构形式划分，混合动力电动汽车可分为串联式混合动力电动汽车、并联式混合动力电动汽车及混联式混合动力电动汽车。

（1）串联式混合动力电动汽车（SHEV）。

串联式混合动力电动汽车是指车辆行驶系统的驱动力只源于驱动电机，串联式混合动力电动汽车动力系统如图 3-2 所示。串联式混合动力电动汽车典型的结构特点是发动机带动发电机发电，动力耦合器（包括功率变换器）控制从动力电池和发电机到驱动电机的功率流，或反向控制从驱动电机到蓄电池组的功率流。发动机通过发电机产生的电能由动力耦合器输送给驱动电机或动力电池，然后驱动电机驱动轮，其中发动机不直接参与驱动轮。

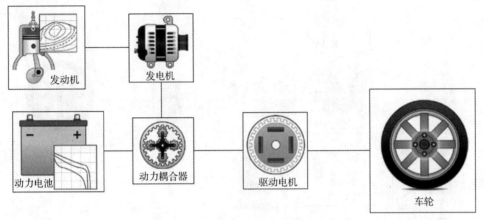

图 3-2　串联式混合动力电动汽车动力系统

串联式混合动力电动汽车车型主要有雪佛兰沃蓝达、宝马 i3、广汽传祺 GA5 等。

（2）并联式混合动力电动汽车（PHEV）。

并联式混合动力电动汽车是指车辆行驶系统的驱动力由驱动电机及发动机同时或单独提供，并联式混合动力电动汽车动力系统如图 3-3 所示。并联式混合动力电动汽车典型的结构特点是并联式驱动系统可以单独使用发动机或驱动电机作为动力源，也可以同时使用发动机和驱动电机作为动力源驱动车辆行驶。电机驱动时，动力电池经过 DC/DC 变换器，为驱动电机提供合适的电压。

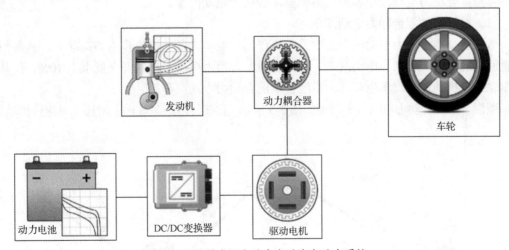

图 3-3　并联式混合动力电动汽车动力系统

并联式混合动力电动汽车车型主要有奔驰 S400L、比亚迪秦、本田 CR-Z 等。并联式混合动力电动汽车相对于串联式混合动力电动汽车应用较多，配置也各不相同。

（3）混联式混合动力电动汽车（PSHEV）。

混联式混合动力电动汽车具备串联式和并联式两种混合动力系统结构，混联式混合动力电动汽车动力系统如图 3-4 所示。混联式混合动力电动汽车典型的结构特点是既可以在串联模式下工作，也可以在并联模式下工作，兼具串联式和并联式混合动力电动汽车的特点。值得注意的是，三种形式的动力耦合器结构是不一样的。

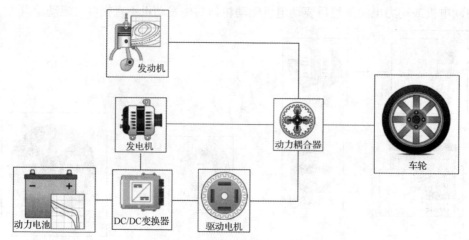

图 3-4　混联式混合动力电动汽车动力系统

混联式混合动力电动汽车以丰田系列为主，如普锐斯混合动力电动汽车、卡罗拉混合动力电动汽车、雷克萨斯混合动力电动汽车等。

2. 按油电混合度划分

混合度是指混合动力电动汽车中的电机峰值功率占动力源总功率（电机峰值功率+发动机峰值功率）的百分比。

按照混合度数值的大小，可以将混合动力电动汽车分为微混合型混合动力电动汽车、轻度混合型混合动力电动汽车和重度混合型混合动力电动汽车。

（1）微混合型混合动力电动汽车。

微混合型混合动力电动汽车是以发动机作为主要动力源、电机作为辅助动力，具备制动能量回收功能的混合动力电动汽车。微混合型混合动力电动汽车的混合度小于 10%，仅具有停车怠速停机功能的汽车也可称为微混合型混合动力电动汽车。

微混合型混合动力电动汽车功能如图 3-5 所示，它在传统汽车基础上增加了怠速停机功能。

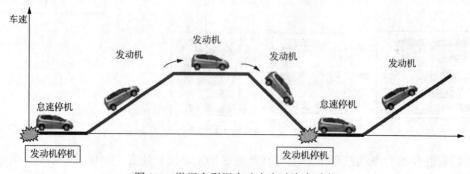

图 3-5　微混合型混合动力电动汽车功能

微混合型混合动力系统是对传统发动机的起动机进行了改造，形成由皮带传动的启动发电一体式电机（BSG）。该电机用来控制发动机快速起停，因此可以取消发动机的怠速过程，降低油耗和排放量。

　　微混合型混合动力系统搭载的电机功率较小，仅靠电机无法使车辆起步，起步过程仍需要发动机介入，是一种初级的混合动力系统。在微混合型混合动力系统中，电机的电压通常有两种：12V 和 42V。其中，42V 主要用于柴油混合动力系统。在城市循环工况下，微混合型混合动力系统的节油率一般为 5%～10%。

　　（2）轻度混合型混合动力电动汽车。

　　轻度混合型混合动力电动汽车是以发动机作为主要动力源、电机作为辅助动力，在车辆加速和爬坡时，电机可向车辆行驶系统提供辅助驱动力矩的混合动力电动汽车。轻度混合型混合动力电动汽车的混合度大于 10%，最高可以达到 30%左右。

　　轻度混合型混合动力电动汽车功能如图 3-6 所示，它在传统汽车基础上增加了怠速起停、加速助力、制动能量回收和行驶（巡航）充电功能。

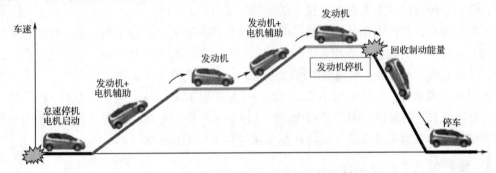

图 3-6　轻度混合型混合动力电动汽车功能

　　轻度混合型混合动力系统采用了集成式启动发电一体式电机（ISG）。与微混型混合动力系统相比，轻度混合动力系统除能够实现用电机控制发动机的起停外，还能够在混合动力电动汽车制动和下坡工况下，实现对部分能量进行回收；在行驶过程中，发动机的动力可以在车轮的驱动需求和发电机发电需求之间进行调节。

　　当混合度达到 20%～30%时，一般采用高压电机，在汽车加速或者大负荷工况下，电机能够辅助发动机驱动车辆，补充发动机本身动力输出的不足，提高整车性能。有的资料把混合度达到 20%～30%的混合动力电动汽车称为中度混合型混合动力电动汽车，中度混合型是常见的一类混合动力系统。

　　本田汽车公司旗下的 Insight、Accord 和 Civic 混合动力电动汽车都采用并联式结构的轻度混合动力系统。

　　（3）重度混合型混合动力电动汽车。

　　重度混合型混合动力电动汽车是以发动机或电机为动力源，且电机可以独立驱动车辆正常行驶的混合动力电动汽车。重度混合动力系统可以采用高达 600V 以上的高压电机，混合度大于 30%，最高可以达到 50%以上。在城市循环工况下，重度混合型混合动力电动汽车的节油率可以达到 30%～50%。

　　重度混合型混合动力电动汽车功能如图 3-7 所示，它在传统汽车基础上增加了怠速起停、加速助力、制动能量回收、行驶（巡航）充电和低速纯电动行驶功能。

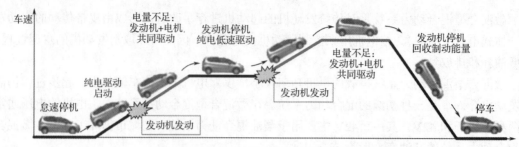

图 3-7　重度混合型混合动力电动汽车功能

重度混合型混合动力电动汽车的特点是动力系统以发动机为基础动力、动力电池为辅助动力。其采用的电机功率更强大，可以满足车辆在起步和低速时的动力要求。因此，重度混合车型无论是在起步还是低速行驶状态下都不需要启动发动机，依靠电机就可以胜任，在低速时就像一款纯电动汽车。在急加速和爬坡运行工况下车辆需要较大的驱动力时，电机和发动机同时对车辆提供动力。随着电机、电池技术的进步，电机参与驱动的工况逐渐增加，重度混合动力系统逐渐成为混合动力技术的主要发展方向。

丰田普锐斯混合动力电动汽车就是混联式结构的重型混合动力系统。第三代丰田普锐斯混合动力系统采用的电机峰值功率达到 60kW，峰值转矩达到 207N·m，足以驱动汽车低速行驶，仅靠电机驱动行驶，最高车速可以达到 70km/h。第四代丰田普锐斯混合动力系统虽然电机的峰值功率和峰值转矩有所下降，分别为 53kW 和 163N·m，但是动力系统的损耗减少20%，而且车重有所减轻，因此第四代丰田普锐斯混合动力电动汽车的动力性能相对于第三代的有所提高，仅靠电机驱动行驶，最高车速可以达到 110km/h。

3. 按外接充电能力划分

按照是否能够外接充电，混合动力电动汽车可分为外接充电型混合动力电动汽车和非外接充电型混合动力电动汽车。

（1）外接充电型混合动力电动汽车。

外接充电型混合动力电动汽车是一种被设计成在正常使用情况下从非车载装置中获取电能的混合动力电动汽车。插电式混合动力电动汽车属于此类型。

插电式混合动力电动汽车（见图 3-8）是可以利用电网对动力电池充电的混合动力电动汽车，同时可以在加油站给汽车加油。它可以使用纯电模式驱动车辆行驶，且纯电动续驶里程较长，在电能不足时，车辆仍然可以用重度混合模式行驶。插电式混合动力系统的电机功率比纯电动汽车的稍小，动力电池的容量介于重度混合动力系统与纯电动汽车之间。

图 3-8　插电式混合动力电动汽车

（2）非外接充电型混合动力电动汽车。

非外接充电型混合动力电动汽车是一种被设计成在正常使用情况下从车载燃料中获取全部能量的混合动力电动汽车。油电混合动力电动汽车属于此类型。

油电混合动力电动汽车是非插电的混合动力电动汽车，动力来源主要是发动机，电机只是一个辅助动力源，纯电动续航能力小。图 3-9 所示为凯美瑞油电混合动力电动汽车。

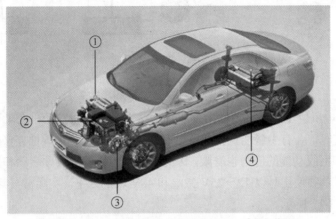

①发动机；②AC/DC 变换器；③永磁同步电机；④镍氢蓄电池

图 3-9　凯美瑞油电混合动力电动汽车

油电混合动力电动汽车的电池容量很小，仅在起/停、加/减速时供应/回收能量，不能外部充电，不能用纯电动模式行驶，属于节能汽车；插电式混合动力电动汽车的电池容量较大，可以外部充电，可以用纯电模式行驶，电池电量耗尽后再以混合动力模式行驶，属于新能源汽车。

3.1.2　混合动力电动汽车的构型

混合动力电动汽车的构型（见图 3-10）按照电机的放置位置进行分类。其中，P 的定义就是电机的位置。对于单电机的混合动力系统，根据电机相对于传统动力系统的位置，可以把单电机混合动力方案分为五大类，分别以 P0、P1、P2、P3、P4 命名。

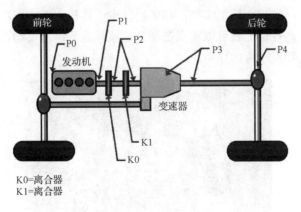

图 3-10　混合动力电动汽车的构型

P0～P4 构型如图 3-11 所示。

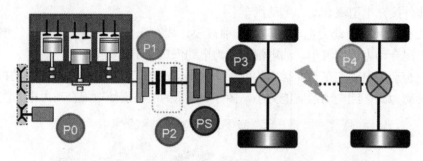

图 3-11　P0～P4 构型

1. P0 构型

P0 构型是指电机位于发动机前端附件驱动系统上。电机与发动机曲轴通过传动带柔性连接。在发动机运转时，会有少量能量传递至电机发电。由于传动带柔性连接效率有限，电机为发动机提供助力和回收动能的能力也有限，因此利用皮带传动的兼顾启动和发电的一体式电机适用于自动起停，单独使用时以 12～25V 微混和 48V 轻混为主，实际常与其他构型配合使用。

P0 构型如图 3-12 所示。

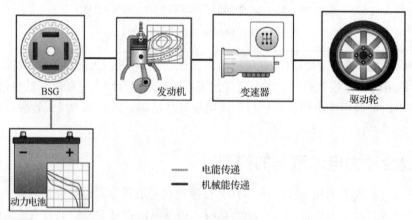

图 3-12　P0 构型

图 3-13 所示为吉利的 P0 构型实物。48V 启发电一体机主要实现功能为快速起停、制动能量回收和辅助转矩，理论上它可以实现在部分巡航时速下停止发动机工作，并保证在快速需要动力时能快速启动发动机的作用。

图 3-13　吉利的 P0 构型实物

2.　P1 构型

P1 构型中，电机位于发动机曲轴上，即传统汽车起动机的位置。P1 构型如图 3-14 所示。ISG 对传统发动机的发电机和起动机进行了一体化设计，但是相对于 BSG，ISG 与发动机之间取消了皮带传动，直接与发动机曲轴输出端连接在一起。当发动机需要重新启动时，ISG 充当起动机，直接驱动发动机的曲轴输出端对其进行启动。

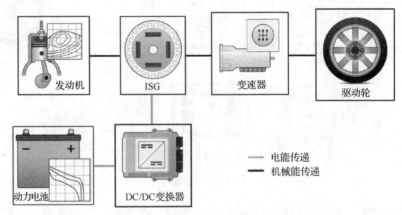

图 3-14　P1 构型

ISG 固连在发动机曲轴上，取代了传统的飞轮。发动机曲轴与 ISG 转速相等，因此 P1 构型同样支持发动机起停和制动能量回收发电。发动机和电机的动力在发动机输出轴上耦合，然后通过由离合器、变速器、驱动桥和半轴组成的传统驱动系统驱动车辆行驶，这称为发动机轴动力组合式并联混合动力系统。由于电机和发动机采用了刚性连接，因此 P1 构型可实现辅助动力输出。在驾驶员踩下加速踏板后，整车控制器会控制 ISG 立刻补充动力，以此让汽车保持动力性和经济性的高度平衡。在不同程度的制动过程中，ISG 可以实现发动机制动能量的回收和储存。在下长坡时还会根据具体车速施加辅助制动力矩，以此提升安全性。

图 3-15 所示为 P1 构型实物。

图 3-15　P1 构型实物

目前，P1 构型多以轻度混合型混合动力电动汽车为主。本田的 IMA 和奔驰的 S400 的混动系统都采用 P1 构型布局。P1 构型不能使用纯电动模式。

3. P2 构型

P2 构型如图 3-16 所示，其典型结构为"发动机→离合器→驱动电机→变速器→驱动轮"。

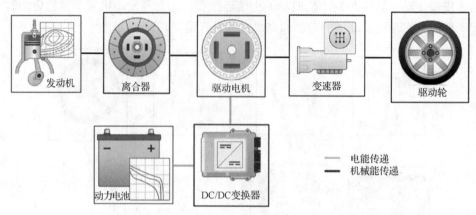

图 3-16　P2 构型

P2 构型在纯电动模式下可以与发动机断开连接。由于电机与发动机之间还有一个离合器，因此在纯电动模式下发动机并不会被拖动。同时，由于在 P2 构型模式下，电机的后面有变速器，因此变速器的所有挡位都可以被电机利用。

P2 构型是目前市场混合动力电动汽车车型采用最多的模式。电机放在离合器后、变速器前，通过在发动机与变速器之间插入两个离合器和一套电机来实现混动，它是一种并联式的有两个离合器的混合动力系统。P2 构型与 P1 构型模式基本相同，唯一区别在于电机和发动机之间有没有离合器、是不是可以切断电机的辅助驱动线路。P2 构型系统可以实现纯电动驱动。

因为电机和发动机之间有离合器，所以可以单独驱动轮，在动能回收时也可以切断与发动机的连接。因为电机和轴之间可以有传动比，所以不需要太大的转矩，可以降低成本并减少电机的体积。

图 3-17 所示为 P2 构型实物。

图 3-17　P2 构型实物

P2 构型的优势在于灵活性强，可以与现有的发动机和变速器构成的动力总成相配合，达成混动系统，无论是纵置还是横置的汽油/柴油发动机，都可以匹配 P2 构型模块。此外，该模块不"挑"变速器，AT、CVT 和 DCT 等变速器都可以与之搭配，同时可以适用于从 48V 微混到插电式混动的各种车型。

另外，性价比也是其一大优势。由于只需要在发动机和变速器中间加入一个电机和分离式离合器，发动机和变速器无须大的改变即可实现混动效果，因此相对于 48V 系统和 ECVT，P2 构型投资较少，同时在节油方面效果较好。

4. P3 构型

在 P3 构型中，电机位于变速器输出端，与发动机共享一根轴，同源输出，如图 3-18 所示。P3 主要的优势是纯电驱动和动能回收的效率高。同时，P3 构型会比 P2 构型少一组离合器，且纯电传动更直接、高效。例如，比亚迪秦在急加速方面的表现非常突出。P3 构型比较适合后驱车，有充足的空间予以布置，代表车型有比亚迪秦、长安逸动等。

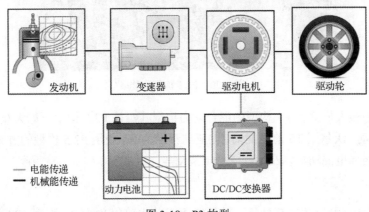

图 3-18　P3 构型

图 3-19 所示为 P3 构型实物。

图 3-19　P3 构型实物

5. P2.5 构型

P2.5 构型（又称 PS 构型）是介于 P2 型与 P3 型之间的一种混合动力形式，就是将电机整合进变速器。相对于电机置于发动机输出端的 P1 构型及变速器输入端的 P2 型，P2.5 构型在油电衔接瞬时冲击方面更具优势。相对于电机置于变速器输出端的 P3 构型，P2.5 构型可将电机的力矩通过变速器多挡位放大，不仅能让电机经济运行区域更广，而且选型时可以考虑采用功率更小的电机。吉利博瑞 GE 的 PHEV 版本采用的动力系统是 1.5T+7DCT，并采用了 P2.5 构型的混合动力系统。

图 3-20 所示为 P2.5 构型实物。电机集成在变速器壳体内部，其输出端与变速器输出端形成并联结构。在纯电动模式下，电机直接驱动轮；在混合动力模式下，电机与发动机一同协调工作。

图 3-20　P2.5 构型实物

实际应用中被人们称为 P3 构型的混合动力构型其实是 P2.5 型，如大众速腾混动、奥迪 A3 e-tron 混动、沃尔沃 T5 前驱混动、比亚迪秦混动等。使用 P2.5 构型的方案包含了中混、强混、混合策略插电混动，以及增程式插电混动等。

6. P4 构型

在 P4 构型中，电机放在后桥上，另外轮边驱动也可以称为 P4 构型。P4 构型如图 3-21 所示。

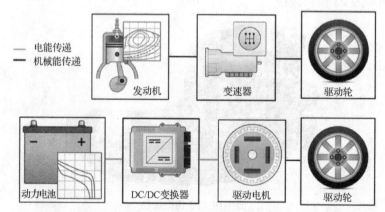

图 3-21　P4 构型

P4 构型布局最大的特点是电机与发动机不驱动同一轴，这意味着车辆可以实现四驱。如果混动车型有两个电机，就是 Pxy 构型，如 WEY P8，在发动机前端与后轴都有电机，属于 P4 构型。

P4 构型大多应用于各种插电混动模式或是微混模式，因为不利于纯电驱动与纯发动机驱动间的切换，所以 P4 构型强混反而是较少的。因此，大部分 P4 构型混动采用插电混动，以电机后驱为主，只有在需要更大功率时才启动发动机驱动前轴。

图 3-22 所示为 P4 构型实物。

图 3-22　P4 构型实物

P0～P4 构型的比较见表 3-1。

表 3-1　P0～P4 构型的比较

构型	作用	特点
P0（BSG）	自动起停、转矩辅助、能量回收	成本低
P1（ISG）	自动起停、转矩辅助、能量回收	成本较低
P2	转矩辅助、能量回收	短距离纯电驱动，成本低
P2.5	转矩辅助、能量回收、纯电驱动	体积小、效率高
P3	转矩辅助、能量回收、纯电驱动	功率转矩大、效率高
P4	转矩辅助、能量回收、纯电驱动	功率转矩大，适合四驱

现在经常有几种构型混合使用的情况。宝马 i8 混合动力系统采用 P0+P4 构型，如图 3-23 所示，车体后方的发动机是一台小排量的 1.5L 涡轮增压发动机，它只有 3 个气缸，但通过涡轮增压技术、高压缸内直喷和气门升程可变技术等运用，最大输出功率可达到 170kW，峰值转矩可达到 319N·m，并且通过将 6 速自动变速器、发动机整合于后方的布局，使得宝马 i8 在使用汽油发动机为动力源时，能够获得更加直接的动力输出反应。前轴的混合动力系统电动模块采用永磁同步电机，最大输出功率为 96kW。宝马 i8 混合动力系统可以实现电机纯电动驱动前轮或在两组动力系统同时工作时实现四轮驱动，在后一种驱动模式下，车辆可以对传送到每个车轮的转矩进行高效调控，以此来保证车辆拥有出色的附着力。而此时宝马 i8 混合动力系统的最大总输出功率达到 266kW，峰值转矩达到 569N·m。由于宝马 i8 混合动力汽车整车质量仅有 1 490kg，因此其加速性能非常出色，0～100km/h 的加速时间只需 4.9s，最高车速为 250km/h。油耗为 2.5L/100km，续驶里程为 500km，电池从 0 到充满电最短时间不到 2h。在纯电动模式下，宝马 i8 的续驶里程为 35km，最高速度为 120km/h。

图 3-23 宝马 i8 混合动力系统

天逸 PHEV"三擎四驱"混合动力系统搭载 1.6T PHEV 专属高功率发动机和前后双电机，综合峰值功率为 221kW，综合峰值转矩为 520N·m，0～100km/h 的加速时间为 7s。其中，发动机峰值功率为 147kW，峰值转矩 300N·m。天逸 PHEV 采用"P0+P2+P4"三电机混合构型，如图 3-24 所示。

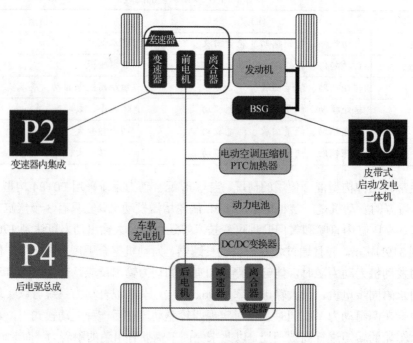

图 3-24 "P0+P2+P4"三电机混合构型

P0 构型架构即 BSG，位于发动机附件面，可启动发动机，也可给蓄电池充电。它可以有效避免前电机同时需要驱动车辆和启动发动机带来的抖动冲击感，以及消除低电量时因动力电池的功率不足而电机同时需要驱动车辆和启动发动机带来的风险，还可以降低传统起动机的启动噪声。

前置驱动电机采用 P2 构型架构，集成于变速器内部，可实现纯电驱动，可与发动机实现混合驱动，也可充当发电机角色，或给动力电池充电，或给后电机提供电能驱动车辆，亦可进行制动能量回收。

后置驱动电机采用 P4 构型，可以单独驱动车辆，与前电机共同驱动实现纯电四驱，与发动机共同驱动实现混合四驱，亦可进行制动能量回收。

基于优越的三电机架构，天逸 PHEV 匹配了混动、电动、四驱及运动等四种驾驶模式。混动模式可以智能控制三擎动力工作状态，使驾驶员保持最佳驾驶感受；电动模式仅靠电机驱动，适合城市使用；四驱模式下，后电机始终工作，发动机与前电机按需介入，适合复杂路况；运动模式可以让发动机更积极地工作，实现澎湃动力，适合更加刺激感十足的驾驶场景。

3.2　串联式混合动力电动汽车

3.2.1　串联式混合动力电动汽车的组成

串联式混合动力电动汽车是指车辆行驶系统的驱动力只来源于电机，其结构特点是发动机带动发电机发电，电能通过电机控制器输送给驱动电机，由电机驱动车辆行驶。另外，动力电池可以单独向驱动电机提供电能驱动车辆行驶。串联式混合动力电动汽车如图 3-25 所示。

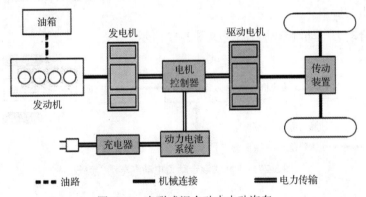

图 3-25　串联式混合动力电动汽车

串联式混合动力电动汽车系统结构如图 3-26 所示，它主要由发动机、发电机、功率转换器、电机控制器、驱动电机、动力电池系统及车载充电机等部件组成。在串联式混合动力电动汽车上，由发动机带动发电机所产生的电能和动力电池输出的电能共同输出到驱动电机来驱动汽车行驶，电力驱动是唯一的驱动模式。发动机与发电机直接连接产生电能，来驱动电机或给动力电池充电。驱动电机直接与驱动桥相连，汽车行驶时的驱动力由驱动电机输出。当动力电池的荷电状态 SOC 值降到一个预定值时，发动机即开始对动力电池进行充电，延长混合动力电动汽车的续驶里程。另外，动力电池系统还可以单独向驱动电机提供电能来驱动电动汽车，使混合动力电动汽车在零污染状态下行驶。发动机与驱动系统并没有机械地连接在一起，这种方式可以极大限度地减少发动机所受到的车辆瞬态响应。瞬态响应的减少可以使发动机进行最优的喷油和点火控制，使其在最佳工况点附近工作。

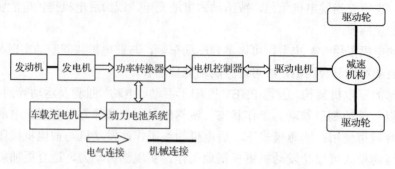

图 3-26　串联式混合动力电动汽车系统结构

串联式混合动力系统的关键特征是在功率转换器中两个电功率被加在一起。该功率转换器起电功率耦合器的作用，控制从动力电池和发电机到驱动电机的功率流，或反向控制从驱动电机到动力电池的功率流。

串联式混合动力电动汽车的发动机能够经常保持在稳定、高效、低污染的运转状态，使有害气体排放控制在最低范围。串联式混合动力电动汽车从总体结构上来看比较简单，易于控制，其特点更加趋近于纯电动汽车。发动机、发电机、驱动电机三大部件总成在纯电动汽车上布置，有较大的自由度，但各自的功率较大，外形较大，质量也较大，在中小型电动汽车上布置有一定的困难。另外，在"发动机→发电机→电机驱动系统"中的"热能→电能→机械能"的能量转换过程中，能量损失较大。串联式混合动力电动汽车适用于大型汽车，但在小型汽车上也可应用。

串联式混合动力电动汽车动力流程如图 3-27 所示。

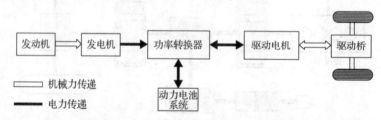

图 3-27　串联式混合动力电动汽车动力流程

3.2.2　串联式混合动力电动汽车的工作模式

串联式混合动力电动汽车的工作模式主要有纯电驱动模式、纯发动机驱动模式、混合驱动模式、行车充电模式、混合充电模式、再生制动模式和停车充电模式，如图 3-28 所示。

1. 纯电驱动模式

纯电驱动模式是指发动机关闭，由动力电池系统经功率转换器向驱动电机提供电能驱动车辆行驶，如图 3-28（a）所示。

2. 纯发动机驱动模式

纯发动机驱动模式是由发动机-发电机组向驱动电机提供电能，驱动车辆行驶，动力电池系统既不供电也不从传动系统中获取能量，如图3-28（b）所示。

3. 混合驱动模式

混合驱动模式是指发动机-发电机组和动力电池系统经功率转换器共同向驱动电机提供电能，驱动车辆行驶，如图3-28（c）所示。

4. 行车充电模式

行车充电模式是指发动机-发电机组除向驱动电机提供电能驱动车辆行驶外，同时还给动力电池系统充电，如图3-28（d）所示。

5. 混合充电模式

混合充电模式是指发动机-发电机组和运行在发电机状态下的驱动电机共同给动力电池系统充电，如图3-28（e）所示。

6. 再生制动模式

再生制动模式是指发动机-发电机组关闭，驱动电机运行在发电机状态，通过消耗车辆本身的动能产生电功率给动力电池系统充电，如图3-28（f）所示。

7. 停车充电模式

停车充电模式是指车辆停止行驶，电动机/发电机不接收功率，发动机-发电机组仅向动力电池系统充电，如图3-28（g）所示。

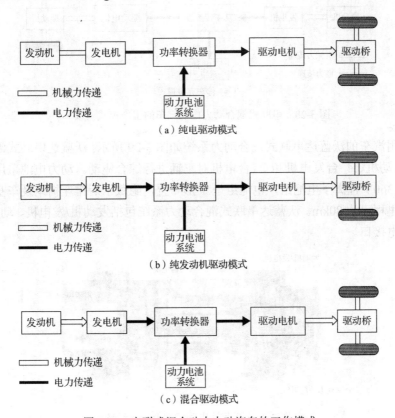

图3-28 串联式混合动力电动汽车的工作模式

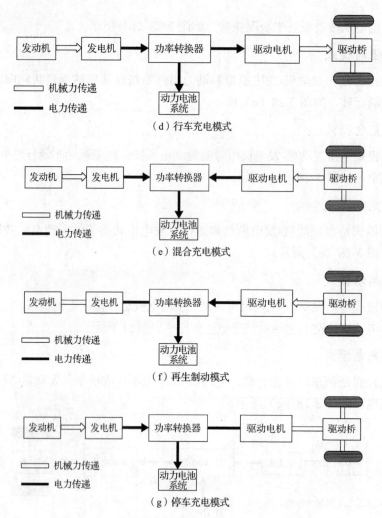

（d）行车充电模式

（e）混合充电模式

（f）再生制动模式

（g）停车充电模式

图3-28　串联式混合动力电动汽车的工作模式（续）

　　美国通用汽车的沃蓝达串联式混合动力系统如图3-29所示。沃蓝达串联式混合动力系统采用 1 台发动机、1 台发电机和 1 台电机对车辆进行综合驱动。动力电池采用的是能量为16kW·h 的 360V 锂离子电池组，电池组呈 T 形布置，隐藏于后排座椅下及车身中部，纯电动最高续驶里程可达 80km。沃蓝达串联式混合动力系统包括发动机/发电机、动力分配系统、锂电池及充电接口。

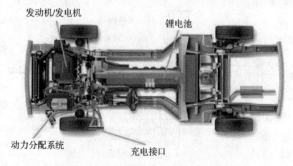

图3-29　沃蓝达串联式混合动力系统

沃蓝达串联式混合动力系统由 1 台峰值功率为 111kW 的电机，1 台 55kW 的发电机，以及 1 台 1.4L 自然进气、峰值功率为 63kW 的发动机组成，发动机仅用于发电。其中，功率较大的电机主要用于驱动车辆，而功率较小的发电机主要用于发电，沃蓝达混合动力电动汽车的动力系统如图 3-30 所示。

发动机、发电机和电机通过 1 个行星齿轮机构及 3 个离合器组成了动力分配系统，沃蓝达动力分配系统结构如图 3-31 所示。行星齿轮机构的太阳轮连接到电机，行星架连接到减速机构直接输出动力到车轮，而齿圈则根据实际情况连接到动力分配系统的壳体（固定）或连接到发电机和发动机。

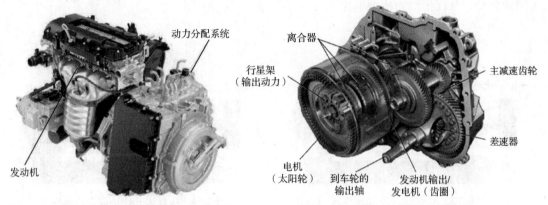

图 3-30 沃蓝达混合动力电动汽车的动力系统　　图 3-31 沃蓝达动力分配系统结构

沃蓝达混合动力电动汽车的动力系统通过 3 个离合器来控制动力的分配，这 3 个离合器分别命名为 C1、C2、C3。C1 用于连接行星齿轮齿圈与动力分配系统的壳体（固定）；C2 用于连接发电机与行星齿轮齿圈；C3 用于连接发动机与发电机。

沃蓝达混合动力电动汽车的动力系统一共有 5 种工作模式，分别为 EV 低速模式、EV 高速模式、EREV 混合低速模式、EREV 混合高速模式及能量回收模式。

（1）EV 低速模式。

处于 EV 低速模式时，C1 吸合，C2、C3 松开，发动机停转，仅由电动机驱动车辆。沃蓝达 EV 低速模式如图 3-32 所示，齿圈被固定，电池为电动机供电，推动太阳轮转动，行星架因太阳轮的转动而转动，把动力传输到减速齿轮并传递到车轮。

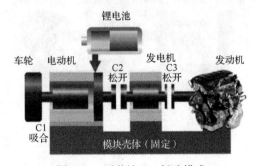

图 3-32 沃蓝达 EV 低速模式

（2）EV 高速模式。

处于 EV 高速模式时，C2 吸合，C1、C3 松开，发动机停转，发电机和电动机共同驱动车辆。沃蓝达 EV 高速模式如图 3-33 所示，电池为电动机和发电机供电，发电机充当电动机工作，推动齿圈转动。同时，功率较大的另一个电动机推动太阳轮转动。齿圈和太阳轮同时转动，带动行星架转动，从而把动力传到车轮。发电机充当电动机推动齿圈转动，降低了与太阳轮连接的另一电动机的转速，提高了其能源使用率。

（3）EREV 混合低速模式。

处于 EREV 混合低速模式时，C1、C3 吸合，C2 松开，发动机运转，发动机为电池充电，电动机驱动车辆。沃蓝达 EREV 混合低速模式如图 3-34 所示，此时发动机推动发电机发电，并为电池充电。同时，电池为电动机供电推动太阳轮转动，由于齿圈固定，因此行星架跟随太阳轮转动，从而把动力传到车轮。

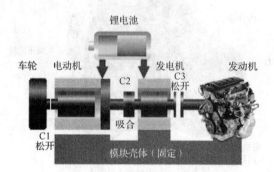

图 3-33　沃蓝达 EV 高速模式

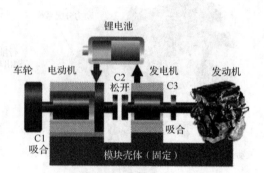

图 3-34　沃蓝达 EREV 混合低速模式

（4）EREV 混合高速模式。

处于 EREV 混合高速模式时，C2、C3 吸合，C1 松开，发动机运转，发动机为电池充电的同时与电动机共同驱动汽车。沃蓝达 EREV 混合高速模式如图 3-35 所示，此时发动机与发电机转子连接后推动齿圈转动同时发电，电动机推动太阳轮转动。齿圈和太阳轮同时转动，带动行星架转动，从而把动力传到车轮。发动机推动齿圈转动，降低了与太阳轮连接的另一电动机的转速，提高了其能源使用率。

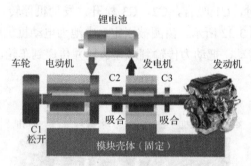

图 3-35　沃蓝达 EREV 混合高速模式

（5）能量回收模式。

处于能量回收模式时，C1 吸合，C2、C3 松开，发动机停转，电动机充当发电机回收来自车辆的动能。沃蓝达能量回收模式如图 3-36 所示，车轮带动行星架转动，由于齿圈固定，因此太阳轮随着行星架转动。此时，功率较大的电动机作为发电机对电池充电。

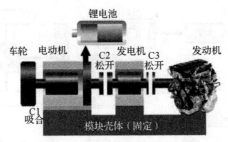

图 3-36 沃蓝达能量回收模式

3.2.3 串联式混合动力电动汽车的特点

串联式混合动力电动汽车具有以下优点。

（1）发动机独立于行驶工况，使发动机运转始终处于高效率区域，避免在低速和怠速区域造成能源浪费、排放差的情况，因此提高了发动机的经济性和排放性。

（2）串联式结构使混合动力系统只有单一的驱动路线，动力系统的控制策略较简单。

（3）动力电池具有储能作用，能够根据驱动功率的需求对电机进行功率的补充，发动机用作储能，因此可以选择功率较小的发动机。

（4）发电机与电机之间采用电气连接，发动机只与发电机采用机械连接，使传动系统及底盘的布置具有较大的空间和灵活性，有利于整车传动系统的布置。

（5）由于发动机与车轮在机械上的解耦，发动机运转速度对整车运行速度没有关联，因此发动机选型范围较大。

（6）当发动机关闭时，可实现纯电动模式的行驶，发动机可以延长汽车的续驶里程。

串联式混合动力电动汽车具有以下缺点。

（1）串联系统只能由电机驱动轮，在化学能转化为机械能、机械能转化为电能、电能再转化为机械能的过程中能量损失较大，能量利用率降低。

（2）动力电池就像一个调节水库，除要满足发电机的输出功率外，还要使充放电水平处于合理的区间内，避免充电过度和放电过度，这就需要容量较大的动力电池，将增加成本和质量。

（3）由于只有电机直接驱动，因此就需要较大功率的电机，这在增加了整车质量的同时也增加了成本。

3.3 并联式混合动力电动汽车

3.3.1 并联式混合动力电动汽车的组成

并联式混合动力电动汽车是指车辆行驶系统的驱动力由驱动电机及发动机同时或单独供给，其结构特点是并联式驱动系统可以单独使用发动机或驱动电机作为动力源，也可以同时使用驱动电机和发动机作为动力源驱动车辆行驶。并联式混合动力电动汽车如图 3-37所示。

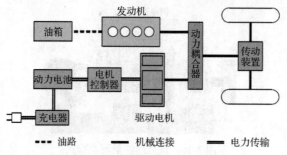

图 3-37　并联式混合动力电动汽车

　　并联式混合动力电动汽车有发动机和驱动电机两套驱动系统，它们可以分开工作，也可以协调工作，共同驱动。因此，并联式混合动力电动汽车可以在比较复杂的工况下使用，应用范围较广。并联式混合动力电动汽车由于电机的数量和种类、传动系统的类型、部件的数量和位置关系的差别，因此具有明显的多样性。

　　并联式混合动力电动汽车系统结构如图 3-38 所示，它主要由发动机、驱动电机、电机控制器、动力电池系统、车载充电机、动力耦合器等部件组成，有多种组合形式，可以根据使用要求进行设计。并联式混合动力系统采用发动机和驱动电机两套独立的驱动系统驱动轮。发动机和驱动电机通过动力耦合器和减速机构来驱动轮，可以采用发动机单独驱动、驱动电机单独驱动或发动机和驱动电机混合驱动 3 种工作模式。当发动机提供的功率大于车辆所需驱动功率或车辆制动时，电机工作于发电机状态，给动力电池充电。发动机和电机的功率可以互相叠加，发动机功率和电机功率为电动汽车所需最大驱动功率的 0.5～1 倍，因此可以采用小功率的发动机与电机，使得整个动力系统的装配尺寸、质量都较小，造价也更低，行程也可以比串联式混合动力电动汽车的长，其特点更加趋近于燃油汽车。并联式混合动力驱动系统通常被应用在小型混合动力电动汽车上。

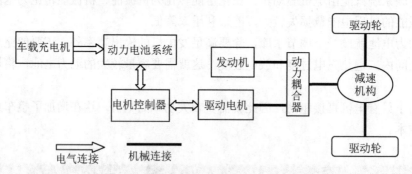

图 3-38　并联式混合动力电动汽车系统结构

　　发动机和驱动电机通过动力耦合器和减速机构同时与驱动桥直接相连接。驱动电机可以用来平衡发动机所受的载荷，使其能在高效率区域工作，因为通常发动机工作在满负荷（中等转速）下燃料经济性最好。当车辆在较小的路面载荷下工作时，内燃机车辆的发动机燃料经济性较差，而并联式混合动力电动汽车的发动机此时可以被关闭而只用驱动电机来驱动汽车，或者增加发动机的负荷使电机作为发电机，给动力电池充电以备后用（即一边驱动汽车，一边充电）。由于并联式混合动力电动汽车在稳定的高速下，发动机具有比较高的效率和相对较小的质量，因此它在高速公路上行驶具有较好的燃料经济性。

并联式混合驱动系统有两条能量传输路线，可以同时使用驱动电机和发动机作为动力源来驱动汽车。这种设计方式可以使其以纯电动汽车或低排放汽车的状态运行，但是此时不能提供全部的动力能源。

并联式混合动力电动汽车动力流程如图 3-39 所示。

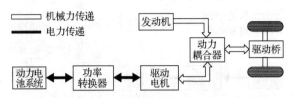

图 3-39　并联式混合动力电动汽车动力流程

3.3.2　并联式混合动力电动汽车的工作模式

并联式混合动力电动汽车的工作模式主要有纯电驱动模式、纯发动机驱动模式、混合驱动模式、行车充电模式、再生制动模式和停车充电模式，如图 3-40 所示。

1. 纯电驱动模式

当混合动力电动汽车处于起步、低速等轻载工况且蓄电池的电量充足时，若以发动机作为动力源，则发动机燃料经济性较低，并且排放性能较差，此时关闭发动机，由动力电池系统提供能量并以电机驱动车辆行驶。但当动力电池系统电量较低时，为保护动力电池系统，应该切换到行车充电模式。纯电驱动模式如图 3-40（a）所示。

2. 纯发动机驱动模式

当混合动力电动汽车高速平稳运行或行驶在城市郊区等对排放性能要求不高的地方时，可由发动机单独工作驱动车辆行驶。在这种工作模式下，发动机工作于高效区，燃料经济性较高，传动效率较高。纯发动机驱动模式如图 3-40（b）所示。

3. 混合驱动模式

当混合动力电动汽车急加速或爬坡时，发动机和驱动电机均处于工作状态，驱动电机作为辅助动力源协助发动机，提供车辆急加速或爬坡时所需的功率。在这种情况下，汽车的动力性能处于最佳状态。混合驱动模式如图 3-40（c）所示。

4. 行车充电模式

当混合动力电动汽车正常行驶时，若动力电池系统荷电状态未达到最高限值，则发动机除要提供驱动车辆所需的动力外，多余能量用于带动驱动电机给动力电池系统充电。行车充电模式如图 3-40（d）所示。

5. 再生制动模式

当混合动力电动汽车减速或者制动时，发动机不工作，利用驱动电机反拖作用不仅可以有效地辅助制动，还可以使驱动电机以发电机模式工作发电，然后给动力电池系统充电，将回收的制动能量存储在动力电池系统中，在必要时释放出驱动车辆行驶，使能量利用率提高，提高整车燃料经济性，降低排放。再生制动模式如图 3-40（e）所示。

6. 停车充电模式

在停车充电模式中，通常会关闭发动机和驱动电机。但当动力电池系统剩余电量不足时，可以启动发动机和驱动电机，控制发动机工作于高效区并拖动驱动电机为动力电池系统充电。停车充电模式如图 3-40（f）所示。

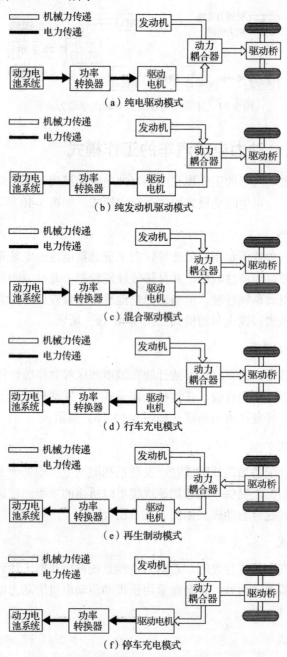

图 3-40　并联式混合动力电动汽车的工作模式

本田 IMA 是非常典型的并联式混合动力系统，它由 4 个主要部件即发动机、电机、CVT 及智能动力单元（IPU）组成，如图 3-41 所示。其中，电机取代了传统的飞轮用于保持曲轴的运转惯性。整套系统的结构非常紧凑，与传统汽车相比，其仅 IPU 模块占用了额外的空间。

图 3-41 本田 IMA 并联式混合动力系统

IMA 动力总成如图 3-42 所示，发动机通过搭载本田的气门正时可变（i-VTEC）、双火花塞顺序点火（i-DSI）及可变气缸管理（VCM）技术来达到降低油耗的目的。发动机峰值功率为 83kW，峰值转矩为 145N·m，实测油耗约为 5.4L/100km。IMA 中的发动机与传统车型中的发动机并没有太大区别，只是在调校上更偏向于节省燃料。

图 3-42 IMA 动力总成

IMA 的电机安装在发动机与变速器之间，由于电机较薄且结构紧凑，因此俗称"薄片电机"。薄片电机峰值功率为 10kW，峰值转矩为 78N·m。显然，这样的电机只能起到辅助的作用。由于 IMA 能够在特定情况下（如低速巡航）单独驱动汽车，因此其被应用到轻型混合动力汽车行列。

IMA 的变速器采用的是 7 速 CVT，以获得平顺的换挡体验及较高的换挡效率。

IMA 的 IPU 如图 3-43 所示，它由动力电控单元（PCU）和镍氢电池组组成。其中，PCU 又由电池监控模块（BCM）、电机控制模块（MCM）和电机驱动模块（MDM）组成。

IMA 的工作模式包括起步加速、急加速、低速巡航、轻加速和高速巡航、减速或制动。

（1）起步加速。

起步加速时，发动机以低速配气正时状态运转，同时电机提供辅助动力，以实现快速加速性能，并达到节油的目的。

图 3-43 IMA 的 IPU

（2）急加速。

急加速时，发动机以高速配气正时状态运转，此时电池给电机供电，电机与发动机共同驱动车辆，提高整车的加速性能。

（3）低速巡航。

低速巡航时，发动机停止工作，车辆以纯电动方式驱动车辆。

（4）轻加速和高速巡航。

轻加速和高速巡航时，发动机以低速配气正时状态运转，此时发动机工作效率较高，单独驱动车辆，电机不工作。

（5）减速或制动。

减速或制动时，发动机关闭，电机此时以发电机方式工作，将机械能最大限度地转化为电能，储存到动力电池中。车辆制动时，制动踏板传感器给 IPU 一个信号，计算机控制制动系统，使机械制动与电机能量回馈之间制动力协调，以得到最大程度的能量回馈。

3.3.3　并联式混合动力电动汽车的特点

并联式混合动力电动汽车具有以下优点。

（1）良好的燃料经济性。并联式结构布置两套动力传递路线，可根据实际工况选择不同的动力输出路线和动力组合，具有更强的选择性和适应性，可避免几乎所有能量在多次转换中浪费和损失，提高燃料经济性。

（2）良好的动力性。当高负荷运行时，发动机与电机动力耦合，同时对汽车进行驱动，具有良好的动力性。

（3）系统稳定性较高。并联式结构布置两套独立动力传递路线，当一条传递系统出现故障时，可以启用另外一条传递路线，保证汽车的正常运行。

（4）发动机与电机是两套相互独立的动力系统，都可以单独作为动力源驱动汽车，因此系统整体可靠性较高。

（5）电机功率较小。由于发动机可以单独驱动或与电机共同驱动汽车，因此可以选择功率较小的电机。

（6）电池容量较小。电机作为辅助动力，所需动力电池容量较小。

并联式混合动力电动汽车具有以下缺点。

（1）控制策略较复杂。并联插电式混合动力电动汽车具有两条驱动路线，即单独或耦合参与驱动，使该结构具有多种驱动模式，多种驱动模式之间的切换及两种动力的耦合控制策略较复杂。

（2）整车布置复杂。由于存在两套动力系统，并且发动机和驱动轴之间存在机械连接及两种动力的耦合，因此底盘的布置较复杂。

（3）排放性能相对较差。由于不同驱动模式之间的切换，发动机频繁出现点火启动、熄火的情况，发动机不能稳定在高效率区域工作，因此排放性能较差。

（4）纯电动续驶里程较短。

3.4　混联式混合动力电动汽车

3.4.1　混联式混合动力电动汽车的组成

混联式混合动力电动汽车是指具备串联式和并联式两种混合动力系统结构，其主要由发动机、电机1、电机2、行星齿轮机构、电机控制器、传动装置、动力电池和充电机等组成，如图 3-44 所示。该混合动力系统的特点是利用一个单排行星齿轮机构将发动机和两个电机的动力耦合在一起。单排行星齿轮机构可以实现无级变速器的功能，使整个动力系统效率提高，尤其是在城市驾驶循环工况下。

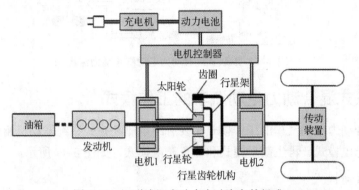

图 3-44　混联式混合动力电动汽车的组成

混联式驱动系统是串联式驱动系统与并联式驱动系统的综合，混联式混合动力电动汽车系统结构如图 3-45 所示，它主要由发动机、发电机、功率转换器、驱动电机、电机控制器、动力耦合器、动力电池系统、车载充电机等部件组成。发动机发出的功率一部分通过机械传动系统输送给驱动桥，另一部分则驱动发电机发电。发电机发出的电能输送给电机或动力电池，驱动电机产生的驱动力矩通过动力耦合器传送给驱动桥。混联式驱动系统的控制策略是：行驶时优先使用纯电动模式；在动力电池的 SOC 降到一定限值时，切换到混合动力模式行驶，在混合动力模式下，启动、低速行驶时使用串联式驱动系统的发电机发电，电机驱动汽车车轮行驶；加速、爬坡、高速行驶时使用并联式驱动系统，主要由发动机驱动汽车车轮行驶。发动机的多余能量可带动发电机发电给动力电池充电。

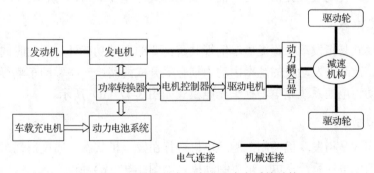

图 3-45　混联式混合动力电动汽车系统结构

混联式驱动系统充分发挥了串联式驱动系统和并联式驱动系统的优点，能够使发动机、发电机、驱动电机等部件进行更多的优化匹配，从而在结构上保证在更复杂的工况下使系统在最优状态工作，所以更容易实现排放性能和油耗的控制目标。因此，混联式驱动系统是最具影响力的混合动力电动汽车所使用的动力系统之一。

混联式混合动力电动汽车动力流程如图 3-46 所示。

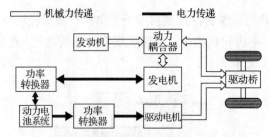

图 3-46 混联式混合动力电动汽车动力流程

3.4.2 混联式混合动力电动汽车的工作模式

混联式混合动力电动汽车的工作模式主要有纯电驱动模式、纯发动机驱动模式、混合驱动模式、行车充电模式、再生制动模式和停车充电模式，如图 3-47 所示。

1. 纯电驱动模式

纯电驱动模式是指车辆由动力电池系统通过功率转换器向驱动电机供电，驱动电机通过动力耦合器提供驱动功率。此时，发动机、发电机处于关闭状态。纯电驱动模式如图 3-47（a）所示。

2. 纯发动机驱动模式

纯发动机驱动模式是指仅由发动机向车辆提供驱动功率，动力电池系统既不从传动系统中获取能量也不提供电能。此时，驱动电机、发电机处于关闭状态。纯发动机驱动模式如图 3-47（b）所示。

3. 混合驱动模式

混合驱动模式是指车辆的驱动功率由动力电池系统和发动机共同提供，并通过动力耦合器合成后，向机械传动装置提供动力。混合驱动模式如图 3-47（c）所示。

4. 行车充电模式

行车充电模式是指发动机除提供车辆行驶所需要的驱动功率外，还同时向动力电池系统提供充电功率。此时，发动机的功率由动力耦合器分成两路：一路驱动车辆行驶；一路带动发电机发电给动力电池系统充电。行车充电模式如图 3-47（d）所示。

5. 再生制动模式

再生制动模式是指发动机关闭，驱动电机运行在发电机状态，通过消耗车辆本身的动能产生电功率向动力电池系统充电。再生制动模式如图 3-47（e）所示。

6. 停车充电模式

停车充电模式是指车辆停止行驶，发动机通过动力耦合器带动发电机发电，向动力电池系统提供电能进行充电。停车充电模式如图 3-47（f）所示。

丰田混合动力系统（THS）是典型的混联式混合动力系统，如图 3-48 所示。THS 主要部件有汽油发动机、电机、发电机、电池和功率控制单元等。

THS 动力总成如图 3-49 所示，其由发动机、MG1 发电机（下面简称 MG1）、MG2 电动机（下面简称 MG2）及行星齿轮机构组成，发动机采用效能较高的阿特金森循环发动机。

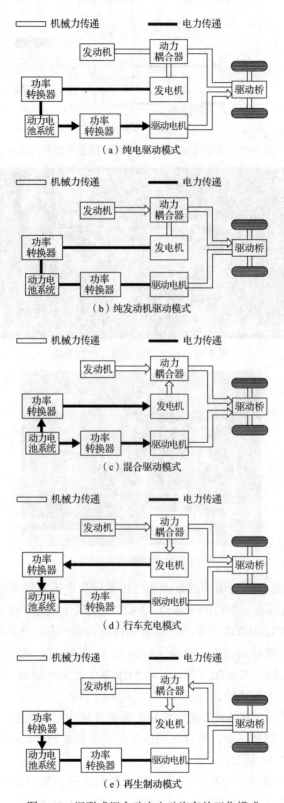

图 3-47　混联式混合动力电动汽车的工作模式

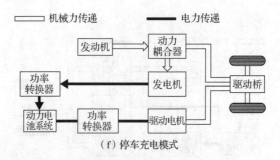

□ 机械力传递　■ 电力传递

（f）停车充电模式

图3-47　混联式混合动力电动汽车的工作模式（续）

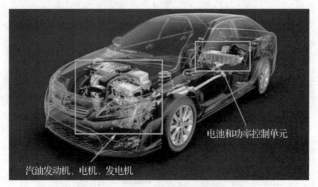

图3-48　THS混联式混合动力系统

图3-49　THS动力总成

　　THS 的关键也是最复杂的部件就是由两台永磁同步电机及行星齿轮组成的动力分配系统。THS 中带有 2 台电机——MG1 和 MG2。MG1 主要用于发电，必要时可驱动汽车；MG2 主要用于驱动汽车。MG1、MG2 及发动机输出轴被连接到一套行星齿轮机构的太阳轮、齿圈和行星架上。动力分配就是由功率控制单元控制 MG1 和 MG2，通过行星齿轮机械机构进行的。由于使用这种创新的动力分配方式，因此 THS 甚至连变速器也不需要，发动机输出经过固定减速机构减速后直接驱动轮。

　　发动机启动时，电流流进 MG2 通过电磁力固定行星齿轮的齿圈，MG1 作为启动机转动太阳轮，太阳轮带动行星架转动，与行星架连接的发动机曲轴转动，发动机启动。发动机启动时的动力分配如图 3-50 所示。

　　发动机怠速时，电流流进 MG2 固定行星齿轮的齿圈，发动机带动行星架转动，行星架带动太阳轮转动，与太阳轮连接的 MG1 发电，给电池充电。发动机怠速时的动力分配如图 3-51 所示。

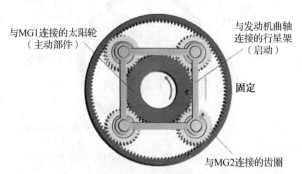

图 3-50 发动机启动时的动力分配

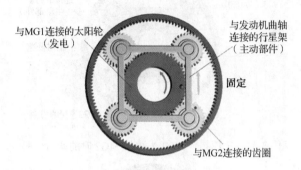

图 3-51 发动机怠速时的动力分配

车辆起步时，发动机停转，行星架被固定。MG2 驱动行星齿轮齿圈，推动车辆前进。此时，MG1 处于空转状态。车辆起步时的动力分配如图 3-52 所示。

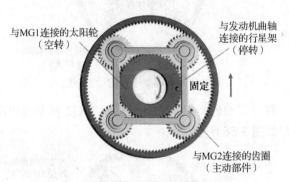

图 3-52 车辆起步时的动力分配

车辆起步时，若需要更多动力（驾驶员深踩油门或检测到负载过大），则 MG1 转动，启动发动机。车辆起步需要更多动力时的动力分配如图 3-53 所示。

车辆起步时，发动机驱动 MG1 发电，并供给推动 MG2 运转的电能。车辆起步 MG1 发电给 MG2 时的动力分配如图 3-54 所示。

车辆在轻负荷下加速时，发动机驱动 MG1 发电，并供给推动 MG2 运转的电能，MG2 提供附加的驱动力，用以补充发动机动力。在重负载下加速时，发动机驱动 MG1 发电，并供给推动 MG2 运转的电能，MG2 提供附加的驱动力，用以补充发动机动力，电池会根据加速程度给 MG2 提供电流。车辆加速时的动力分配如图 3-55 所示。

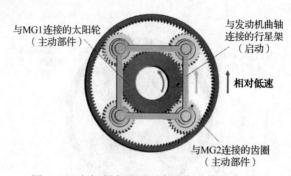

图 3-53　车辆起步需要更多动力时的动力分配

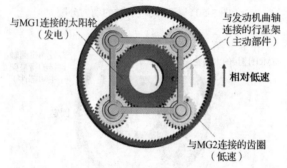

图 3-54　车辆起步 MG1 发电给 MG2 时的动力分配

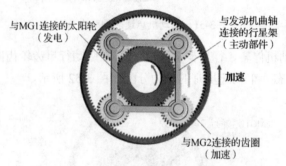

图 3-55　车辆加速时的动力分配

车辆降挡（D 挡）时，发动机停转，MG1 空转，MG2 被车轮驱动发电，给电池充电。车辆降挡时的动力分配如图 3-56 所示。

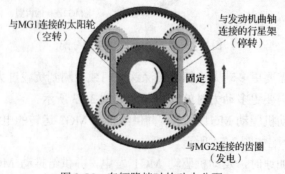

图 3-56　车辆降挡时的动力分配

车辆减速（B 挡）时，MG2 产生的电能供给 MG1，MG1 驱动发动机，此时发动机熄火空转，MG1 输出的动力成为发动机制动力。车辆减速时的动力分配如图 3-57 所示。

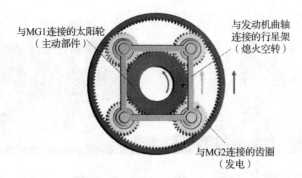

与MG1连接的太阳轮（主动部件）

与发动机曲轴连接的行星架（熄火空转）

与MG2连接的齿圈（发电）

图 3-57　车辆减速时的动力分配

车辆倒车时，只使用 MG2 作为倒车动力。车辆倒车时的动力分配如图 3-58 所示。

THS 的复杂度要比本田 IMA 系统的高出许多。虽然控制系统复杂，但其结构尚算紧凑，省去了庞大的变速器，减轻了车身质量，提高了车辆的燃料经济性。

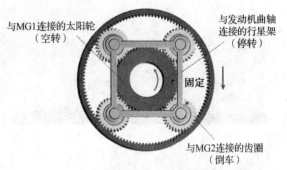

与MG1连接的太阳轮（空转）

与发动机曲轴连接的行星架（停转）

固定

与MG2连接的齿圈（倒车）

THS 在普锐斯、卡罗拉、凯美瑞、雷凌等混动车型上得到了广泛应用。

丰田普锐斯混合动力电动汽车行驶工况

图 3-58　车辆倒车时的动力分配

有启动、低中速行驶、一般行驶、一般行驶/剩余能量充电、全速行驶、减速/能量再生和停车，如图 3-59 所示。

（1）启动。

当汽车启动时，仅使用由蓄电池提供能量的电动机的动力启动，充分利用电动机启动时的低速大转矩优点，这时发动机并不运转。启动如图 3-59（a）所示。

（2）低中速行驶。

汽车在低速-中速行驶时，由混合动力系统使用蓄电池的能量，驱动电动汽车行驶。低中速行驶如图 3-59（b）所示。

（3）一般行驶。

一般行驶时，混合动力系统采用发动机和发电机给电动机提供能量，电机驱动行驶。一般行驶如图 3-59（c）所示。

（4）一般行驶/剩余能量充电。

混合动力系统在高速运转时采用发动机提供能量，而发动机有时会产生多余的能量，这时多余的能量由发电机转换成电力，储存在蓄电池中。一般行驶/剩余能量充电如图 3-59（d）所示。

（5）全速行驶。

汽车在需要强劲加速力（如爬陡坡或超车）时，发动机和蓄电池同时向电动机提供能量，增大电动机的驱动能力，提高电动汽车的动力性。全速行驶如图 3-59（e）所示。

（6）减速/能量再生。

当汽车制动减速时，混合动力系统使车轮的旋转力带动电动机运转，将其作为发电机使用，将制动能量回收到蓄电池中进行再利用。减速/能量再生如图 3-59（f）所示。

（7）停车。

停车时，发动机和蓄电池都不提供能量。停车如图 3-59（g）所示。

（a）启动

（b）低中速行驶

（c）一般行驶

（d）一般行驶/剩余能量充电

（e）全速行驶

图3-59　丰田普锐斯混合动力电动汽车的行驶工况

（f）减速/能量再生

（g）停车

图 3-59 丰田普锐斯混合动力电动汽车的行驶工况（续）

3.4.3 混联式混合动力电动汽车的特点

混联式混合动力电动汽车具有以下优点。

（1）低排放性。应对复杂的运行工况，混联式混合动力电动汽车具有多种驱动模式，能保证发动机在最佳工况区域工作，最大限度地降低有害气体的排放。

（2）低油耗性。在低速运行时，主要以串联模式运行，燃料经济性好。

（3）较强的动力性。在加速或高速运行时，动力系统主要以并联模式运行，发动机和电机同时提供驱动力，为汽车运行提供较强动力。

（4）较好的舒适性。启动以及中速以下行驶时，电机独立驱动车辆行驶，噪声减少，舒适性提高。

混联式混合动力电动汽车具有以下缺点。

（1）控制策略较复杂。混联插电式混合动力电动汽车有两套动力系统，它们可以分别单独驱动或耦合参与驱动，使该结构具有多种驱动模式，多种驱动模式之间的切换及两种动力耦合的控制较复杂。

（2）整车布置复杂。由于存在两套动力系统，并且发动机和驱动轴之间存在机械连接，且考虑两种动力的耦合，因此底盘的布置较复杂。

（3）技术难度大，成本高。

3.5 增程式电动汽车

3.5.1 增程式电动汽车的组成

增程式电动汽车是指一种在纯电动模式下可以达到其所有的动力性能，而当车载可充电储能系统无法满足续驶里程要求时，打开车载辅助供电装置为动力系统提供电能，且该车载辅助供电装置与驱动系统没有传动轴（传动带）等传动连接装置，以延长续驶里程的电动汽车。

增程式电动汽车介于混合动力电动汽车与纯电动汽车之间，兼有纯电动汽车和混合动力电动汽车的特点。增程式电动汽车是一种特殊的混合动力电动汽车。

增程式电动汽车中存在 3 种能量源：一是动力电池，为增程式电动汽车主要能量源，负责纯电动行驶中的能量供给；二是增程器，为增程式电动汽车的备用能量源，负责动力电池以及驱动电机的能量补给；三是驱动电机，为增程式电动汽车的回收能量源，是指在制动能量回馈过程中驱动电机回馈的能量。

增程式电动汽车动力传动系统的组成如图 3-60 所示，其主要由驱动电机系统、电源系统、增程器和整车控制器等组成。与纯电动汽车相比，其增加了增程器。

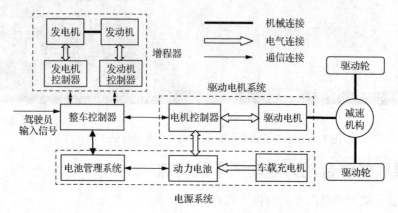

图 3-60　增程式电动汽车动力传动系统的组成

1. 驱动电机系统

驱动电机系统与纯电动汽车的类似，也是由驱动电机及电机控制器组成。区别在于驱动电机能量来源除动力电池外，还有增程器。发动机与驱动电机之间没有机械连接，通过发电机发电将发动机发出的机械能转化为电能，然后电机控制器根据车辆工况的需求将电能分配给驱动电机，如果有多余的电能，则将储存到动力电池中。

增程式电动汽车驱动电机应该具备较高的功率密度，而且在较宽的转速和转矩范围内具备较好的效率特性。同时，电机控制器能实现双向控制，以实现制动能量回收。

增程式电动汽车驱动电机参数匹配方法与纯电动汽车的一样，根据整车动力性匹配驱动电机的峰值功率。在满足动力性的前提下，为提高驱动电机工作效率并减轻质量，尽量选择较小的峰值功率及高转速的电机。

2. 电源系统

电源系统与纯电动汽车的类似，也是由动力电池、电池管理系统、车载充电机等组成的。区别在于动力电池需兼顾纯电动和混合动力两种模式，具体要求如下：在深度放电的情况下，依然有较长的循环寿命；在较低的 SOC 下，可输出大功率的电能，使增程式电动汽车在低 SOC 下加速性能仍然良好；在高的 SOC 下，可以接受大电流充电，以保证制动能量回收的效率不受 SOC 的影响；在保持高 SOC 下，可延长其使用寿命；能量密度及比能量高，以减小电池组的体积和质量；安全性好。

动力电池是整车驱动的主要能量源和能量储存装置,应具有良好的充放电性能,用以保证车辆的动力性和再生制动回收的能力;其容量应能够满足增程式电动汽车性能要求的纯电动续驶里程;其电压等级要与电力系统电压等级和变化范围一致;其充放电功率应能够满足整车驱动和电器负载的功率要求。

增程式电动汽车纯电动模式的续驶里程较短,动力电池容量要求比纯电动汽车的低。

3. 增程器

发动机、发电机及二者的控制器共同组成了增程器(APU)。增程器是增程式电动汽车动力传动系统的关键组件,发动机/发电机系统与驱动轮在机械上是分离的,发动机的转速和转矩与速度跟牵引转矩的需求无关,因此可控制发动机运行在其"转速-转矩"平面上的任意点。通常应控制发动机使其运行在最佳工况区域,此时发动机的油耗和排放降到最低程度。由于发动机和驱动轮没有机械连接,因此最佳的发动机运行状态是可以实现的,且与驱动电机系统的运行模式和控制策略密切相关。

增程器只提供电能,电能用来驱动电机或为动力电池充电,增加电动汽车的续驶里程,发动机与驱动电机之间的动力传动路线没有机械连接,可以将电能用于驱动车辆,不经过动力电池的充放电过程,降低了从增程器到动力电池的能量传递损失。

增程器根据电能来源的不同可分为发动机/发电机组、燃料电池和超级电容等,其中发动机/发电机组的增程器是目前应用最多和技术最成熟的增程器之一。增程器用发动机的选型目前主要有往复式发动机和转子式发动机。往复式发动机属于传统发动机,是最为常见的一种发动机。转子式发动机一般燃烧效率较低,但其特殊的结构使其具有旋转顺畅、利于小型化的优点,符合增程器的设计要求,且增程器上的转子式发动机是在一定条件下启动的,因此并不比往复式发动机逊色。

增程器中发动机与发电机连接方式主要有两种:弹性联轴器结构连接和直接刚性连接件连接。前者轴线尺寸较大,对定位安装工艺要求高;后者发电机惯量及动态加载会给轴系带来冲击,存在动力过载损坏轴系的危险。

增程器要稳定、可靠,可以立刻启动并进入正常工作状态。为实现高效率和低排放的要求,系统应处在最优工作点工作,因此控制器非常关键,通过控制策略和优化措施,在保证整车动力性前提下提高经济性和效率。

4. 整车控制器

整车控制器通过 CAN 与发动机控制器、发电机控制器、驱动电机控制器及电池管理系统进行信息交互,实现增程的控制。增程器、驱动电机、动力电池三者之间通过整车控制器进行电能交互,实现能量的最优分配。同时,动力电池通过车载充电机充电,保证汽车在纯电动模式下的行驶。

广汽传祺 GA5 增程式电动汽车如图 3-61 所示,它搭载了永磁同步电机,可输出的峰值功率为 94kW,峰值转矩为 225N·m。纯电动模式下续驶里程为 80km。当电池容量不足时,配备的 1.0L 发动机将会通过发电机给电池供电,发动机

图 3-61 广汽传祺 GA5 增程式电动汽车

是不参与动力驱动的。新车最大续驶里程超过 600km。

3.5.2　增程式电动汽车的工作模式

增程式电动汽车的动力传动系统在组成上与串联插电式混合动力汽车的动力系统相似。特殊之处在于增程式电动汽车的能量传递路线体现出两种动力系统，但是只有一种驱动方式，即电机驱动，不需要非常复杂的电能与化学能的耦合。在结构上，增程式电动汽车是在纯电动汽车的基础上开发的电动汽车，增程器的布置对原有车辆的动力系统结构影响较小。之所以称之为增程式电动汽车，是因为车辆追加了增程器，而为车辆追加增程器的目的是增加纯电动汽车的续驶里程，使其能够尽量避免频繁地停车充电。

增程式电动汽车有 5 种工作模式，即纯电动模式、增程器单独驱动模式、混合驱动模式、制动模式和停车充电模式。

1.　纯电动模式

当动力电池能量充足时，使用纯电动模式。纯电动模式的能量传递路线如图 3-62 所示，增程器处于关闭状态时，动力电池是唯一的动力源，相当于一辆纯电动汽车。不同之处是，增程式纯电动续驶里程可以设置得相对较小，不必装备大量的动力电池，既降低了成本，又减轻了整车质量。动力电池的能量应能够满足车辆起步、加速、爬坡、怠速，以及驱动汽车空调等附件的需求。

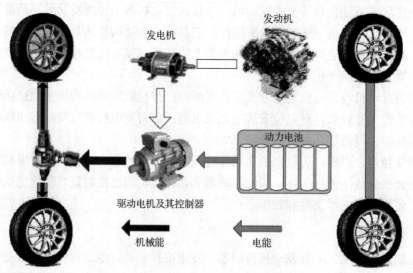

图 3-62　纯电动模式的能量传递路线

2.　增程器单独驱动模式

当动力电池能量不足时，使用增程模式。增程器单独驱动模式的能量传递路线如图 3-63 所示。在动力电池 SOC 值降至设定的阈值 SOC_{min} 时，增程器启动，发动机根据制定的控制策略运行在最佳的状况，使发电机发电，一部分用于驱动车辆行驶，多余的电能为动力电池充电。

当动力电池电量恢复至充足时，发动机又停止工作，继续由动力电池驱动电机，满足整车功率需求。

1

11111111111111111111
1项目 3　认识混合动力电动汽车

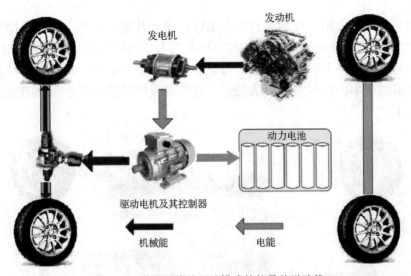

图 3-63　增程器单独驱动模式的能量传递路线

3. 混合驱动模式

当路面需求功率较大，动力电池供能不足时，增程器开启，发动机-发电机组联合动力电池一起工作，提供整车行驶需要的动力。混合驱动模式的能量传递路线如图 3-64 所示。

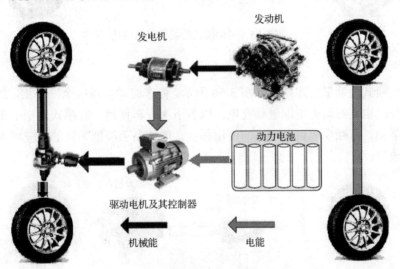

图 3-64　混合驱动模式的能量传递路线

增程器单独驱动模式和混合驱动模式都属于增程模式。增程模式的发动机可以有多种工作方式，根据控制策略的不同，可以选择发动机恒功率模式、功率跟随模式、恒功率与功率跟随结合模式。此外，还有智能控制策略和优化算法控制策略等复杂控制策略模式。当车辆停止时，可以利用市电为动力电池充电。

4. 制动模式

当车辆在运行过程中发生减速、制动请求时，驾驶员需要踩下制动踏板。当满足一定的条件时，整车即进入制动模式；当制动强度较低、制动较为缓和、制动请求功率较小时，采用电机单独制动；当发生急减速或紧急制动时，一旦车辆的制动负载功率超出

11
1| 165 |

电机再生制动功率的上限，则为保护蓄电池组、限制其输入功率，此时摩擦制动器参与工作，与电机再生制动协同满足车辆的制动功率需求。制动模式的能量传递路线如图3-65所示。再生制动可以将车辆的动能转化为电能储存在动力电池中，以供车辆驱动使用，提高整车能量利用率。在再生制动情况下，电机以发电状态工作，回收的制动能量储存在动力电池中。

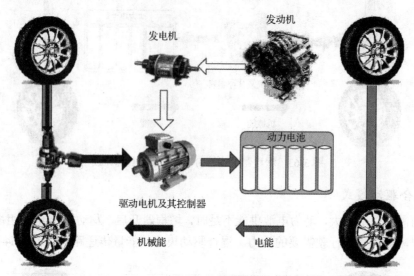

图 3-65　制动模式的能量传递路线

5. 停车充电模式

停车充电模式的能量传递路线如图3-66所示。停车时动力系统全部停止，此时通过车载充电机连接外接电网对动力电池进行充电，以备下次行车使用。此模式是保证车辆大部分纯电动行驶的基础，可减少燃料发动机的使用频次，能够显著降低车辆的行驶成本及减少车辆的污染物排放量。

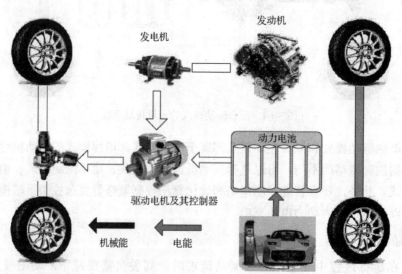

图 3-66　停车充电模式的能量传递路线

3.5.3　增程式电动汽车的特点

增程式电动汽车与纯电动汽车相比，可以随时在加油站加油，使续驶里程得到很大的提高。在相同的续驶里程条件下，增程式电动汽车动力电池的容量只需要纯电动汽车的 30%～40%，无须配备大容量的动力电池，制造成本大幅降低。当动力电池 SOC 值降低到阈值时，转为增程模式运行，避免了动力电池的过放电，寿命可以得到延长。

增程式电动汽车与常规混合动力电动汽车相比，由于混合动力电动汽车采用了复杂的机械动力混合结构，发动机和电机复合驱动，电池能量很小，因此只起到辅助驱动和制动能量回收的作用。增程式电动汽车采取电池扩容的方式解决了电池驱动的续驶能力问题。增程式电动汽车能外接充电，尽可能利用晚间低谷电力充电，进一步提高了能源利用率。

与插电式混合动力电动汽车相比，增程式电动汽车在电能充足条件下行驶时发动机不参与工作。因此，增程式电动汽车并不需要像插电式混合动力电动汽车那样对其工作模式进行特定的说明。增程式电动汽车所使用的动力电池、驱动电机及动力系统的用电功率都必须从满足整车性能的要求方面加以设计，车辆所搭载的动力电池及其容量也必须从能够满足纯电动汽车整车性能需要的角度加以考虑。在动力电池电能充足的情况下，增程式电动汽车必须在所有的工作模式下维持纯电动模式。在增程器设计方面，增程式电动汽车允许将发动机的功率显著降低，发动机所提供的动力不需要达到车辆动力性能所需的峰值功率，仅满足车辆行驶所需的持续动力需求即可。

增程式电动汽车能够有效提高燃料利用率，主要是因为：由于发动机不是直接与机械系统相连，发动机的工作状态相对独立，因此可将发动机设定于最佳效率点工作；在电量保持模式下，主要由发动机驱动整车行驶，当需求功率较小时，发动机关闭，由动力电池驱动整车行驶，而当需求功率较大时，动力电池提供发动机功率不足的部分，这样可避免发动机的工作点波动，保证发动机工作于最佳效率点；当车辆制动时，动力电池能有效回收制动能量。

综上所述，增程式电动汽车是一种可增加续驶里程的纯电动汽车，兼有混合动力电动汽车和纯电动汽车的特征，是现阶段解决新能源汽车技术问题最切实可行的方案之一。增程式电动汽车具有以下特点。

（1）在纯电动模式下，发动机不启动，由动力电池驱动整车行驶，这样可减少整车对石油的依赖。

（2）在动力电池电能不足时，为保证车辆性能和动力电池的安全性，进入电量保持模式，由动力电池和发动机联合驱动整车行驶。

（3）整车纯电动续驶里程满足大部分人员每天续驶里程的要求，动力电池可利用晚间低谷电力充电，缓解供电压力。

（4）整车大部分情况下在电量消耗模式下行驶，能达到零排放和低噪声的效果。

（5）发动机与机械系统不直接相连，发动机可工作于最佳效率点，大大提高整车燃料效率。

3.6　混合动力电动汽车动力耦合类型

混合动力电动汽车是内燃机与电机两种动力混合驱动的车辆，这种混合是通过动力耦合器的耦合作用实现的。动力耦合器的形式不仅能决定混合动力电动汽车具备的工作模式，也是功率分配策略制订的依据，并最终对整车的动力性、经济性和排放性产生重要影响。

动力耦合方式主要有转矩耦合方式、转速耦合方式、功率耦合方式和牵引力耦合方式等。

1. 转矩耦合方式

转矩耦合式动力系统是指两个（或多个）动力源的输出动力在耦合过程中，两个（或多个）动力源的输出转矩相互独立，而输出转速必须互成比例，最终的合成转矩是两个（或多个）动力源输出转矩的耦合叠加。

转矩耦合方式可以通过齿轮耦合、磁场耦合、链或带耦合等多种方式实现。

（1）齿轮耦合方式。

齿轮耦合方式通过啮合齿轮（组）将多个输入动力合成在一起输出。这种耦合方式结构简单，可以实现单输入、多输入等多种驱动形式，耦合效率较高，控制相对简单，但由于齿轮是刚性啮合的，因此在动力切换、耦合过程中易产生冲击。

齿轮耦合式混合动力电动汽车的系统结构如图 3-67 所示。

合成输出转矩为

$$T_3 = \eta_0 \left(T_1 + i_k T_2 \right) \quad (3-1)$$

式中，T_1 为发动机输出转矩；T_2 为电机输出转矩；T_3 为发动机和电机的合成输出转矩；η_0 为耦合效率；i_k 为从电机到发动机的传动比。

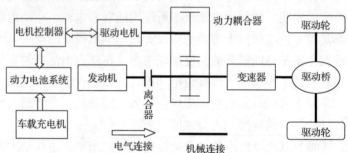

图 3-67　齿轮耦合式混合动力电动汽车的系统结构

合成输出转速为

$$n_3 = n_1 = n_2 / i_k \quad (3-2)$$

式中，n_1 为发动机输出转速；n_2 为电机输出转速；n_3 为发动机和电机的合成输出转速。

（2）磁场耦合方式。

磁场耦合方式是将电机的转子与发动机输出轴做成一体，通过磁场作用力将电机输出动力和发动机输出动力耦合在一起。这种耦合方式效率高、结构紧凑、耦合冲击小、能量回馈方便，但混合度低，电机一般只能起辅助驱动的作用。由于电机转子具有一定的惯性，因此多用于轻度混合动力电动汽车上，是目前采用得较多的动力耦合方式，如本田 Insight 混合动力电动汽车采用的就是磁场耦合方式。

磁场耦合式混合动力电动汽车的系统结构如图 3-68 所示。

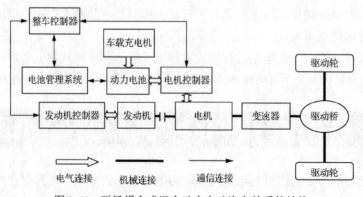

图 3-68　磁场耦合式混合动力电动汽车的系统结构

合成输出转矩为

$$T_3 = T_1 = T_2 \tag{3-3}$$

合成输出转速为

$$n_3 = n_1 = n_2 \tag{3-4}$$

（3）链或带耦合方式。

链或带耦合方式是把齿轮改为链条或皮带，通过链条或皮带将两个（或多个）动力源输出动力进行合成。这种耦合方式结构简单、冲击小，但耦合效率低。

转矩耦合方式的特点是发动机的转矩可控，而发动机转速不可控。通过控制电机转矩的大小来调节发动机转矩，使发动机工作在最佳油耗曲线附近。转矩耦合方式结构简单、传动效率高，而且无须专门设计耦合机构，便于在原车基础上改装。

2. 转速耦合方式

转速耦合式动力系统是指两个（或多个）动力源的输出动力在耦合过程中，两个（或多个）动力源的输出转速相互独立，而输出转矩必须互成比例，最终的合成转速是两个（或多个）动力源输出转速的耦合叠加，合成转矩则不是两个（或多个）动力源输出转矩的叠加。

合成输出转速为

$$n_3 = pn_1 + qn_2 \tag{3-5}$$

式中，n_1 为动力源 1 输出转速；n_2 为动力源 2 输出转速；n_3 为动力源 1 和动力源的合成输出转速；p、q 由耦合器的结构决定。

转速耦合方式可以通过行星齿轮、差速器等耦合方式实现。

（1）行星齿轮耦合方式。

行星齿轮耦合方式是一种普遍采用的动力耦合方式，通常发动机输出轴与太阳轮连接，电机与齿圈连接，行星架作为输出端。这种耦合方式结构简单、传动效率高、混合度高，并且可以实现多种形式驱动，动力切换过程中冲击力小，但整车驱动控制难度较大。图 3-69 所示为行星齿轮耦合方式。

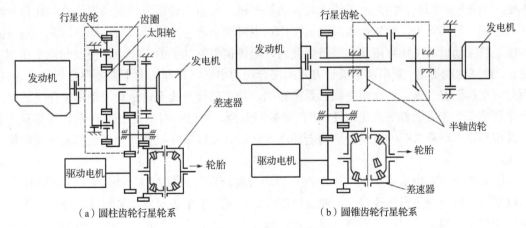

（a）圆柱齿轮行星轮系　　　　　（b）圆锥齿轮行星轮系

图 3-69　行星齿轮耦合方式

（2）差速器耦合方式。

差速器耦合方式是行星齿轮耦合的一种特殊情况，其耦合方式与行星齿轮耦合方式基本类似，只是二者对发动机和电机的动力性能要求不同，从而导致动力混合程度不同。差速器耦合要求发动机与电机动力参数相当，动力混合程度较高。

图 3-70 所示为差速器耦合方式。

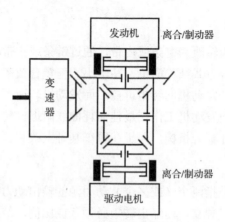

图 3-70　差速器耦合方式

转速耦合方式的特点是发动机的转矩不可控，发动机的转速可以通过对电机的转速进行调整而得到控制。在行驶过程中采用转速耦合方式的混合动力电动汽车可以通过调整电机转速来调节发动机转速，使发动机在最佳油耗曲线附近工作。即使在发动机的工作点不变的情况下，连续调整电动汽车电机转速也可以使车速连续变化。因此，采用转速耦合方式的混合动力电动汽车无须无级变速器便可以实现整车的无级变速。

3. 功率耦合方式

功率耦合方式的输出转矩与转速分别是发动机与电机转矩和转速的线性和，因此发动机的转矩和转速都可控。

在采用功率耦合方式的混合动力电动汽车中，发动机的转矩和转速都可以自由控制，而不受汽车工况的影响。因此，理论上可以调整电机的转速和转矩，使发动机始终处在最佳油耗点工作。但实际上，频繁调整发动机工作点也可能会使经济性能有所下降。因此，通常的做法是将发动机的工作点限定在经济区域内，缓慢调整发动机的工作点，使发动机工作相对稳定，经济性能提高。采用功率耦合方式的混合动力电动汽车理论上不需要离合器和变速器，而且可实现无级变速。与前两种耦合系统相比，功率耦合方式无论是对发动机工作点的优化还是在整车变速方面都更具优越性。丰田普锐斯混合动力电动汽车采用的单/双行星排混合动力系统和雷克萨斯 RX 400h 混合动力电动汽车采用的双行星排混合动力系统都采用功率耦合方式。

雷克萨斯 RX 400h 混合动力电动汽车的动力耦合系统如图 3-71 所示。发动机和 M1 电机通过前排行星齿轮进行转速耦合，通过速度合成实现 M1 电机对发动机转速的调节，使发动机转速与车速独立，实现动力耦合器功能，转速合成之后的动力再与 M2 电机的动力形成转矩耦合。功率耦合方式汇集了转矩耦合方式和转速耦合方式的优点，能实现多种工作模式，可以充分发挥混合动力电动汽车节能减排的优势。虽然结构复杂、控制困难，但随着制造技术和控制技术的发展，这种耦合方式已经成为混合动力电动汽车的发展趋势。

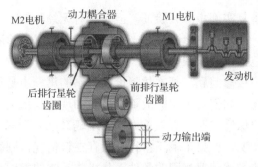

图 3-71　雷克萨斯 RX 400h 混合动力电动汽车的动力耦合系统

4. 牵引力耦合方式

牵引力耦合方式是指发动机驱动前轮（或后轮），电机驱动后轮（或前轮），通过前后车轮驱动力将多个动力源输出动力耦合在一起。这种耦合方式结构简单、改装方便，可实现单、双模式驱动及制动再生等多种驱动方式，但整车的驱动控制更复杂，适用于四轮驱动。

各种动力耦合方式的比较见表 3-2。

表 3-2　各种动力耦合方式的比较

耦合方式		混合度	平顺性	复杂性	效率	控制	能量回收	成本
转矩耦合方式	齿轮耦合方式	中	差	低	高	容易	中	低
	磁场耦合方式	中	好	中	高	中	容易	中
	链或带耦合方式	低	中	低	低	容易	中	低
转速耦合方式	行星齿轮耦合方式	中	中	低	高	中	难	低
	差速器耦合方式	高	中	低	高	中	难	低
功率耦合方式		高	好	高	中	较难	容易	高
牵引力耦合方式		高	好	中	高	难	中	中

3.7　混合动力电动汽车故障诊断策略与方法

混合动力电动汽车的故障诊断与燃油汽车和纯电动汽车的故障诊断既有相似之处，也有不同之处。随着汽车智能化和网联化的快速发展，汽车的故障诊断也将发生变化，未来汽车的故障可能更多地出现在软件上。

1. 混合动力电动汽车故障诊断策略

汽车故障诊断是指当汽车存在故障隐患、技术状况变差，或是已经部分或完全丧失工作能力时，在不解体（或仅卸下个别小件）的条件下，为确定汽车技术状况或查明故障部位和原因而进行的检测、分析与判断。

当混合动力电动汽车发生故障时，基本故障诊断策略可以提供一个基础的诊断思路，在实际维修诊断过程中不一定需要严格遵循这样的诊断思路，因为混合动力电动汽车在具体维修诊断过程中，有些步骤凭借维修人员的经验和以往维修的经历可以直接给出正确的诊断结果，没有必要浪费时间重复实施步骤去验证。但是，对无经验的初学人员来说，基本故障诊断策略可以帮助其建立一个正确的诊断思路，为以后进一步提升诊断能力打下基础。

基本故障诊断策略包括以下步骤。

（1）理解并确认客户报修问题。基本故障诊断策略的第一步是尽可能多地了解客户对车辆使用情况和故障的描述，如何时出现的故障、故障的现象是什么、故障对车辆的正常行驶有什么影响。为确认客户保修问题，必须首先熟悉车辆系统的正常工作情况。

（2）确认车辆行驶状况。如果车辆正常行驶时存在该情况，则客户描述的故障情况可能属于正常现象。在与客户描述情况相同的条件下与操作正常的类似车辆进行比较，如果其他车辆存在类似情况，那么这可能是车辆的设计问题，不属于故障。

（3）对车辆进行预检，包括：对车辆进行外观全面检查；检测是否有异常的响声或异味；采集故障码信息，以便进行有效的诊断和修理。汽车故障码是汽车出现故障后经汽车电脑 ECU 分析并反映出的故障码，故障码多为传感器故障引起的，但一些机械故障 ECU 是读不出来的。

（4）执行系统化的车辆诊断与检查。通过预检获取的信息，针对故障区域进行系统化的诊断和确认，确认系统工作是否正常，并确定执行何种诊断类别。

（5）查询或检索相关的案例信息。查阅已有案例信息，确定是否之前已有这样的故障维修案例，这样可以最大限度地缩短后期诊断与维修的时间。

（6）诊断故障类型。

① 如果有故障码，则根据故障码查出准确的故障信息，进行精准的维修。

② 如果没有故障码，则选择合适的故障诊断程序，按照故障诊断思路和步骤进行诊断和维修。

③ 针对未公布的诊断程序，分析具体问题，制订诊断方案。从维修手册中查看故障系统的电源、搭铁、输入和输出电路，确定接头和其他多条电路相连接的部位是否松动。查看部件的位置，确认部件、连接器或线束是否暴露在极端温度或湿度环境中，以及是否会接触到其他具有腐蚀性的蓄电池酸液、机油或其他油液。

④ 间歇性故障是一种不连续出现、很难重现且只在条件符合时才发生的故障。一般情况下，间歇性故障是由电气连接器和线束故障、部件故障、电磁/无线电频率干扰、行驶状况等导致的。结合专业知识和可用的维修信息，判断客户描述的故障和状况，使用带数据捕获（数据流读取）功能的故障诊断仪、数字万用表等，有利于定位和维修间歇性故障。汽车数据流是指 ECU 与传感器和执行器交流的数据参数通过诊断接口，由专用故障诊断仪读取的数据，且随时间和工况而变化。

（7）找到故障根本原因，再维修并检验修复情况，确认故障码或故障已排除。

（8）重新检查客户报修问题。如果未能找到问题所在，必要时应重新检查，重新确认客户报修问题。

2. 混合动力电动汽车故障诊断方法

（1）故障诊断前注意事项。对混合动力电动汽车进行故障诊断前必须查询混合动力电动汽车维修手册，并依据手册依规依序进行操作。

① 查清混合动力电动汽车高压系统包含的所有部件，包括动力电池系统、驱动电机系

统、电源变换器、空调压缩机、电子控制系统及高压线束等。为保证安全，对所有高压线束均采取密封或隔离措施，高压线束采用橙色加以区分，在维修手册上清楚标注出所有橙色线束为高压线束。

② 维修时注意 READY 指示灯。READY 指示灯点亮，发动机可能在运转中，以此判断车辆此时是处于工作状态还是停机状态（注意，READY 指示灯熄灭后电源仍会持续供电 5min）。在对车辆进行维修工作之前，要确保 READY 指示灯是熄灭的，应关闭点火开关并把车钥匙取下来。

③ 维修人员在维护检修时应按规定着装，禁止佩戴首饰、手表、戒指、钥匙等。维护检修需要准备吸水毛巾或布、干粉灭火器、绝缘胶布、万用表，必须选择适用于电工作业的绝缘耐酸碱橡胶手套、绝缘鞋、护目镜等，防止电解液溢出等造成意外伤害。

（2）故障诊断前操作准备。对混合动力电动汽车进行故障诊断、维修、损坏车辆处理、事故恢复或急救工作时，必须首先禁用高压系统，具体方法如下。

① 挡位开关置于 P 挡位置，驻车制动，拔下钥匙。

② 断开辅助蓄电池负极端子。

③ 戴上绝缘手套拆下手动维修开关，将手动维修开关用绝缘胶布贴封起来，隔离外露区域与高压系统的接线端或连接器。

④ 断开手动维修开关后，在开始检查前等待 5min，使用万用表检测需要维修的高压系统输入和输出线路的每一个相位电压，读数必须小于规定值，一般小于 3V。

更多详细的操作步骤和注意事项需要参考该车维修手册高压系统对应的内容。

（3）故障诊断与维修基本步骤。

① 初步判断故障前行驶状况、故障时车辆状况，并对相关信息进行分析。混合动力电动汽车在故障状态下会进入失效保护模式，虽然不同企业设置的失效保护模式不一定相同，但主要的动力驱动系统模式却很相似。

② 采用车辆故障诊断仪诊断汽车故障时，检查并记录系统中所有的故障码，确认高压系统存在的故障码，并将故障码优先排序。目前在大多数故障诊断仪的故障码读取系统界面中，故障码后显示故障码出现的优先顺序，提示诊断维修人员排查故障的正确顺序。

③ 检查并记录每一个系统，并检查历史记录数据。历史记录数据可以用作故障再现试验，因为它知道在故障被检测到时行驶和操作的状态。

④ 在分析故障码时，需要区分与故障不关联的故障码。

⑤ 主动测试功能应用。主动测试主要用于对混合动力电动汽车进行故障检查，并使车辆保持特定的运行状态。

维修人员按照故障码优先顺序检查故障，在故障排除后清除故障码，并检查故障是否会重现，以确定故障可靠排除。

（4）诊断与维修后检验。故障排除后，部分故障码需要将点火开关先置于 OFF 位置，再置于 ON 位置，才可使用故障诊断仪清除故障码。

故障诊断与修理后，按以下步骤进行检验。

① 将点火开关置于 OFF 位置。

② 安装所有诊断时拆下或者更换的部件或连接器。

③ 在拆下或更换部件或模块时，可能还需重新进行程序的设定。

④ 将点火开关置于 ON 位置。

⑤ 清除故障码。

⑥ 将点火开关置于 OFF 位置持续 60s。

⑦ 如果维修与故障码有关，则再现运行故障码的条件并使用"冻结故障状态"功能，以便确认不再设置故障码。

【扩展阅读】

比亚迪秦混合动力电动汽车

比亚迪秦混合动力电动汽车如图 3-72 所示。电机控制器与发动机、电机一起安装在发动机舱中，能量与电池管理器、电池组安装在车辆后方。

图 3-72　比亚迪秦混合动力电动汽车

比亚迪秦的发动机采用的是 1.5LTI 缸内直喷+涡轮增压发动机，峰值功率为 113kW，峰值转矩为 240N·m。比亚迪秦采用的变速器是 6 速 DCT 干式双离合自动变速器。比亚迪秦采用永磁同步电机，最高转速为 12 000r/min，峰值功率 110kW，峰值转矩为 250N·m。在纯电动模式下，它可以驱动车辆行驶 50km，最高车速可达 150km/h，它同时作为一台发电机，在车辆减速和制动时回收能量来给电池组充电。比亚迪秦采用三元锂电池。比亚迪秦混合动力系统具有纯电动工作模式、HEV 稳速发电工作模式、HEV 混合动力工作模式、HEV 燃油驱动工作模式、能量回收工作模式。

思考讨论

1. 分析比亚迪秦在各种工作模式下系统是如何工作的。

2. 混合动力电动汽车和纯电动汽车的动力电池有什么区别？

【项目实训】

对混合动力电动汽车的认知

通过"对混合动力电动汽车的认知"项目实训，填写项目实训工单，增强学生对混合动力电动汽车的认知。

项目实训工单

实训参考题目	对混合动力电动汽车的认知		
实训实际题目	由指导教师根据实际条件和分组情况，给出具体实训题目，包括实训车型、具体实训项目、实训内容等。实训项目可以涉及混合动力电动汽车的分类与构型、串联式混合动力电动汽车、并联式混合动力电动汽车、混联式混合动力电动汽车、增程式电动汽车、动力耦合类型等。根据分组情况可以分配不同的实训内容		
学生姓名	班级		学号	
组长姓名	同组同学			
实训地点	学时		日期	
实训目标	（1）能够根据实训实际题目和要求，独立完成实训前的各种准备； （2）能够识别实训用的混合动力电动汽车的主要部件； （3）能够根据实训规范，结合车辆手册，制定项目实训方案； （4）能够从网上查找混合动力电动汽车的资料； （5）能够结合车辆手册和所学知识，对实训混合动力电动汽车进行分析、讲解		

一、接受实训任务

小张同学在某汽车 4S 店实习，即将实习结束，要进行综合考核，综合考核分为实训考核和理论考核两部分，其中实训考核部分的内容占 70%，理论考核部分的内容占 30%。实训考核是小张同学模仿销售人员，完成实训任务。

某汽车 4S 店接受了一位顾客的预约，顾客反映，目前欲购买一辆混合动力电动汽车，希望销售人员对混合动力电动汽车给予详细的讲解。汽车 4S 店委派实习生小张等同学负责接待顾客，需提前做好准备，并进行混合动力电动汽车知识的全面介绍，并促成销售成功，同时做好各项记录

二、实训任务准备（以下内容由实训学生填写）

（1）实训设备选择：□实训车辆　　□实训专用实验台　　□网上车辆

（2）实训目标是否完全理解：□完全理解　　□不完全理解

（3）实训任务是否完全理解：□完全理解　　□不完全理解

（4）实训车辆拟实训项目：_____

（5）实训车辆资料是否完整：□完整　　□不完整（原因：_____）

（6）网上混合动力电动汽车系统资料是否准备：□准备　　□没准备（原因：_____）

（7）混合动力电动汽车知识是否熟悉：□熟悉　　□不熟悉

（8）本次实训所需要的 PPT 准备情况：□准备　　□没准备（原因：_____）

（9）本次实训所需要的辅助设备准备情况：□齐全　　□不齐全（原因：_____）

（10）本次实训所需时长约为_____

（11）实训完是否需要检验：□需要　　□不需要

（12）其他准备：_____

_____

三、制订实训计划（以下内容由实训学生填写，指导教师审核）

（1）根据对混合动力电动汽车的认知实训任务，完成物料的准备。

完成本次实训需要的所有物料

序号	物料种类	物料名称范例	实际物料名称
1	实训设备	实训用混合动力电动汽车一辆	
2	从网上查找的混合动力电动汽车	丰田混合动力电动汽车	
		通用混合动力电动汽车	
		上汽混合动力电动汽车	
		比亚迪混合动力电动汽车	
3	相关资料	混合动力汽车发动机资料	
		动力电池产品资料	
		驱动电机产品资料	
		混合动力汽车工作模式资料	
4	辅助设备	投影仪、笔记本电脑	

（2）根据对混合动力电动汽车的认知实训任务，制订操作流程。

对混合动力电动汽车的认知的操作流程

序号	操作流程范例	实际操作流程
1	接受实训任务	
2	实训任务准备	
3	实训物料准备	
4	在实训车辆上查找主要部件	
5	在网上查找混合动力电动汽车的配置	
6	制作讲授用的PPT	
7	结合实训车辆和PPT识别、讲解混合动力电动汽车	
8	实训小组讨论	
9	实训质量检查	

（3）根据实训计划，完成小组成员任务分工。

操作员（1人）		客户（1人）	
协作员（若干人）		记录员（1人）	

操作员负责对混合动力电动汽车的认知的具体实训内容的操作；客户负责对混合动力电动汽车的认知的具体实训内容结果的验收；协作员负责协助操作员完成对混合动力电动汽车的认知的具体实训内容的操作；记录员做好对混合动力电动汽车的认知的具体实训内容记录。

（4）指导教师对制订实训计划的审核。

审核意见：

年　　月　　日　签字：

续表

四、实训计划实施（实施内容由指导老师填写；实施结果由实训学生填写）

（1）参考范例。

实施步骤	实施内容	实施结果
1	准备好实训车辆	实训车辆放置在合适位置
2	准备好实训车辆的手册	手册放在操作员手中
3	确定实训车辆的结构类型	并联式
4	确定实训车辆的插电类型	插电式
5	确定实训车辆的发动机型号	1.5L 自然进气汽油发动机
6	查找实训车辆的驱动电机	交流电机 50kW/317N·m
7	查找实训车辆的动力电池	磷酸铁锂电池
8	确定实训车辆的动力耦合模式	已确定
9	确定实训车辆的工作模式并记录	已完成
10	绘制实训车辆的工作原理图	已绘制
11	准备给顾客讲解用的PPT(混合动力电动汽车分类与构型,举例说明串联式混合动力电动汽车、并联式混合动力电动汽车、混联式混合动力电动汽车的应用)	已准备
12	操作员给顾客（小组其他同学）进行讲解	完成
13	实训完所有物品归位	完成

（2）实际案例。

实施步骤	实施内容	实施结果
1		
2		
3		
4		
5		
6		
7		
8		
9		
10		
11		
12		
13		
14		
15		

五、实训小组讨论（以下内容由实训学生填写）

讨论题1：讨论实训车辆的分类与构型。

讨论题2：绘制实训车辆的驱动电机、电机控制器、动力电池的连接示意图。

讨论题3：讨论实训车辆的工作模式和能量传递过程。

讨论题4：总结本次实训的优点和不足。

六、实训质量检查（以下内容由指导教师填写）

请实训指导教师检查本组实训结果，并针对实训过程中出现的问题提出改进措施及建议。

序号	评价标准	评价结果
1	实训任务是否完成	
2	实训操作是否规范	
3	实施记录是否完整	
4	实训结论是否正确	
5	实训小组讨论是否充分	
综合评价	□优　　□良　　□中　　□及格　　□不及格	
问题与 建议	问题： 建议：	

实训成绩单（以下内容由指导教师填写）

项目	评分标准	分值	得分
接受实训任务	明确任务内容，理解任务在实际工作中的重要性	5	
实训任务准备	实训任务准备完整	5	
	掌握混合动力电动汽车的基本知识	5	
	能够识别混合动力电动汽车主要部件	5	
制订实训计划	物料准备齐全	5	
	操作流程合理	5	
	人员分工明确	5	
实训计划实施	实训计划实施步骤合理，记录详细	10	
	实施过程规范，没有出现错误	10	
	能够正确对实训车辆进行正确讲解	15	
	能够对实训得出正确结论	10	
实训小组讨论	实训小组讨论是否热烈	5	
	实训总结是否客观	5	
质量检测	学生实训任务完成，实训过程规范，实施记录完整，结论正确	10	
实训考核成绩			

【归纳与提高】

本项目主要介绍了混合动力电动汽车的分类与构型，串联式混合动力电动汽车的组成、工作模式和特点，并联式混合动力电动汽车的组成、工作模式和特点，混联式混合动力电动汽车的组成、工作模式和特点，增程式电动汽车的组成、工作模式和特点，混合动力电动汽车动力耦合类型，混合动力电动汽车故障诊断策略与方法等。通过对本项目知识的学习，可以较全面地掌握混合动力电动汽车的基本知识。通过项目实训和知识巩固，学生可以巩固学习效果，最终培养分析问题和解决问题的能力及识别混合动力电动汽车的技能。

混合动力电动汽车分为串联式、并联式、混联式，应重点关注我国量产混合动力电动汽车属于哪种类型。

【知识巩固】

一、名词解释

1. 混合度。

2. 串联式混合动力电动汽车。

3. 并联式混合动力电动汽车。

4. 混联式混合动力电动汽车。

5. 增程式电动汽车。

二、填空题

1. 按照混合度数值的大小，可以将混合动力电动汽车分为＿＿＿＿＿＿＿＿混合动力电动汽车、＿＿＿＿＿＿＿＿混合动力电动汽车和＿＿＿＿＿＿混合动力电动汽车。

2. 按照是否能够外接充电，混合动力电动汽车可分为＿＿＿＿＿＿混合动力电动汽车和＿＿＿＿＿＿混合动力电动汽车。其中，插电式混合动力电动汽车属于＿＿＿＿＿，油电式混合动力电动汽车属于＿＿＿＿＿。

3. 串联式混合动力电动汽车是＿＿＿＿＿＿带动＿＿＿＿＿＿发电，电能通过＿＿＿＿＿＿输送给＿＿＿＿＿＿＿＿，由＿＿＿＿＿＿驱动车辆行驶。另外，＿＿＿＿＿＿也可以单独向驱动电机提供电能驱动车辆行驶。

4. 并联式混合动力电动汽车的工作模式主要有＿＿＿＿＿＿＿＿、＿＿＿＿＿＿＿＿、＿＿＿＿＿＿＿＿、＿＿＿＿＿＿＿＿、＿＿＿＿＿＿＿＿和＿＿＿＿＿＿＿＿。

5. 并联式混合动力电动汽车的结构主要由＿＿＿＿＿＿＿、＿＿＿＿＿＿＿、＿＿＿＿＿＿＿、＿＿＿＿＿＿＿及＿＿＿＿＿＿＿等部件组成，有多种组合形式，可以根据使用要求进行设计。

6. 增程式电动汽车有 5 种工作模式，即＿＿＿＿＿＿＿＿、＿＿＿＿＿＿＿＿、＿＿＿＿＿＿＿＿、＿＿＿＿＿＿＿＿和＿＿＿＿＿＿＿＿。

7. 混合动力电动汽车的动力耦合方式主要有＿＿＿＿＿＿＿＿、＿＿＿＿＿＿＿＿、＿＿＿＿＿＿＿＿和＿＿＿＿＿＿＿＿等。

8. 混联式混合动力电动汽车的结构主要由＿＿＿＿＿＿＿、＿＿＿＿＿＿＿、＿＿＿＿＿＿＿、＿＿＿＿＿＿＿、＿＿＿＿＿＿＿、＿＿＿＿＿＿＿等部件组成。

三、选择题

1. 48V 启发电一体机属于（ ）构型。
   A. P0   B. P1   C. P2   D. P3
2. 串联式电动汽车再生制动模式，给电机提供能量的是（ ）。
   A. 发动机   B. 动力电池
   C. 发动机和动力电池   D. 车辆的动能
3. 并联式混合动力电动汽车低速巡航时，给电机提供能量的是（ ）。
   A. 发动机   B. 动力电池
   C. 发动机和动力电池   D. 启动蓄电池
4. 混联式混合动力电动汽车全速行驶时，给电机提供能量的是（ ）。
   A. 发动机   B. 动力电池
   C. 发动机和动力电池   D. 启动蓄电池

5. 不属于增程器的部件是（　　　）。

　　A．发动机　　　　　B．发电机　　　　　C．控制器　　　　　D．电动机

6. 关于插电式混合动力电动汽车，下列说法正确的是（　　　）。

　　A．属于新能源汽车　　　　　　　　B．可以对动力电池充电

　　C．可以在加油站给汽车加油　　　　D．属于节能汽车

7. 关于串联式混合动力电动汽车，下列说法正确的是（　　　）。

　　A．电力驱动是唯一的驱动模式　　　B．发动机直接参与驱动

　　C．发动机不直接参与驱动　　　　　D．发动机和驱动电机可混合驱动

8. 关于并联式混合动力电动汽车，下列说法正确的是（　　　）。

　　A．电力驱动是唯一的驱动模式　　　B．发动机直接参与驱动

　　C．发动机不直接参与驱动　　　　　D．发动机和驱动电机可混合驱动

9. 关于并联式混合动力电动汽车驱动电机，下列说法正确的是（　　　）。

　　A．P0 表示电机安装在发动机前端

　　B．P1 表示电机位于发动机后和离合器前

　　C．P2 表示电机位于发动机与变速器之间，位于离合器后

　　D．P4 表示电机位于后桥上

10. 关于混联式混合动力电动汽车，下列说法正确的是（　　　）。

　　A．行驶时优先使用纯电动模式

　　B．在混合动力模式下，启动和低速时使用串联式系统

　　C．车辆正常行驶时由发动机驱动

　　D．加速、爬坡、高速时使用并联式系统

四、判断题

1. 混合动力电动汽车都属于新能源汽车。（　　　）

2. 在串联式混合动力电动汽车中，发动机不能直接驱动轮，只能由发动机-发电机组向电机提供电能，驱动车辆行驶。（　　　）

3. 并联式混合动力电动汽车有发动机和电机两套驱动系统，它们可以分开工作，也可以协调工作，共同驱动。　（　　　）

4. 48V 启发电一体机主要实现的功能在于快速起停、制动能量回收和辅助转矩 3 个作用，理论上它可以实现在部分巡航时速下停止发动机工作，并保证快速需要动力时又能快速启动发动机的作用。（　　　）

5. 并联式混合动力电动汽车由于存在两套动力系统，并且发动机和驱动轴之间存在电气连接及两种动力的耦合，因此底盘的布置较复杂。（　　　）

6. 混联式混合动力电动汽车通过动力耦合器对发动机、发电机和驱动电机进行动力耦合，整车在行驶过程中可通过控制策略实现多种工作模式的切换。（　　　）

7. 增程式电动汽车介于混合动力电动汽车与纯电动汽车之间，兼有纯电动汽车和混合动力电动汽车的特点。增程式电动汽车是一种特殊的混合动力电动汽车。（　　　）

8. 混联式混合动力电动汽车的混合驱动模式是指车辆的驱动功率由蓄电池和发动机共同提供，并通过动力耦合器合成后，向机械传动装置提供动力。（　　　）

9. 并联式混合动力电动汽车的混合驱动模式是指发动机和电机均处于工作状态，发动

机作为辅助动力源协助电机，提供车辆急加速或者爬坡时所需的功率。（　　）

10.串联式混合动力电动汽车的混合驱动模式是指发动机-发电机组和蓄电池共同向电机提供电能，驱动车辆行驶。（　　）

五、问答题

1.混合动力电动汽车的构型 P0～P4 分别是怎样定义的？

2.串联式混合动力电动汽车的工作模式有哪些？

3.并联式混合动力电动汽车的工作模式有哪些？

4.混联式混合动力电动汽车的工作模式有哪些？

5.增程式电动汽车的工作模式有哪些？

项目 4
认识燃料电池电动汽车

燃料电池电动汽车具有纯电动汽车使用成本低和燃油汽车加油时间短的优点，没有续驶里程的焦虑，是未来新能源汽车的发展方向之一。学习燃料电池电动汽车知识，可以扩展新能源汽车的知识面，提升对新能源汽车的认知度和接受度。

【知识路径】

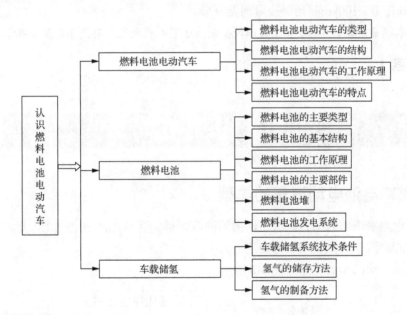

【学习目标】

知识目标：

（1）掌握燃料电池电动汽车的类型、结构和工作原理；

（2）了解丰田 Mirai 燃料电池电动汽车的结构、主要部件和工作原理；

（3）了解燃料电池发电系统、质子交换膜燃料电池、碱性燃料电池、磷酸燃料电池、熔融碳酸盐燃料电池、固体氧化物燃料电池、直接甲醇燃料电池的基本知识；

（4）了解车载储氢系统技术条件，以及氢气的储存方法和制备方法。

技能目标：

（1）能够识别燃料电池电动汽车的类型；

（2）能够识别燃料电池电动汽车的主要部件。

素质目标：

（1）培养敬业精神和服务意识；

（2）培养沟通、协调、合作的能力，逐步形成良好的心理素质。

【导入案例】

燃料电池电动汽车作为新能源汽车终极发展方向之一，是汽车动力系统能源多元化的重要一极。推广燃料电池电动汽车对于改善全球能源结构、发展低碳经济具有深远影响。世界各国和地区，特别是日本、韩国、美国及欧洲的汽车企业已将部分产品投放市场，进入商业化初始阶段。图 4-1 所示为韩国现代开发的 NEXO 氢燃料电池电动汽车，它在充电 5min 之后便可行驶 590km 以上，其最大续驶里程可达到 804km，0～100km/h 的加速时间是 9.5s。

图 4-1　韩国现代开发的 NEXO 氢燃料电池电动汽车

通过对本项目内容的学习，学生可以较全面地了解燃料电池电动汽车的基本知识和基本技能。

【知识探索】

4.1　燃料电池电动汽车

4.1.1　燃料电池电动汽车的类型

以燃料电池系统作为动力源或主动力源的汽车称为燃料电池电动汽车。燃料电池电动汽车是未来新能源汽车的重要发展方向之一。

燃料电池电动汽车的类型如图 4-2 所示。

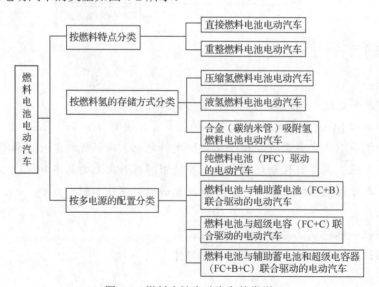

图 4-2　燃料电池电动汽车的类型

燃料电池电动汽车按燃料特点可分为直接燃料电池电动汽车和重整燃料电池电动汽车。直接燃料电池电动汽车的燃料主要是氢气；重整燃料电池电动汽车的燃料主要有汽油、天然气、甲醇、甲烷、液化石油气等。

燃料电池电动汽车按燃料氢的存储方式可分为压缩氢燃料电池电动汽车、液氢燃料电池电动汽车和合金（碳纳米管）吸附氢燃料电池电动汽车。压缩氢燃料电池电动汽车采用压缩氢气储氢；液氢燃料电池电动汽车采用液化氢气储氢；合金（碳纳米管）吸附氢燃料电池电动汽车采用合金（碳纳米管）吸附氢气储氢。

燃料电池电动汽车按多电源的配置可分为纯燃料电池（PFC）驱动的电动汽车、燃料电池与辅助蓄电池（FC+B）联合驱动的电动汽车、燃料电池与超级电容（FC+C）联合驱动的电动汽车，以及燃料电池与辅助蓄电池和超级电容器（FC+B+C）联合驱动的电动汽车。其中，采用燃料电池与辅助蓄电池联合驱动的电动汽车使用较为广泛。

1. 纯燃料电池驱动的电动汽车

纯燃料电池驱动的电动汽车只有燃料电池一个动力源，汽车需要的所有功率都由燃料电池提供。纯燃料电池电动汽车的动力系统如图 4-3 所示。

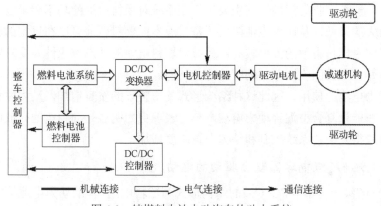

图 4-3 纯燃料电池电动汽车的动力系统

燃料电池系统将氢气与氧气反应产生的电能通过 DC/DC 变换器和电机控制器传给驱动电机，驱动电机将电能转化为机械能再传给减速机构，从而驱动汽车行驶。这种系统结构简单，系统控制和整体布置容易；系统部件少，有利于整车的轻量化；整体的能量传递效率高，从而可提高整车的燃料经济性。

但燃料电池功率大、成本高；对燃料电池系统的动态性能和可靠性提出了很高的要求；不能进行制动能量回收。因此，为有效地解决上述问题，必须使用辅助能量存储系统作为燃料电池系统的辅助动力源，与燃料电池联合工作，组成混合驱动系统共同驱动汽车。从本质上来讲，这种结构的燃料电池电动汽车采用的是混合动力结构。它与传统意义上的混合动力结构的差别仅在于发动机是燃料电池而不是内燃机。在采用燃料电池混合动力结构的汽车中，燃料电池和辅助能量存储装置共同向驱动电机提供电能，通过减速机构来驱动汽车。

2. 燃料电池+辅助动力电池联合驱动的电动汽车

燃料电池+辅助动力电池（FC+B）联合驱动的燃料电池电动汽车的动力系统如图 4-4 所示。在该动力系统结构中，燃料电池和动力电池一起为驱动电机提供能量，驱动电机将电能转化成机械能传给减速机构，从而驱动汽车行驶。在汽车制动时，驱动电机变成发电机，动力电池将储存回馈的能量。在燃料电池和动力电池联合供能时，燃料电池的能量输出变化较为平缓，随时间变化波动较小，而能量需求变化的高频部分由动力电池分担。

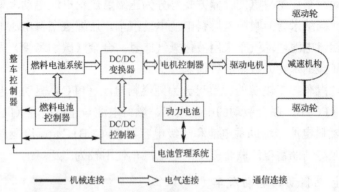

图 4-4 FC+B 联合驱动的燃料电池电动汽车的动力系统

目前这种结构形式应用较为广泛，它解决了诸如辅助设备供电、水热管理系统供电、燃料电池堆加热、能量回收等问题。其主要优点是系统对燃料电池的功率要求较纯燃料电池结构形式的有很大的降低，从而大大地降低了整车成本；燃料电池可以在设定的较好的工作条件下工作，工作时燃料电池的效率较高；系统对燃料电池的动态响应性能要求较低；汽车的冷启动性能较好；可以回收汽车制动时的部分动能。

但由于动力电池的使用，因此这种结构形式使得整车的质量增加，动力性和经济性受到影响，这一点在能量复合型混合动力电动汽车上表现更为明显；动力电池充放电过程会有能量损耗；系统变得复杂，系统控制和整体布置难度增加。

3. 燃料电池+超级电容器联合驱动的电动汽车

燃料电池+超级电容器（FC+C）的结构形式与燃料电池+辅助动力电池结构相似，只是把动力电池换成超级电容器，FC+C 联合驱动的燃料电池电动汽车的动力系统如图 4-5 所示。相对于动力电池，超级电容器充放电效率高，能量损失小，循环寿命长，常规制动时再生能量回收率高，正常工作温度范围宽；超级电容器的瞬时功率比动力电池的大，汽车启动更容易。燃料电池和超级电容器动力系统可以降低燃料电池的放电电流，发挥超级电容器均衡负载的作用，提高整车的续驶里程及动力性。

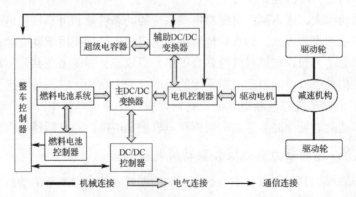

图 4-5 FC+C 联合驱动的燃料电池电动汽车的动力系统

但是，超级电容器的比能量低，能量存储有限，峰值功率持续时间短，同时这种混合动力系统结构复杂，对系统各部件之间的匹配及控制要求高，这些成为制约燃料电池和超级电容器混合动力系统发展的关键因素。随着超级电容器技术的不断进步，这种结构将成为一种新的重要发展方向。

4. 燃料电池+辅助动力电池+超级电容器联合驱动的电动汽车

燃料电池+辅助动力电池+超级电容器（FC+B+C）联合驱动的燃料电池电动汽车的动力系统如图 4-6 所示。在该动力系统结构中，燃料电池、动力电池和超级电容器一起为驱动电机提供能量，驱动电机将电能转化成机械能传给减速机构，从而驱动汽车行驶。在汽车制动时，驱动电机变成发电机，动力电池和超级电容器将储存回馈的能量。在燃料电池、动力电池和超级电容器联合供能时，燃料电池的能量输出较为平缓，随时间变化的波动较小，而能量需求变化的低频部分由动力电池承担，能量需求变化的高频部分由超级电容器承担。在这种结构中，各动力源的分工更加明细，因此它们的优势也能得到更好的发挥。

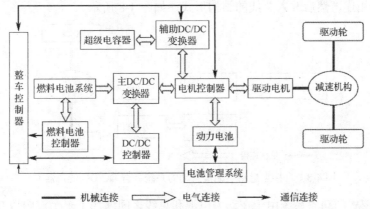

图 4-6　FC+B+C 联合驱动的燃料电池电动汽车的动力系统

这种结构与 FC+B 组合的结构相比，优点更加明显，尤其是在部件效率、动态特性、制动能量回馈等方面。其缺点也一样更加明显，增加了超级电容器，整个系统的质量可能增加；系统更加复杂化，系统控制和整体布置的难度也随之增大。

如果能够对系统进行很好的匹配和优化，则这种结构带来的汽车良好性能具有很大的吸引力。

在上述 3 种混合驱动结构形式中，FC+B+C 组合被认为能够最大限度地满足整车的启动、加速、制动的动力和效率需求，但成本最高，结构和控制也最为复杂。目前燃料电池电动汽车动力系统的一般结构是 FC+B 组合。这是因为它具有以下特点。

① 燃料电池单独或与动力电池共同提供持续功率，在车辆启动、爬坡和加速等有峰值功率需求时，由动力电池提供峰值功率。

② 在车辆起步和功率需求量不大时，动力电池可以单独输出能量。

③ 动力电池技术比较成熟，可以在一定程度上弥补燃料电池技术上的不足。

目前，FC+B 组合的燃料电池电动汽车的动力系统分为直接型和间接型两种。

（1）直接型燃料电池混合动力系统。

直接型燃料电池混合动力系统是指燃料电池与系统总线直接相连，如图 4-7 所示。在该系统中，由于燃料电池系统和动力电池均直接并入动力系统总线中，直接与电机控制器相连，因此其结构简单。此外，由于动力电池既可输出功率改善燃料电池系统本身在汽车行驶过程中可能出现动力性较差的情况，又可在燃料电池功率输出过剩时将多余的功率储存在其内部，因此提高了整车的能量利用率。

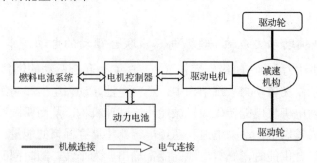

图 4-7　直接型燃料电池混合动力系统（无 DC/DC 变换器）

直接型燃料电池混合动力系统还有一种燃料电池系统直接连入总线，动力电池与双向型 DC/DC 变换器相连，然后并入总线的结构形式，如图 4-8 所示。

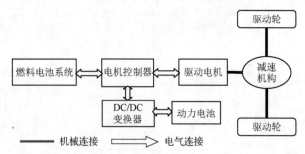

图 4-8　直接型燃料电池混合动力系统（有 DC/DC 变换器）

这种结构形式的动力系统由于在动力电池和总线之间增加了一个双向型 DC/DC 变换器，动力电池的电压可以无须与总线上的电压保持一致，降低了动力电池的设计要求，因此可以在一定程度上提高动力电池的性能。另外，DC/DC 变换器的引入对于系统控制而言，可以更加方便、灵活地控制动力电池的充放电，改善系统的可操作性。

总的来说，直接型燃料电池混合动力系统具有结构简单、易于实现等优点，然而其存在一个不可避免的问题，那就是由于燃料电池与总线直接相连，因此总线电压即燃料电池的输出电压。然而在汽车行驶时，驱动电机的工作电压会与燃料电池的输出电压产生一定的电压差，当燃料电池正常工作时，其输出电压为总线电压，此时若输出电压小于驱动电机的工作电压，会导致驱动电机的输出功率降低，进而影响整车行驶的动力性能。与之相反，当驱动电机在其最大输出功率的电压下工作时，若驱动电机工作电压小于燃料电池输出电压，则会影响燃料电池系统的工作效率，降低整车的经济性能。

（2）间接型燃料电池混合动力系统。

间接型燃料电池混合动力系统的结构形式是燃料电池系统与 DC/DC 变换器连接后，动力电池与其一起并入动力系统总线中，如图 4-9 所示。

间接型燃料电池混合动力系统在一定程度上解决了直接型燃料电池混合动力系统中存在的燃料电池输出电压与驱动电机工作电压之间矛盾的问题，既可保证驱动电机始终工作在其最佳工作电压范围内，又可保证燃料电池的输出电压不受干扰和限制，改善系统的工作性能。

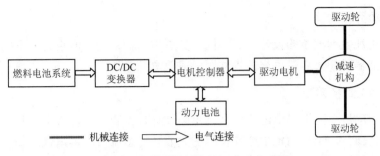

图 4-9 间接型燃料电池混合动力系统

4.1.2 燃料电池电动汽车的结构

典型的燃料电池电动汽车主要由燃料电池、高压储氢罐、辅助动力源、DC/DC 变换器、驱动电机和整车控制器等组成，如图 4-10 所示。

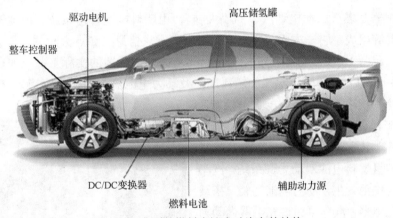

图 4-10 典型的燃料电池电动汽车的结构

1. 燃料电池

燃料电池是燃料电池电动汽车的主要动力源，它是一种不燃烧燃料而直接以电化学反应方式将燃料的化学能转变为电能的高效发电装置。其发电的基本原理是：电池的阳极（燃料极）输入氢气（燃料，H_2），氢分子在阳极催化剂作用下被离解成为氢离子（H^+）和电子（e^-），H^+穿过燃料电池的电解质层向阴极（氧化极）方向运动，e^-因通不过电解质层而由一个外部电路流向阴极；在电池阴极输入氧气（O_2），氧气在阴极催化剂作用下离解成为氧原子（O），与通过外部电路流向阴极的 e^-和穿过电解质的 H^+结合生成结构稳定的水（H_2O），完成电化学反应放出热量。这种电化学反应与氢气在氧气中发生的剧烈燃烧反应是完全不同的，只要阳极不断地输入氢气，阴极不断地输入氧气，电化学反应就会连续不断地进行下去，e^-就会不断地通过外部电路流动形成电流，从而连续不断地向汽车提供电力。

2. 高压储氢罐

高压储氢罐是气态氢的储存装置，用于给燃料电池供应氢气。为保证燃料电池电动汽车一次充气有足够的续驶里程，需要多个高压储氢罐来储存气态氢。一般轿车上需要 2~4 个高压储氢罐，大客车上需要 5~10 个高压储氢罐。

3. 辅助动力源

根据燃料电池电动汽车的设计方案不同，其采用的辅助动力源也有所不同，可以用蓄电池组、飞轮储能器或超大容量电容器等共同组成双电源系统。

4. DC/DC 变换器

燃料电池电动汽车的燃料电池需要装置单向 DC/DC 变换器，蓄电池和超级电容器需要装置双向型 DC/DC 变换器。DC/DC 变换器的主要功能是调节燃料电池的输出电压，能够升压到 650V；调节整车能量分配；稳定整车直流母线电压。

5. 驱动电机

燃料电池电动汽车用的驱动电机主要有直流电机、交流电机、永磁同步电机和开关磁阻电机等，具体选型必须结合整车开发目标，综合考虑电机的特点。

6. 整车控制器

整车控制器是燃料电池电动汽车的"大脑"，由燃料电池管理系统、电池管理系统、驱动电机控制器等组成。它一方面接收来自驾驶员的需求信息（如点火开关、加速踏板、制动踏板、挡位信息等），实现整车工况控制；另一方面基于反馈的实际工况（如车速、制动、电机转速等）及动力系统的状况（如燃料电池及动力电池的电压、电流等），根据预先匹配好的多能源控制策略进行能量分配调节控制。

上海汽车集团股份有限公司推出的荣威 950 插电式燃料电池电动汽车（见图 4-11）搭载动力电池和氢燃料电池双动力源系统。汽车行驶以氢燃料电池为主，动力电池为辅，搭载车载蓄电池充电器，汽车可通过充电器为动力电池充电。氢燃料电池方面，新车搭载有两个 $7 \times 10^4 kPa$ 的氢气瓶，其氢气储量可达 4.34kg，最大续驶里程为 400km。此外，通过优化车辆启动系统，即便是在 -20℃ 的环境中，汽车依旧可以正常启动与行驶。

图 4-11　荣威 950 插电式燃料电池电动汽车

4.1.3　燃料电池电动汽车的工作原理

燃料电池电动汽车的工作原理如图 4-12 所示，高压储氢罐中的氢气和空气中的氧气在汽车搭载的燃料电池中发生氧化还原反应，产生电能驱动电机工作，驱动电机产生的机械能经变速传动装置传给驱动轮，驱动汽车行驶。

丰田 Mirai 燃料电池电动汽车的结构如图 4-13 所示。

丰田 Mirai 使用了液态氢作为动力能源，液态氢被储存在位于车身后半部分的高压储氢罐中。两个高压储氢罐分别置于后轴的前后两端。相对于纯电动汽车，丰田 Mirai 的最大优点在于氢燃料添加的过程与传统的添注汽油或者柴油的过程相似，充满仅需要 3～5min。整车动力系统可提供最大 113kW 的峰值功率及 335N·m 的峰值转矩，最高车速为 200km/h，0～100km/h 的加速时间约为 9s，续驶里程可达 500km，可以满足日常使用。

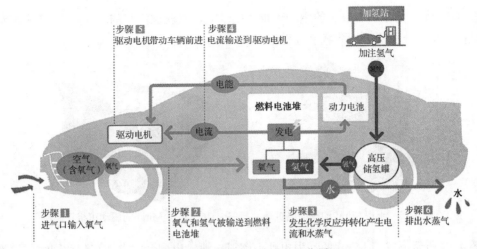

图 4-12　燃料电池电动汽车的工作原理

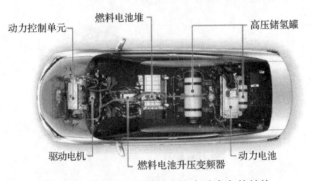

图 4-13　丰田 Mirai 燃料电池电动汽车的结构

图 4-14 所示为丰田 Mirai 的燃料电池，其由 370 个电芯组成，升压系统最终的最大输出电压可达 650V，满足驱动电机的最大输出要求。

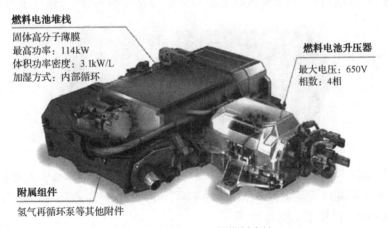

图 4-14　丰田 Mirai 的燃料电池

图 4-15 所示为丰田 Mirai 的驱动电机，其最大输出功率为 113kW，最大输出转矩为 335N·m。

图 4-16 所示为丰田 Mirai 的驱动电机控制单元，它就像汽车的"大脑"，所有的动力均由电机控制单元计算后分配到各驱动轮上。

图 4-15 丰田 Mirai 的驱动电机　　图 4-16 丰田 Mirai 的驱动电机控制单元

图 4-17 所示为丰田 Mirai 的动力电池，燃料电池输出剩余的电能和制动回收的电能都被动力电池储存起来，供急加速和车载用电器使用。

图 4-17 丰田 Mirai 的动力电池

图 4-18 所示为丰田 Mirai 的高压储氢罐。其内层采用高分子聚合物材料，与氢气接触不发生反应；中间层是高压储氢罐最重要的一层，采用"热塑性碳纤维增强塑料"；外层采用玻璃纤维增强聚合物材料。两个储氢罐的容积分别为 60L 和 62.4L，储气压力可达 70MPa。

图 4-18 丰田 Mirai 的高压储氢罐

图 4-19 所示为丰田 Mirai 的工作原理，高压储氢罐中的氢气与车头吸入的氧气在燃料电池内发生反应，产生的电能驱动电机，从而带动车辆行驶，反应产生的剩余电能存入动力电池内。

丰田 Mirai 的关键技术如图 4-20 所示。

丰田 Mirai 燃料电池电动汽车行驶工况分为以下几种。

（1）启动工况。

车辆启动时，由车载蓄电池进行供电，此时来自蓄电池的电源直接提供给驱动电机，使电机工作，驱动轮转动，这时的燃料电池不参与工作。

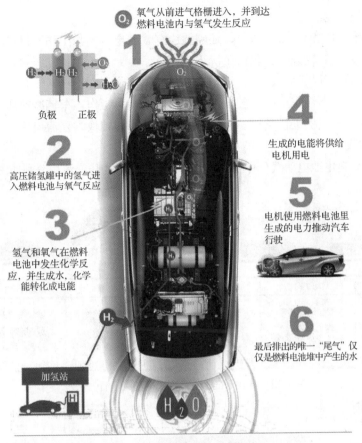

氧气从前进气格栅进入，并到达燃料电池内与氢气发生反应

1

2 高压储氢罐中的氢气进入燃料电池与氧气反应

3 氢气和氧气在燃料电池中发生化学反应，并生成水，化学能转化成电能

4 生成的电能将供给电机用电

5 电机使用燃料电池里生成的电力推动汽车行驶

6 最后排出的唯一"尾气"仅仅是燃料电池堆中产生的水

负极   正极

加氢站

图 4-19　丰田 Mirai 的工作原理

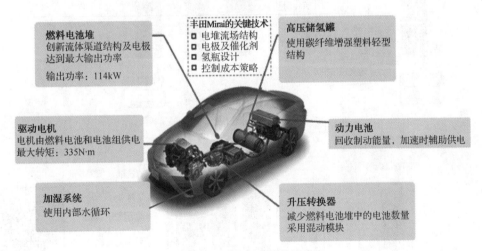

燃料电池堆
创新流体渠道结构及电极达到最大输出功率
输出功率：114kW

丰田Mirai的关键技术
□ 电堆流场结构
□ 电极及催化剂
□ 氢瓶设计
□ 控制成本策略

高压储氢罐
使用碳纤维增强塑料轻型结构

驱动电机
电机由燃料电池和电池组供电
最大转矩：335N·m

动力电池
回收制动能量，加速时辅助供电

加湿系统
使用内部水循环

升压转换器
减少燃料电池堆中的电池数量
采用混动模块

图 4-20　丰田 Mirai 的关键技术

（2）一般行驶工况。

　　一般行驶工况下，来自高压储氢罐的氢气经高压管路提供给燃料电池，同时来自空气压缩机的氧气也提供给燃料电池，经质子交换膜内部产生电化学反应，产生约 300V 的电压，然后经 DC/DC 变换器进行升压，转变为 650V 的直流电，经动力控制单元转换为交流电提供给驱动电机，驱动电机运转，带动车轮转动。

（3）加速行驶工况。

加速时，除燃料电池正常工作外，还需要由车载蓄电池参与工作，以提供额外的电力供驱动电机使用，此时车辆处于大负荷工况下。

（4）减速行驶工况。

减速时，车辆在惯性作用下行驶，此时燃料电池不再工作，车辆减速所产生的惯性能量由驱动电机转换到发电机进行发电，经动力控制单元将其转换为直流电后，反馈回车载蓄电池进行电能的回收。

丰田 Mirai 燃料电池电动汽车行驶工况及各行驶工况动力传递流程分别如图 4-21 和图 4-22 所示。

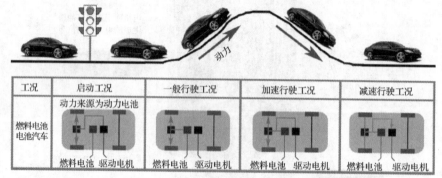

图 4-21　丰田 Mirai 燃料电池电动汽车行驶工况

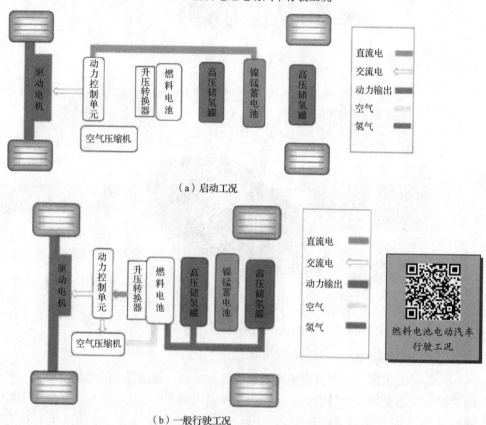

（a）启动工况

（b）一般行驶工况

图 4-22　丰田 Mirai 燃料电池电动汽车各行驶工况动力传递流程

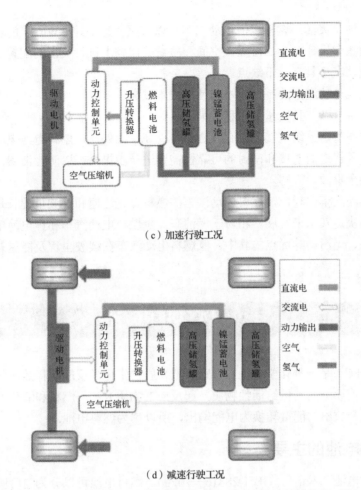

（c）加速行驶工况

（d）减速行驶工况

图 4-22　丰田 Mirai 燃料电池电动汽车各行驶工况动力传递流程（续）

4.1.4　燃料电池电动汽车的特点

燃料电池电动汽车与燃油汽车和纯电动汽车相比，具有以下优点。

（1）效率高。燃料电池的工作过程是化学能转化为电能的过程，不受卡诺循环的限制，能量转换效率较高，可以达到 30% 以上，而汽油机和柴油机汽车整车效率分别为 16%～18% 和 22%～24%。

（2）续驶里程长。燃料电池电动汽车采用燃料电池系统作为能量源，克服了纯电动汽车续驶里程短的缺点，其长途行驶能力及动力性已经接近于传统燃油汽车。

（3）绿色环保。燃料电池没有燃烧过程，以纯氢作为燃料，生成物只有水，属于零排放。采用其他富氢有机化合物用车载重整器制氢作为燃料电池的燃料，生成物除水外还可能有少量的 CO_2，接近零排放。

（4）过载能力强。燃料电池除在较宽的工作范围内具有较高的工作效率外，其短时过载能力也可达额定功率的 200% 或更大。

（5）低噪声。燃料电池属于静态能量转换装置，除空气压缩机和冷却系统外，无其他运动部件，因此与燃油汽车相比，其在运行过程中噪声和振动都较小。

（6）设计方便、灵活。燃料电池电动汽车可以按照"X－By－Wire"的思路进行汽车设计，改变传统的汽车设计概念，可以在空间和质量等问题上进行灵活的配置。

燃料电池电动汽车具有以下缺点。

（1）燃料电池电动汽车的制造成本和使用成本过高。

（2）辅助设备复杂，且质量和体积较大。

（3）启动时间长，系统抗震能力有待进一步提高。此外，在燃料电池电动汽车受到振动或者冲击时，各种管道的连接和密封的可靠性需要进一步提高，以防止泄漏，降低效率，防止严重时发生安全事故。

与锂电池电动汽车比较，氢燃料电动汽车的燃料补充迅速和续驶里程长是优势，加氢站数量及氢气价格决定其未来发展。相对于燃油车，氢燃料电动汽车和锂电池电动汽车都具有转化率高、环保、无污染等优点。其中，氢燃料电动汽车在续驶里程及能量补充时间上具有明显优势。

4.2　燃　料　电　池

燃料电池（FC）是一种化学电池，它直接把物质发生化学反应时释放出的能量转换为电能，工作时需要连续地向其供给活性物质（起反应的物质）——燃料和氧化剂。由于它把燃料通过化学反应释放出的能量转换为电能输出，所以称为燃料电池。

4.2.1　燃料电池的主要类型

根据《燃料电池　术语》（GB/T 28816—2020），燃料电池可以分为自呼吸式燃料电池、碱性燃料电池、直接燃料电池、直接甲醇燃料电池、熔融碳酸盐燃料电池、磷酸燃料电池、聚合物电解质燃料电池、质子交换膜燃料电池、可再生燃料电池、固体氧化物燃料电池等。

自呼吸式燃料电池是指使用自然通风的空气作为氧化剂的燃料电池；碱性燃料电池是指使用碱性电解质的燃料电池；直接燃料电池是指提供给燃料电池发电系统的原燃料与提供给阳极的燃料相同的燃料电池；直接甲醇燃料电池是指燃料为气态或液态形式的甲醇的直接燃料电池；熔融碳酸盐燃料电池是指使用熔融碳酸盐为电解质的燃料电池，通常使用熔融的锂/钾或锂/钠碳酸盐作为电解质；磷酸燃料电池是指用磷酸水溶液作为电解质的燃料电池；聚合物电解质燃料电池是指使用具有离子交换能力的聚合物作为电解质的燃料电池，又称质子交换膜燃料电池和固体聚合物燃料电池；质子交换膜燃料电池等同于聚合物电解质燃料电池；可再生燃料电池是指能够由一种燃料和一种氧化剂产生出电能，又可通过使用电能的一个电解过程产生该燃料和氧化剂的电化学电池；固体氧化物燃料电池是指使用离子导电氧化物作为电解质的燃料电池。

比较常见的燃料电池类型主要有质子交换膜燃料电池、碱性燃料电池、磷酸燃料电池、熔融碳酸盐燃料电池、固体氧化物燃料电池和直接甲醇燃料电池。

1. 质子交换膜燃料电池

质子交换膜燃料电池（PEMFC）采用可传导离子的聚合膜作为电解质，所以又称聚合物电解质燃料电池（PEFC）、固体聚合物燃料电池（SPFC）或固体聚合物电解质燃料电池（SPEFC），是目前应用广泛的燃料电池。

质子交换膜燃料电池具有以下优点。

（1）能量转化效率高。通过化合作用，直接将化学能转化为电能，不通过热机过程，不受卡诺循环的限制。

（2）可实现零排放。唯一的排放物是水，没有污染物排放，是环保型能源。

（3）运行噪声低、可靠性高。质子交换膜燃料电池无机械运动部件，工作时仅有气体和水的流动。

（4）维护方便。质子交换膜燃料电池内部构造简单，电池模块呈现自然的"积木化"结构，使得电池组的组装和维护都非常方便，也很容易实现"免维护"设计。

（5）发电效率平稳。发电效率受负荷变化影响很小，非常适合用作分散型发电装置（作为主机组），也适合用作电网的"调峰"发电机组（作为辅机组）。

（6）氢来源广泛。氢是地球上最多的元素之一，氢气来源极其广泛，是一种可再生的能源资源，可通过石油、天然气、甲醇、甲烷等进行重整制氢，也可通过电解水制氢、光解水制氢、生物制氢等方法获取氢气。

（7）技术成熟。氢气的生产、储存、运输和使用等技术目前均已非常成熟、安全、可靠。

质子交换膜燃料电池具有以下缺点。

（1）成本高。膜材料和催化剂均十分昂贵，导致制备燃料电池的成本极高。

（2）对氢气的纯度要求高。

因为质子交换膜燃料电池的工作温度低，启动速度较快，功率密度较高（体积较小），所以很适合用作新一代交通工具的动力源。从目前的发展情况看，质子交换膜燃料电池是技术成熟的燃料电池电动汽车动力源，质子交换膜燃料电池电动汽车被业内公认为电动汽车的未来发展方向。

2. 碱性燃料电池

碱性燃料电池（AFC）以强碱（如氢氧化钾、氢氧化钠）为电解质，氢气为燃料，纯氧或脱除微量二氧化碳的空气为氧化剂，采用对氧电化学还原具有良好催化活性的 Pt/C、Ag、Ag-Au、Ni 等为电催化剂制备的多孔气体扩散电极为氧化极，以 Pt-Pd/C、Pt/C、Ni 或硼化镍等具有良好催化氢电化学氧化的电催化剂制备的多孔气体扩散电极为氢电极，以无孔炭板、镍板或镀镍甚至镀银、镀金的各种金属（如铝、镁、铁等）板为双极板材料，在板面上可加工各种形状的气体流动通道构成双极板。

碱性燃料电池具有以下特点。

（1）碱性燃料电池具有较高的效率（为 50%～55%）。

（2）工作温度大约为 80℃，因此它们的启动也很快，但其电力密度却比质子交换膜燃料电池的密度低十几倍。

（3）性能可靠，可用非贵金属作为催化剂。

（4）是燃料电池中生产成本最低的一种电池。

（5）是技术发展最快的一种电池，主要为空间任务包括航天飞机提供动力和饮用水，用于交通工具，具有一定的发展和应用前景。

（6）使用具有腐蚀性的液态电解质，具有一定的危险性且容易造成环境污染。此外，为解决 CO_2 毒化所采用的一些方法（如使用循环电解液、吸收 CO_2 等）增加了系统的复杂性。

3. 磷酸燃料电池

磷酸燃料电池（PAFC）是以浓磷酸为电解质，以贵金属催化的气体扩散电极为正、负电极的中温型燃料电池。

磷酸燃料电池具有以下特点。

（1）磷酸燃料电池的工作温度要比质子交换膜燃料电池和碱性燃料电池的工作温度略高，为 150～200℃，但仍需电极上的白金催化剂来加速反应。较高的工作温度也使其对杂质的耐受性较强，当其反应物中含有 1%～2%的一氧化碳和百万分之几的硫时，磷酸燃料电池照样可以工作。

（2）磷酸燃料电池的能量转化效率比其他燃料电池的低，约为 40%，其加热的时间也比质子交换膜燃料电池的长。

（3）磷酸燃料电池具有构造简单、稳定、电解质挥发度低等优点。磷酸燃料电池可用作公共汽车的动力，而且有许多这样的系统正在运行，不过这种电池很难用在轿车上。目前，磷酸燃料电池能成功地用于固定的应用，已有许多发电能力为 0.2～20MW 的工作装置被安装在世界各地，为医院、学校和小型电站提供电力。

4. 熔融碳酸盐燃料电池

熔融碳酸盐燃料电池（MCFC）主要由阳极、阴极、电解质基底和集流板或双极板构成。

熔融碳酸盐燃料电池具有以下优点。

（1）工作温度高，电极反应活化能小，无论氢的氧化还是氧的还原，都不需贵金属作为催化剂，降低了成本。

（2）可以使用含量高的燃料气，如煤制气。

（3）电池排放的余热温度高达 673K（约 399.85℃），可用于底循环或回收利用，使总的热效率达到 80%。

（4）可以不使用水冷却，而用空气冷却代替，尤其适用于缺水的边远地区。

熔融碳酸盐燃料电池具有以下缺点。

（1）由于高温以及电解质的强腐蚀性，对电池各种材料的长期耐腐蚀性能有十分严格的要求，电池的寿命也因此而受到一定的限制。

（2）单电池边缘的高温高湿密封难度大，尤其在阳极区遭受到严重的腐蚀。另外，熔融碳酸盐还有一些固有问题，如冷却导致的破裂等。

（3）电池系统中需要有循环，将阳极析出的重新输送到阴极，增加了系统结构的复杂性。

5. 固体氧化物燃料电池

固体氧化物燃料电池（SOFC）属于第三代燃料电池，是一种在中高温下直接将储存在燃料和氧化剂中的化学能高效、环境友好地转化成电能的全固态化学发电装置。其被普遍认为是在未来会与质子交换膜燃料电池一样得到广泛应用的一种燃料电池。

固体氧化物燃料电池除具备燃料电池高效、清洁、环境友好的共性外，还具有以下优点。

（1）固体氧化物燃料电池是全固态的电池结构，不存在电解质渗漏问题，避免了使用液态电解质所带来的腐蚀和电解液流失等问题，无须配置电解质管理系统，可实现长寿命运行。

（2）对燃料的适应性强，可直接用天然气、煤气和其他碳氢化合物作为燃料。

（3）固体氧化物燃料电池直接将化学能转化为电能，不通过热机过程，因此不受卡诺循环的限制，发电效率高，能量密度大，能量转换效率高。

（4）工作温度高，电极反应速度快，不需要使用贵金属作为电催化剂。

（5）可使用高温进行内部燃料重整，使系统优化。

（6）低排放、低噪声。

（7）废热的再利用价值高。

（8）陶瓷电解质要求中高温运行（600～1 000℃），加快了电池的反应，还可以实现多种碳氢燃料气体的内部还原。

但是，固体氧化物燃料电池也存在以下不足之处。

（1）氧化物电解质材料为陶瓷材料，质脆易裂，电堆组装较困难。

（2）高温热应力会引起电池龟裂，所以主要部件的热膨胀率应严格匹配。

（3）存在自由能损失。

（4）工作温度高，预热时间较长，不适用于需经常启动的非固定场所。

6. 直接甲醇燃料电池

直接甲醇燃料电池（DMFC）属于质子交换膜燃料电池中的一类，直接以水溶液及蒸汽甲醇为燃料供给来源，而不需要通过重整器重整甲醇、汽油及天然气等再制出氢气以供发电。

直接甲醇燃料电池具有以下优点。

（1）甲醇来源丰富，价格低廉，储存、携带方便。

（2）与质子交换膜燃料电池相比，结构更简单，操作更方便。

（3）与质子交换膜燃料电池相比，能量密度更高。

（4）与重整式甲醇燃料电池相比，它没有甲醇重整装置，质量更小、体积更小、响应时间更快。

直接甲醇燃料电池的缺点是当甲醇低温转换为氢气和二氧化碳时，要比常规的质子交换膜燃料电池需要更多的白金催化剂。

表4-1所示为6种燃料电池的主要特征参数。

表4-1　6种燃料电池的主要特征参数

主要特征参数	质子交换膜燃料电池	碱性燃料电池	磷酸燃料电池	熔融碳酸盐燃料电池	固体氧化物燃料电池	直接甲醇燃料电池
燃料	H_2	H_2	H_2	CO_2、H_2	CO、H_2	CH_3OH
电解质	固态高分子膜	碱溶液	液态磷酸	熔融碳酸锂	固体二氧化锆	固态高分子膜
工作温度/℃	约80	60～120	170～210	60～650	约1 000	约80

续表

主要特征参数	质子交换膜燃料电池	碱性燃料电池	磷酸燃料电池	熔融碳酸盐燃料电池	固体氧化物燃料电池	直接甲醇燃料电池
氧化剂	空气或氧	纯氧	空气	空气	空气	空气或氧
电极材料	C	C	C	Ni-MH	Ni-YSZ	C
催化剂	Pt	Pt、Ni	Pt	Ni	Ni	Pt
腐蚀性	中	中	强	强	无	中
寿命/h	100 000	10 000	15 000	13 000	7 000	100 000
特征	比功率高 运行灵活 无腐蚀	高效率 对CO_2敏感 有腐蚀	效率较低 有腐蚀	效率高 控制复杂 有腐蚀	效率高 运行温度高 有腐蚀	比功率高 运行灵活 无腐蚀
效率/%	>60	60~70	40~50	>60	>60	>60
启动时间	几分钟	几分钟	2~4h	>10h	>10h	几分钟
主要应用领域	航天、军事、汽车、固定式用途	航天、军事	大客车、中小电厂、固定式用途	大型电厂	大型电厂、热站、固定式用途	航天、军事、汽车、固定式用途

本书介绍的燃料电池，如无特殊说明，都是指质子交换膜燃料电池。

4.2.2　燃料电池的基本结构

质子交换膜燃料电池采用可传导离子的聚合膜作为电解质，所以又称聚合物电解质燃料电池。固体聚合物燃料电池或固体聚合物电解质燃料电池是目前应用较广泛的燃料电池。

质子交换膜燃料电池单体的基本结构由质子交换膜（PEM）、催化层、气体扩散层和双极板组成，如图 4-23 所示。其中，催化层与气体扩散层分别在质子交换膜两侧构成阳极和阴极。阳极是氢电极，为燃料的氧化反应发生所在电极；阴极是氧电极，为氧化剂的还原反应发生所在电极。阳极和阴极都需要含有一定量的电催化剂，用来加速电极上发生的电化学反应。两电极之间是电解质，即质子交换膜。通过热压将阴极、阳极与质子交换膜复合在一起而形成膜电极。

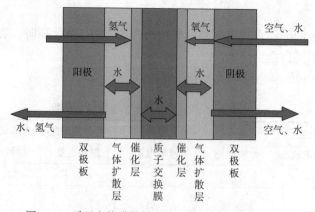

图 4-23　质子交换膜燃料电池单体的基本结构示意图

1. 质子交换膜

质子交换膜作为电解质，起到传导质子、隔离反应气体的作用。在燃料电池内部，质子交换膜为质子的迁移和输送提供通道，使得质子经过膜从阳极到达阴极，与外电路的电子转移构成回路，向外界提供电流。质子交换膜的性能对燃料电池的性能起着非常重要的作用，它的好坏也直接影响燃料电池的使用寿命长短。

2. 催化层

催化层由催化剂和催化剂载体形成的薄层组成。催化剂主要采用 Pt/C、铂合金碳等，载体材料主要是纳米颗粒碳、碳纳米管等。催化层要求材料导电性好、载体耐蚀、催化活性大。

3. 气体扩散层

气体扩散层是由导电材料制成的多孔合成物，起着支撑催化层、收集电流，并为电化学反应提供电子通道、气体通道和排水通道的作用。

4. 双极板

双极板又称集流板，放置在膜电极的两侧。其作用是阻隔燃料和氧化剂，收集和传导电流、导热，将各个单电池串联起来并通过流场为反应气体进入电极及水的排出提供通道。

燃料电池的基本构成是单电池，其电压约为 1V，不能直接应用。实际应用中，要由若干个单电池组成电池堆，再由电池堆组成燃料电池系统，安装在车辆上，为燃料电池电动汽车提供能量。

4.2.3　燃料电池的工作原理

质子交换膜燃料电池在原理上相当于水电解的"逆"装置，其单电池由阳极、阴极和质子交换膜组成，阳极为氢燃料发生氧化的场所，阴极为氧化剂还原的场所，两极都含有加速电极电化学反应的催化剂，质子交换膜为电解质。质子交换膜燃料电池的工作原理如图 4-24 所示。

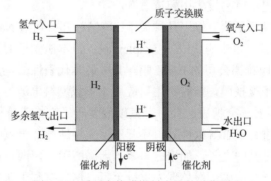

图 4-24　质子交换膜燃料电池的工作原理

导入的氢气通过双极板经由阳极扩散层到达阳极催化层，在阳极催化剂的作用下，氢气分子分解为带正电的氢离子（即质子）并释放出带负电的电子，完成阳极反应；氢离子穿过质子交换膜到达阴极催化层，而电子则由双极板收集，通过外电路到达阴极，电子在外电路形成电流，通过适当连接可向负载输出电能。在电池另一端，氧气通过双极板经由阴极扩散层到达阴极催化层，在阴极催化剂的作用下，氧气与透过质子交换膜的氢离子及来自外电路的电子发生反应生成水，完成阴极反应；电极反应生成的水大部分由尾气排出，一小部分在压力差的作用下通过质子交换膜向阳极扩散。阳极和阴极发生的电化学反应为

$$2H_2 \longrightarrow 4H^+ + 4e^-$$

$$4e^- + 4H^+ + O_2 \longrightarrow 2H_2O$$

燃料电池总的电化学反应为

$$2H_2 + O_2 \Longrightarrow 2H_2O$$

上述过程是理想的工作过程，实际上整个反应过程中会有很多中间步骤存在和中间产物生成。

4.2.4　燃料电池的主要部件

质子交换膜燃料电池的主要部件有质子交换膜、电催化剂、气体扩散层、膜电极和双极板。

1. 质子交换膜

质子交换膜是指以质子为导电电荷的聚合物电解质膜，它是质子交换膜燃料电池的核心材料，是一种厚度仅为微米级的薄膜片，其微观结构非常复杂。质子交换膜又称聚合物电解质薄膜。

（1）质子交换膜的类型。

质子交换膜主要分为全氟磺酸型质子交换膜、部分氟化磺酸型质子交换膜和非氟化磺酸型质子交换膜等。

① 全氟磺酸型质子交换膜。全氟磺酸型质子交换膜是指在高分子链上的氢原子全部被氟原子取代的质子交换膜。全氟磺酸型质子交换膜由碳氟主链和带有磺酸基团的醚支链构成，具有极高的化学稳定性，目前应用广泛。

全氟磺酸型质子交换膜的优点是：机械强度高，化学稳定性好和在湿度大的条件下导电率高；低温时电流密度大，质子传导电阻小。但是全氟磺酸型质子交换膜也存在一些缺点，如温度升高会引起质子传导性变差，高温时膜易发生化学降解；单体合成困难，成本高；价格昂贵；用于甲醇燃料电池时易发生甲醇渗透等。

全氟磺酸型质子交换膜主要有以下几种类型：美国杜邦公司的 Nafion 系列膜；美国陶氏化学公司的 XUS-B204 膜；日本旭化成的 Aciplex 膜；日本旭硝子的 Flemion 膜；日本氯工程公司的 C 膜；加拿大巴拉德公司的 BAM 膜。其中最具代表性的是由美国杜邦公司研制的Nafion 系列全氟磺酸质子交换膜，但它不主要应用于车载燃料电池。

② 部分氟化磺酸型质子交换膜。针对全氟磺酸型质子交换膜价格昂贵、工作温度低等缺点，研究人员除对其进行复合等改性外，还开展了大量新型非全氟膜的研发工作，部分氟化磺酸型质子交换膜便是其中之一，如聚三氟苯乙烯磺酸膜、聚四氟乙烯-六氟丙烯膜等。

部分氟化磺酸型质子交换膜一般体现为主链全氟，这样有利于在燃料电池苛刻的氧化环境下保证质子交换膜具有相应的使用寿命。质子交换基团一般是磺酸基团，按引入的方式不同，部分氟化磺酸型质子交换膜分为全氟主链聚合，带有磺酸基的单体接枝到主链上；全氟主链聚合后，单体侧链接枝，最后磺化；磺化单体直接聚合。采用部分氟化结构会明显降低薄膜成本，但是此类膜电化学性能都不如美国杜邦公司的 Nafion 系列膜。

③ 非氟化磺酸型质子交换膜。非氟化磺酸型质子交换膜是指不含有任何氟原子的质子交换膜。与全氟磺酸型质子交换膜相比，非氟化磺酸型质子交换膜具有很多优点：价格便宜，

很多材料都容易买到；含极性基团的非氟聚合物亲水能力在很宽的温度范围内都很高，吸收的水分聚集在主链上的极性基团周围，膜保水能力较高；通过适当的分子设计，稳定性能够有较大改善；废弃非氟聚合物易降解，不会造成环境污染。

目前车用质子交换膜逐渐趋于薄型化，由先前的几十微米降低到几微米，这样能降低质子传递的欧姆极化，以达到较高的性能。

（2）质子交换膜的作用。

质子交换膜在燃料电池中的位置如图 4-25 所示，它具有以下作用。

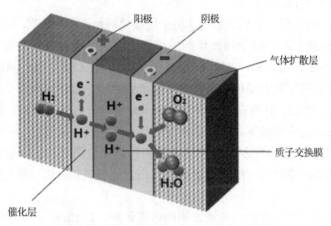

图 4-25　质子交换膜在燃料电池中的位置

① 为质子（H^+）传递提供通道，质子传导率越高，膜的内阻越小，燃料电池的效率越高。

② 为阳极和阴极提供隔离，阻止阳极的燃料（H_2）和阴极的氧化剂（O_2 或空气）直接混合发生化学反应。

③ 作为电子绝缘体，阻止电子（e^-）在膜内传导，从而使燃料氧化后释放出的电子只能由阳极通过外线路向阴极流动，产生外部电流以供使用。

质子交换膜与一般化学电源中使用的隔膜有很大不同，它不只是一种隔离阴、阳极反应气体的隔膜材料，还是电解质和电极活性物质（电催化剂）的基底，即兼有隔膜和电解质的作用。另外，质子交换膜还是一种选择透过性膜，在一定的温度和湿度条件下具有可选择的透过性。在质子交换膜的高分子结构中含有多种离子基团，它只允许氢离子（氢质子）透过，而不允许氢气分子及其他离子透过。

（3）质子交换膜的要求。

质子交换膜是质子交换膜燃料电池中的核心部件之一，它与电极一起决定了整个燃料电池的性能、寿命和价格。用于燃料电池的质子交换膜必须满足以下要求。

① 质子传导率高，可以降低燃料电池内阻，提高电流密度。

② 较好的稳定性，包括物理稳定性和化学稳定性，阻止聚合物链降解，提高燃料电池耐久性。

③ 较低的气体渗透率，防止氢气和氧气在电极表面发生反应，造成电极局部过热，影响电池的电流效率。

④ 良好的力学性能，适合膜电极的制备组装，以及工作环境变化引起的尺寸形变。

⑤ 较低的尺寸变化率，防止膜吸水和脱水过程中的膨胀和收缩引起的局部应力增大造

成膜与电极剥离。

⑥ 适当的性价比。

目前，同时满足以上所有条件的膜材料只有商业化的全氟磺酸型质子交换膜。

2. 电催化剂

电催化剂是指加速电极反应过程但本身不被消耗的物质，它是质子交换膜燃料电池的关键材料之一，直接影响燃料电池的性能，也可简称为催化剂。

（1）电催化剂的类型。

质子交换膜燃料电池的电催化剂分为非贵金属催化剂和合金催化剂。

① 非贵金属催化剂。非贵金属催化剂是指不含任何贵金属成分的催化剂。贵金属元素包括锇（Os）、铱（Ir）、钌（Ru）、铑（Rh）、铂（Pt）、钯（Pd）、金（Au）、银（Ag）。

非贵金属催化剂的研究主要包括过渡金属原子簇合物、过渡金属螯合物、过渡金属氮化物与碳化物等。在这方面，各种杂原子掺杂的纳米碳材料成为研究热点，如 N 掺杂的非贵金属催化剂显示了较好的应用前景。非贵金属催化剂价格较贵金属便宜，但催化活性较低。

② 合金催化剂。合金催化剂是指由两种或两种以上金属形成的合金构成的催化剂。质子交换膜燃料电池的电催化剂一般采用合金催化剂，主要是铂（Pt）基电催化剂，又称贵金属催化剂。

Pt/C 催化剂是质子交换膜燃料电池常用的电催化剂。Pt-Co/C、Pt-Fe/C、Pt-Ni/C 等二元合金催化剂在提高了稳定性的同时，也提高了质量比活性，还降低了贵金属的用量。

贵金属催化剂的起燃温度低、活性高，但在较高的温度下易烧结，因升华而导致活性组分流失，使活性降低，而且贵金属资源有限，价格昂贵，难以大规模使用。但其在低温时的催化活性是其他催化剂不能相比的，所以现在还用作质子交换膜燃料电池的催化剂。

燃料电池的催化剂有别于普通的催化剂，对于催化的活性、稳定性和耐久性的指标要高于普通催化剂。以现有技术来实现电池阴极的氧化还原反应，就需要大量使用贵金属铂作为电极催化剂。

（2）电催化剂的作用。

电催化剂在燃料电池中的位置如图 4-26 所示，其位于质子交换膜两侧。

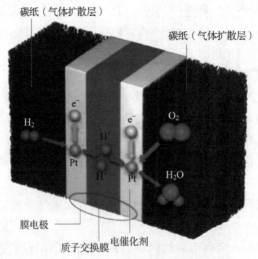

图 4-26 催化剂在燃料电池中的位置

电催化剂的主要作用是加快膜电极电化学反应速度。由于燃料电池的低运行温度及电解质酸性的本质，因此应用的催化剂需要贵金属。

电催化剂按作用部位可分为阴极催化剂和阳极催化剂两类。质子交换膜燃料电池的阳极反应为氢的氧化反应，阴极反应为氧的还原反应。因为氧的催化还原作用比氢的催化氧化作用更困难，所以阴极是关键的电极。

阳极催化剂层和阴极催化剂层是膜电极重要的部分。阳极使用催化剂促进氢的氧化反应，涉及氧化反应、气体扩散、电子运动、质子运动、水的迁移等多种过程；阴极使用催化剂促进氧的还原反应，涉及氧气的还原、氧气扩散、电子运动、质子运动、反应生成的水的排出等。

（3）电催化剂的要求。

燃料电池对电催化剂的要求是具有足够的催化活性和稳定性。阳极催化剂还应具有抗 CO 中毒的能力，对于使用烃类燃料重整的质子交换膜燃料电池系统，阳极催化剂系统尤其应注意这个问题。由于质子交换膜燃料电池的工作温度低于 100℃，因此目前只有贵金属催化剂对氢气氧化反应和氧气还原反应表现出了足够的催化活性。现在所用的有效催化剂是铂或铂合金催化剂，它对氢气氧化反应和氧气还原反应都具有非常好的催化能力，且可以长期稳定工作。由于燃料电池是在低温条件下工作的，因此提高催化剂的活性、防止电催化剂中毒很重要。

电催化剂中毒是指反应过程中的一些中间产物覆盖在了电催化剂上面，致使电催化剂的活性、选择性明显下降或丧失的现象。中毒现象的本质是微量杂质和电催化剂活性中心的某种化学作用形成没有活性的物质。

铂作为燃料电池的催化剂，具有以下缺点。

① 铂资源匮乏。公开资料显示，全球铂储量仅为 1.4 万 t。

② 价格昂贵。铂是一种贵金属，价格昂贵，这也使得燃料电池成本居高不下，进而影响其商业化与推广普及。1g 催化剂的价格在 300 元左右。

③ 抗毒能力差。铂基催化剂与燃料氢气中的一氧化碳、硫等物质发生反应会导致其失去活性，无法再进行催化作用，进而导致电池堆寿命缩减。

铂属于贵金属，随着燃料电池电动汽车的增多，铂的需求量会显著增加。例如，如果我国有 5 万辆燃料电池电动汽车上路行驶，平均每辆车的铂含量为 20g，那么累积就是 1t 的铂消耗量；如果有 100 万辆燃料电池电动汽车上路，每辆车铂含量为 10g，那么累积铂消耗量就达到 10t。

由于铂的价格昂贵，资源匮乏，因此燃料电池成本很高，大大限制了其广泛应用。降低贵金属催化剂用量、寻求廉价催化剂、提高电极催化剂性能成为电极催化剂研究的主要目标。

降低铂用量主要有以下研究途径。

① 提高催化剂的催化活性来实现 Pt 用量降低。主要研究方向包括 Pt 合金催化剂（利用过渡金属催化剂提高其稳定性、质量比活性，包括 Pt-Co/C、Pt-Fe/C、Pt-Ni/C 等二元合金催化剂）、Pt 单原子层催化剂（Pt 单原子层的核壳结构）、Pt 核壳催化剂（以非 Pt 材料为支撑核，表面壳为贵金属，由金属合金通过化学或电化学反应，去除活性较高的金属元素，保留活性较低的 Pt 元素）和纳米结构 Pt 催化剂（以碳纳米管为催化剂载体的催化剂，是高度有序的催化层，质子、电子、气体可以更快传输）。

② 寻找替代 Pt 的催化剂，其研究主要包括过渡金属簇合物、过渡金属氮化物等。

良好的催化剂应该具有良好的催化活性、高质子传导率、高电子传导率，以及良好的水管理能力和气体扩散能力。超低铂、无铂催化剂是未来的发展方向。

3. 气体扩散层

气体扩散层扮演燃料电池膜电极与双极板之间"沟通的桥梁"角色，其作用是支撑催化层、稳定电极结构，并具有质/热/电的传递功能，同时为电极反应提供气体、质子、电子和水等多个通道。

（1）气体扩散层的材料。

常用于质子交换膜燃料电池电极中的气体扩散层的材料有碳纸、碳布、碳黑纸及无纺布等，也会利用泡沫金属、金属网等来制备。

碳纸、碳布和碳黑纸的比较见表 4-2。

表 4-2　碳纸、碳布和碳黑纸的比较

参数	碳纸	碳布	碳黑纸
厚度/mm	0.2～0.3	0.1～1.0	<0.5
密度/（g·cm^{-3}）	0.4～0.5	不适用	0.35
强度/MPa	16～18	3 000	不适用
电阻率/（Ω·cm）	0.02～0.10	不适用	0.5
透气性/%	70～80	60～90	70

碳纸凭借制造工艺成熟、性能稳定、成本相对低和适合再加工等优点而成为目前商业化气体扩散层的首选材料。碳纸是把均匀分散的碳纤维黏结在一起后形成的多孔纸状型材料，如图 4-27 所示。

图 4-27　碳纸

（2）气体扩散层的作用。

燃料电池的气体扩散层位于双极板与催化层之间，不仅起着支撑催化层、稳定膜电极结构的作用，还承担着为膜电极反应提供气体通道、电子通道和排水通道等多重任务。气体扩散层在燃料电池中的位置如图 4-28 所示。

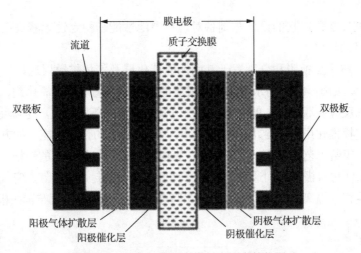

图 4-28　气体扩散层在燃料电池中的位置

燃料电池的气体扩散层主要具有以下作用。

① 引导气体从双极板的导流沟槽到催化层。

② 把反生成的水排除于催化层之外，避免淹水问题。

③ 充当电流的传导器。

④ 在燃料电池反应时具有散热功能。

⑤ 具有足够的强度来支撑膜电极。

（3）气体扩散层材料的要求。

气体扩散层材料的性能直接影响着电化学反应的进行和燃料电池的工作效率。选用高性能的气体扩散层材料，有利于改善电池的综合性能。理想的气体扩散层材料应满足以下要求。

① 适宜的孔隙率和孔径分布。气体扩散层的孔隙多集中分布在 $0.03 \sim 300 \mu m$，其中直径小于 $20 \mu m$ 的孔占总孔体积的 80%。另外，可以将气体扩散层中的孔分为微孔（$0.03 \sim 0.06 \mu m$）、中孔（$0.06 \sim 5 \mu m$）和大孔（$5 \sim 20 \mu m$），气体扩散层必须同时控制水的进入/流出电极和提高反应气体透过率，微孔可以传递凝结水，而大孔对缓解水淹时的传质受限有贡献。当小孔被水填满时，大孔可提供气体传递的通道，但接触电阻较大。气体扩散层较大的孔隙率会导致较高的电流密度，在一定程度上会使电池性能提高，但高孔隙率伴随着气体扩散层被水淹，又会显著降低电池的电压。大孔有利于反应气体有效扩散到催化层，但不利于其对微孔层的支撑，催化剂和碳粉易从大孔脱落，降低催化剂利用率，不利于电流的传导，降低材料的导电性。

② 良好的导电性。低电阻率赋予了它高电子传导能力；碳纸的电阻包括平行于碳纸平面方向的面电阻、垂直于碳纸平面方向的体电阻、催化剂与扩散层间的接触电阻；良好的导电性要求碳纸结构紧密且表面平整，以减小接触电阻，进而提高其导电性能。

③ 具有一定的机械强度，有利于电极的制作和提供长期操作条件下电极结构的稳定性。

④ 具有化学稳定性和热稳定性，以保证电池温度均匀分布和散热，在一定载荷下不发生蠕变，维持一定的机械性能。

⑤ 合适的制造成本，高性价比。

4. 膜电极

膜电极（MEA）是质子交换膜燃料电池的电化学反应场所，是燃料电池的核心部件，有燃料电池"心脏"之称，它的设计与制备对燃料电池性能和稳定性起着决定性作用。

（1）膜电极的组成。

膜电极是由质子交换膜和分别置于其两侧的催化层及气体扩散层通过一定的工艺组合在一起构成的组件，如图 4-29 所示。质子交换膜的作用是隔离燃料和氧化剂、传递质子；催化层的作用是降低反应的活化能，促进氢、氧在电极上的氧化还原过程，提高反应速率；气体扩散层的作用是支撑催化层、稳定电池结构，并具有质/热/电的传递功能。为方便质子交换膜燃料电池堆的堆叠组装工艺批量化、高效进行，膜电极通常还包括外侧的边框。边框具有一定的厚度和强度，以便与双极板之间通过密封垫圈等形式实现密封，将氢气、空气、冷却剂与燃料电池堆外部环境相互隔离。密封垫圈可布置在膜电极的边框上，也可布置在极板上。

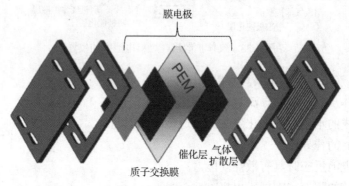

图 4-29　膜电极的组成

（2）膜电极的作用。

膜电极是燃料电池发电的核心部件，膜电极与其两侧的双极板组成了燃料电池的基本单元——燃料电池单电池。在实际应用中，可以根据设计的需求将多个单电池组合成燃料电池堆以满足不同大小的功率输出的需求。图 4-30 所示为由膜电极和极板组成的燃料电池单体结构。

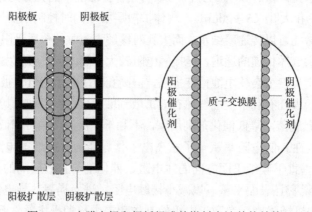

图 4-30　由膜电极和极板组成的燃料电池单体结构

氢气通过阳极极板上的气体流场到达阳极，通过电极上的阳极扩散层到达阳极催化层，吸附在阳极催化层，氢气在铂催化剂的催化作用下分解为 2 个氢离子，即质子 H^+，并释放出 2 个电子，这一过程称为氢的阳极氧化过程。

在电池的另一端，氧气或空气通过阴极极板上的气体流场到达阴极，通过电极上的阴极扩散层到达阴极催化层，吸附在阴极催化剂层。同时，氢离子穿过电解质到达阴极，电子通过外电路也到达阴极。在阴极催化剂的作用下，氧气与氢离子和电子发生反应生成水，这一过程称为氧的阴极还原过程。

与此同时，电子在外电路的连接下形成电流，通过适当连接可以向负载输出电能，生成的水通过电极随反应尾气排出。

（3）膜电极的要求。

燃料电池对膜电极有如下要求。

① 能够最大限度地减小气体的传输阻力，使得反应气体顺利由扩散层到达催化层发生电化学反应，即最大限度地发挥单位面积和单位质量的催化剂的反应活性。因此，气体扩散电极必须具备适当的疏水性，一方面保证反应气体能够顺利经过最短的通道到达催化层，另一方面确保生成的水能够湿润膜。同时，多余的水可以排出，防止阻塞气体通道。

② 形成良好的离子通道，降低离子传输的阻力。质子交换膜燃料电池采用的是固体电解质，磺酸根固定在离子交换膜树脂上，不会浸入电极内，因此必须确保反应在电极催化层内建立质子通道。

③ 形成良好的电子通道。膜电极中碳载铂催化剂是电子的良导体，但是催化层和扩散层的存在将在一定程度上影响电导率，在满足离子和气体传导的基础上还要考虑电子传导能力，以提高膜电极的整体性能。

④ 气体扩散电极应该保证良好的机械强度及导热性。

⑤ 膜具有高质子传导性，能够很好地隔绝氢气、氧气，防止互窜，有很好的化学稳定性、热稳定性及抗水解性。

5. 双极板

双极板又称流场板，是燃料电池的核心零部件，是在燃料电池堆中用于收集电流、分隔氢气和空气并引导氢气和空气在电池内气体扩散层表面流动的导电隔板。它主要起机械支撑、物料分配、热量传递以及电子传导的作用。双极板是燃料电池堆的骨架，对燃料电池堆的性能和成本有很大的影响。

（1）双极板的类型。

双极板按照材料大致可分为 3 类：碳质材料双极板、金属材料双极板及金属与碳质的复合材料双极板。

① 碳质材料双极板。碳质材料包括石墨、模压碳材料及膨胀（柔性）石墨（以下主要介绍石墨双极板）。传统双极板采用致密石墨，经机械加工制成气体流道。石墨双极板化学性质稳定，与膜电极之间接触电阻小，常用于商用车燃料电池。

图 4-31 所示为石墨双极板。

图 4-31　石墨双极板

石墨双极板的优点是导电性高、导热性好、耐腐蚀性强、耐久性高；缺点是易脆、组装困难、厚度不易做薄、制作周期长、机械加工难、成本高。

② 金属材料双极板。铝、镍、钛及不锈钢等金属材料可用于制作双极板。图 4-32 所示为金属材料双极板。

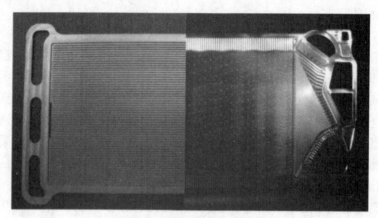

图 4-32　金属材料双极板

金属材料双极板不仅强度高、韧性好，而且导电、导热性能好，功率密度大，可以方便地加工并制成很薄的质子交换膜燃料电池的双极板（0.1～0.3mm）。其缺点是易腐蚀，表面需要改性。金属材料双极板主要应用于燃料电池乘用车，如丰田 Mirai 采用的就是金属材料双极板，其燃料电池模块功率密度达到 3.1kW/L，英国新一代金属材料双极板燃料电池模块的功率密度更是达到了 5kW/L。金属材料双极板使质子交换膜燃料电池模块的功率密度大幅提升，已成为乘用车燃料电池采用的主流双极板。

③ 复合材料双极板。若双极板与膜电极之间的接触电阻大，电阻产生的极化损失多，那么运行效率将下降。在常用的各种双极板材料中，石墨材料的接触电阻最小，不锈钢和钛的表面均会形成不导电的氧化物膜，使接触电阻增高。

复合材料双极板兼具石墨双极板和金属材料双极板的优点，密度低、抗腐蚀、易成型，能使电池堆装配后达到更好的效果。但其加工周期长，长期工作可靠性差，因此没有大范围推广，未来将向低成本化方向发展。

常用双极板的比较见表 4-3。

表 4-3　常用双极板的比较

双极板类型	优势	劣势
石墨双极板	导电性、导热性、耐腐蚀性好，质量轻，技术成熟	体积大，强度和加工性能较差
金属材料双极板	强度高，导电性、导热性好，成本低	密度较大，耐腐蚀性差
复合材料双极板	兼具石墨材料的耐腐蚀性和金属材料的高强度特点，阻气性好	质量大，加工烦琐，成本高

（2）双极板的作用。

双极板在燃料电池中的位置如图 4-33 所示，它位于膜电极两侧，具有以下作用。

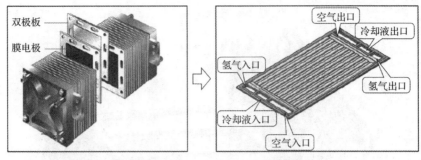

图 4-33 双极板在燃料电池中的位置

① 与膜电极连接组成单电池。

② 提供气体流道，输送氢气和氧气，并防止电池气室中的氢气与氧气串通。

③ 电流收集和传导，在串联的阴阳两极之间建立电流通路。

④ 支撑电池堆和膜电极。

⑤ 排出反应产生的热量。

⑥ 排出反应中产生的水。

（3）双极板的要求。

燃料电池对双极板有以下要求。

① 良好的导电性。双极板具有集流作用，必须具有尽可能小的电阻以确保电池性能。

② 良好的导热性。确保电池在工作时温度分布均匀并使电池的废热顺利排出，提高电极效率。

③ 良好的化学稳定性和抗腐蚀能力。双极板被腐蚀后表面电阻增大，进而使电池性能下降，故双极板材料必须在其工作温度与电位范围内同时具有在氧化介质（如氧气）和还原介质（如氢气）两种条件下的耐腐蚀能力。

④ 流体均匀分布。流体均匀分布确保燃料和氧化剂均匀到达催化层，有利于充分利用催化剂，从而大大提高燃料电池的性能。

⑤ 良好的气密性。双极板用以分隔氧化剂与还原剂，因此双极板应具有阻气功能，不能采用多孔透气材料制备。如果采用多层复合材料，则至少有一层必须无孔，以防止在电池堆中阴、阳极气体透过流场板直接反应，降低电池堆的性能甚至发生危险。

⑥ 机械强度高、质量轻、体积小，容易加工。双极板质量轻和体积小，可使燃料电池的质量比功率和体积功率密度变大，而容易加工则可提高生产效率，大大降低电池的成本。

4.2.5 燃料电池堆

燃料电池堆是发生电化学反应的场所，也是燃料电池动力系统的核心部分，由多个单电池以串联方式层叠组合构成。

1. 燃料电池堆的组成

燃料电池堆是由两个或多个单电池和其他必要结构件组成的、具有统一电输出的组合体，如图 4-34 所示。必要结构件包括端板、膜电极、双极板、密封件、紧固件等。将双极板与膜电极交替叠合，各单体之间嵌入密封件，经前、后端板压紧后用紧固件紧固拴牢，即构成燃料电池堆。燃料电池堆也可简称为电堆。

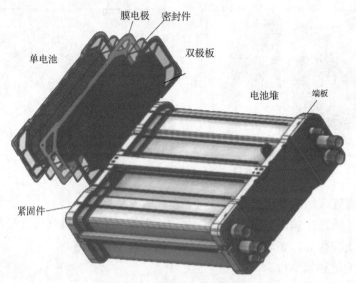

图 4-34　燃料电池堆的组成

（1）端板。

端板的主要作用是控制接触压力，因此足够的强度和刚度是端板的重要特性。足够的强度可以保证在封装力作用下端板不发生破坏，足够的刚度则可以使得端板形变更加合理，从而均匀地将力传递封装载荷到密封件和膜电极上。燃料电池堆端板的材料与结构是影响燃料电池堆性能、寿命及成本的关键因素。

质子交换膜燃料电池堆端板一般使用金属、环氧树脂、玻璃纤维板和聚酯纤维板等，端板上设置有集流板负责将电流导出电池，还设置了弹簧和弹簧盖板，通过弹簧和弹簧盖板将燃料电池堆的紧固力控制在一定范围内。

为保证在整车使用寿命内燃料电池堆的安全性，车用质子交换膜燃料电池堆制造商必须对端板设计进行机械强度、冷热循环、振动冲击、疲劳寿命等的分析和校核。另外，端板还需要进行强度测试，保证振动冲击条件下的可靠性和安全性。燃料电池堆在工作时温度较高，需要保证端板在较高温度下的稳定性并控制形变。

（2）膜电极。

膜电极是质子交换膜燃料电池的核心组件，它一般由质子交换膜、催化层和气体扩散层组成。质子交换膜燃料电池的性能由膜电极决定，而膜电极的性能主要由质子交换膜性能、气体扩散层结构、催化层材料和性能、膜电极本身的制备工艺决定。

（3）双极板。

双极板又称流场板，是电池堆的核心结构零部件，起到均匀分配气体、排水、导热、导电的作用，占整个燃料电池质量的 60% 和成本的 20% 左右，其性能优劣直接影响电池的输出功率和使用寿命。双极板材料主要有金属材料双极板、石墨双极板和复合材料双极板，丰田 Mirai、本田 Clarity 和现代 NEXO 等燃料电池乘用车均采用金属材料双极板，而商用车一般采用石墨双极板。

（4）密封件。

质子交换膜燃料电池堆对于密封有很高的要求，不允许有任何泄漏。为达到较好的密封效果，应从材料选型、结构设计、制造工艺等方面保证密封设计能够承受燃料电池堆预期使用寿命中的温度、压力、湿度、腐蚀、老化、蠕变、工况变化、振动、冲击等作用。

双极板与膜电极之间的活化区域密封件一般采用硅橡胶、氟硅橡胶、三元乙丙橡胶、聚异戊二烯和氯丁橡胶等高弹体材料。常用的方式是采用密封圈密封，通常在双极板上开设一定形状的密封槽并放置密封圈，在双极板两侧施加一定的封装力使密封圈变形，实现可靠的接触密封。还有预制成型（密封垫片）密封方式，在双极板上安装橡胶密封垫片并与膜电极边框进行挤压密封。

燃料电池堆整体封装设计应保证整堆应力分布、寿命阶段内的振动和冷热冲击耐受性、工艺实现成本等因素，在力争体积紧凑、质量降低的情况下，实现燃料电池堆的最优封装。

（5）紧固件。

紧固件的作用是维持燃料电池堆各组件之间的接触压力。电池堆紧固方式有螺栓紧固式、绑带捆扎式。螺栓紧固式是较早采用的方式，其装配简单，设计要点为螺栓数量、分布、预紧力的大小，以及螺栓预紧力的次序。绑带捆扎式的优势在于结构紧凑，可实现相对高的功率密度，其设计要点包括绑带材料、绑带宽度和厚度、绑带分布数量和位置。

无论是螺栓紧固式还是绑带捆扎式，主承压部分均为端板，所以端板的设计要基于端板材料的刚度和强度，结合应力及形变，确定适宜的端板厚度和形状，有利于实现电池堆整体压力均匀分配，实现轻量化。

2. 我国燃料电池堆产品介绍

氢燃料电池堆是整个燃料电池产业链的核心部分，其性能和成本直接决定了燃料电池产业化进程。评价氢燃料电池堆性能的指标主要包括其耐久性、启动温度及比功率。其中，比功率是近年国内外研究机构和企业重点攻克的方向之一。目前，我国燃料电池堆企业正在迅速崛起，无论是在膜电极、双极板等核心零部件技术突破方面还是在整堆功率等级和功率密度方面都有了长足的进步。我国氢燃料电池堆企业有新源动力股份有限公司、上海捷氢科技股份有限公司、上海神力科技有限公司、安徽明天氢能科技股份有限公司、上海氢晨新能源科技有限公司、浙江锋源氢能科技有限公司等。

图 4-35 所示为新源动力股份有限公司推出的 70kW 燃料电池堆，采用金属材料双极板，峰值功率为 85kW，工作电压范围为 230～370V，其空气侧最高工作压力为 250kPa，工作温度范围为-30～87℃，防护等级为 IP67，抗震性能满足 SAE J2380—2009 标准要求，绝缘性能不小于 2MΩ，可以实现-40℃储存和低温-30℃启动。在阴极无外增湿的操作条件下，其稳定输出功率达 70kW，燃料电池堆功率密度达到 3.4kW/L。

图 4-35　新源动力股份有限公司的 70kW 燃料电池堆

图 4-36 所示为上海捷氢科技股份有限公司的 P390 燃料电池堆，其功率为 115kW，功率密度为 3.1kW/L，低温冷启动温度为-30℃，主要用于燃料客车。

图 4-36　上海捷氢科技股份有限公司的 P390 燃料电池堆

图 4-37 所示为上海神力科技有限公司的燃料电池堆，主要用于商用车，其体积功率密度达到 2.2kW/L。其中，SFC-MD 系列燃料电池模块的额定功率可以达到 47kW，工作温度范围为-30～75℃；而 SFC-HD 系列大功率燃料电池模块的额定功率可以达到 76kW，工作温度范围为-30～85℃，可实现-20℃下低温启动。

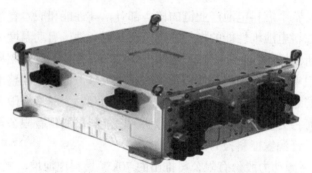

图 4-37　上海神力科技有限公司的燃料电池堆

图 4-38 所示为安徽明天氢能科技股份有限公司的燃料电池堆，其体积功率密度达到 3.0kW/L，电池堆功率范围覆盖 20～100kW。图 4-38 中为 60kW 的燃料电池堆，其工作温度为-30～80℃，空气侧最高工作压力为 250kPa。

图 4-38　安徽明天氢能科技股份有限公司的燃料电池堆

图 4-39 所示为上海氢晨新能源科技有限公司的燃料电池堆，其功率为 100kW，体积功率密度达到 3.3kW/L。

图 4-39 上海氢晨新能源科技有限公司的燃料电池堆

图 4-40 所示为浙江锋源氢能科技有限公司的燃料电池堆，其功率包括 60kW、80kW、100kW、120kW、150kW，对应的额定电压分别为 117V、156V、195V、234V、293V，额定电流为 515A，体积功率密度达到 4.5kW/L。

图 4-40 浙江锋源氢能科技有限公司的燃料电池堆

4.2.6 燃料电池发电系统

燃料电池发电系统是指一个或多个燃料电池堆和其他主要及适当的附加部件的集成体，用于组装到一个发电装置或一个交通工具中。燃料电池发电系统常简称为燃料电池系统。

1. 燃料电池发电系统的组成

一个燃料电池发电系统由以下几个主要部分组成：一个或多个燃料电池堆，输送燃料、氧化剂和废气的管路系统，电池堆输电的电路连接、检测和控制装置。此外，燃料电池发电系统还包括输送额外流体（如冷却介质、惰性气体等）的装置、检测正常或异常运行条件的装置、外壳或压力容器和模块的通风系统，以及模块操作和功率调节所需的电子元件。

典型的燃料电池发电系统主要由燃料电池堆、DC/DC 变换器、空气压缩机、加湿器、水泵、散热器、氢气循环泵、储氢罐等组成，如图 4-41 所示。

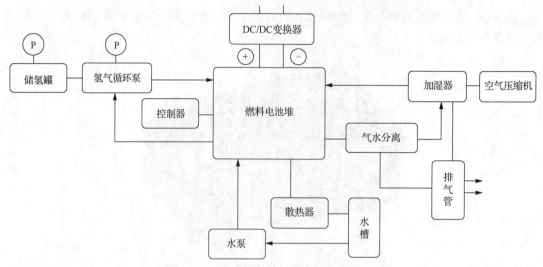

图 4-41　典型的燃料电池发电系统的组成

（1）燃料电池堆。

燃料电池堆是燃料电池发电系统的核心和主体，其技术是燃料电池的关键技术，如图 4-42 所示。

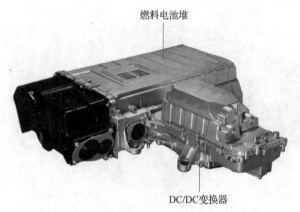

图 4-42　燃料电池堆

（2）DC/DC 变换器。

DC/DC 变换器如图 4-43 所示，用于将燃料电池输出的低压直流电升压为高压直流输出，为燃料电池电动汽车提供电能，同时为动力电池充电。DC/DC 变换器通过对燃料电池系统输出功率的精确控制，实现整车动力系统之间的功率分配及优化控制。

图 4-43　DC/DC 变换器

（3）空气压缩机。

在燃料电池中，氢气和氧气发生电化学反应产生电流，其中的氧气可以使用纯氧或从空气中直接获得，用空气更方便、经济。给氧气增加压力，目的是增加燃料电池反应的效率和速度，燃料电池两侧的压力越大越好，这样效率更高，单位时间内产生的电流也更大，质子交换膜电池系统的典型工作压力在 $1\sim3MPa$。图 4-44 所示为某燃料电池的空气压缩机。

图 4-44　某燃料电池的空气压缩机

（4）加湿器。

质子交换膜在工作温度较高时，水分的减少造成膜的质子电导率降低，从而引起质子交换膜的电阻增加，电池性能降低。加湿器可以给气体加湿，也可以控制温度。图 4-45 所示为某燃料电池的加湿器。

图 4-45　某燃料电池的加湿器

（5）水泵。

水泵能够对系统冷却液做功，使冷却液循环。一旦电池堆温度升高超过设限，水泵就通过加大冷却液的流速来给电池堆降温。为保证电池堆产生的热量能够快速、有效地散发，要求水泵具有大流量、高扬程、良好的绝缘性能及更高的电磁兼容能力。此外，水泵还需要实时反馈当前的运行状态或故障状态。图 4-46 所示为某燃料电池的水泵。

图 4-46　某燃料电池的水泵

（6）散热器。

散热器的作用是散热，它将冷却液的热量传递给环境，从而降低冷却液的温度。散热器本体需要的散热量大，清洁度要求高，离子释放率低，散热器的风扇要求风量大、噪声低、可无级调速并需要反馈相应的运行状态。图 4-47 所示为某燃料电池的散热器。

图 4-47　某燃料电池的散热器

（7）氢气循环泵。

目前，我国燃料电池发动机系统氢气侧多采用脉冲排氢，并将阳极侧的水带出电池堆，以防止氢气侧被水淹。另一种方法则是使用氢气循环泵，可连续使用几个小时仅排一次氢，极大地增加了燃料利用率。将氢气侧作为循环利用的零部件有几个好处：一是给氢气侧带来水；二是能够提供流畅的速度；三是可以防止水淹。流速快可以增加整个反应的速度，也容易带走积水。图 4-48 所示为某燃料电池的氢气循环泵。

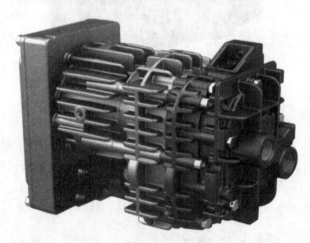

图 4-48　某燃料电池的氢气循环泵

（8）储氢罐。

我国储氢罐使用的是铝合金的内胆外面缠绕碳纤维，国外大部分使用塑料内胆。目前我国储氢罐压力主要采用的是 35MPa，其原因主要是受限于金属内胆本身特性，以及碳纤维缠绕成本比较高。图 4-49 所示为储氢罐结构。

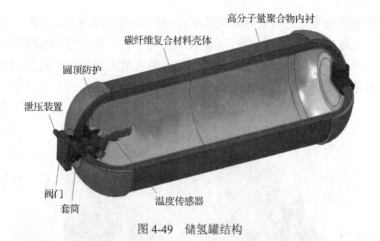

图 4-49　储氢罐结构

2.　燃料电池发电系统产品介绍

深圳市氢蓝时代动力科技有限公司的燃料电池发电系统如图 4-50 所示，其净输出功率达 132kW，动态响应速率最快可达 60A/s，系统采用新型故障诊断与健康管理策略。

图 4-50　深圳市氢蓝时代动力科技有限公司的燃料电池发电系统

上海捷氢科技股份有限公司的燃料电池发电系统如图 4-51 所示，其额定功率为 117kW，电池堆体积功率密度为 3.7kW/L，具有高集成度、易于商用车布置和维护、快速响应等优势，可应用于燃料电池中重型卡车、城际客车等领域。

图 4-51　上海捷氢科技股份有限公司的燃料电池发电系统

广东国鸿氢能科技有限公司的燃料电池发电系统如图4-52所示，其集成了国鸿氢能自主研发的鸿芯GI高性能电池堆，与空气子系统、氢气子系统和冷却子系统等集成于一体，净输出功率达到110kW，体积功率密度为555kW/L，系统最高发电效率达到61%，主要应用于中大型客车、中重型载货车、自卸车、牵引车等车辆。

图4-52　广东国鸿氢能科技有限公司的燃料电池发电系统

我国燃料电池发电系统的开发主要集中在商用车领域。

宝马集团开发的燃料电池发电系统如图4-53所示，它通过氢气与空气中的氧气产生化学反应，可产生高达125kW·h的电能。燃料电池下方装有DC／DC电源变换器，可让燃料电池的电压水平与电动动力系统和高功率型电池的电压水平相匹配。与燃料电池发电系统配套的还有一对70MPa的储氢压力罐，总共可容纳6kg的氢气，而加氢时间只需3～4min。

图4-53　宝马集团开发的燃料电池发电系统

4.3　车　载　储　氢

4.3.1　车载储氢系统技术条件

车载储氢是燃料电池电动汽车应用的关键技术之一。

车载储氢系统是指从氢气加注口至燃料电池氢气进口，与氢气加注、储存、输送、供给和控制有关的装置，如图 4-54 所示。

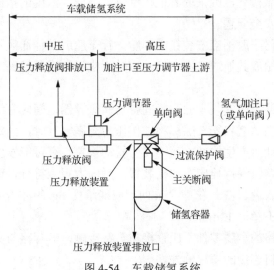

图 4-54　车载储氢系统

图 4-54 中，主关断阀是一种用来关断从储氢容器向该阀下游供应氢气的阀；单向阀是储氢容器主阀中一种用来防止氢气从储氢容器倒流回其加注口的阀；压力调节器是将车载储氢系统压力控制在设计值范围内的阀；压力释放阀是当减压阀下游管路中压力异常升高时，通过排气而控制其压力在正常范围的阀。

车载储氢系统具有如下特点。

（1）车载储氢系统应符合《燃料电池电动汽车　安全要求》（GB/T 24549—2020）的规定，且车载储氢系统及其装置的安装应能在正常使用条件下安全、可靠地运行。

（2）车载储氢系统应最大限度地减少高压管路连接点的数量，保证管路连接点施工方便、密封良好、易于检查和维修。

（3）车载储氢系统中与氢接触的材料应与氢兼容，并应充分考虑氢脆现象对设计使用寿命的影响。

（4）储氢容器组布置应保证车辆在空载、满载状态下的载荷分布符合规定。

（5）车载储氢系统中使用的部件、元件、材料等，如储氢容器、压力调节器、主关断阀、压力释放阀、压力释放装置、密封件及管路等，应是符合相关标准的合格产品。

（6）主关断阀、单向阀和压力释放装置应集成在一起，装在储氢容器的端头。主关断阀的操作应采用电动方式，并应在驾驶员易于操作的部位，当断电时应处于自动关闭状态。

（7）应有过流保护装置或其他装置，当由检测储氢容器或管道内压力的装置检测到压力异常降低或流量异常升高时，能自动关断来自储氢容器内的氢气供应，如果采用过流保护阀，应安装在主关断阀上或靠近主关断阀。

（8）每个储氢容器的进口管路上应安装手动关断阀或其他装置，在加氢、排氢或维修时，可用来单独地隔断各个储氢容器。

储氢容器和管路应满足如下要求。

（1）不允许采用更换储氢容器的方式为车辆加注氢气。

（2）车载储氢系统管路安装位置及走向要避开热源及电器、蓄电池等可能产生电弧的地方，至少应有 200mm 的距离，尤其是管路接头不能位于密闭的空间内。高压管路及部件可能产生静电的地方要可靠接地，或采取其他控制氢气泄漏及浓度的措施，确保即便在产生静电的地方，也不会发生安全问题。

（3）储氢容器和管路一般不应安装在乘客舱、行李舱或其他通风不良的地方。但如果不可避免地要安装在行李舱或其他通风不良的地方时，应设计通风管路或其他措施，将可能泄漏的氢气及时排出。

（4）储氢容器和管路等应安装牢固，紧固带与储氢容器之间应有缓冲保护垫，以防止行车时发生位移和损坏。当储氢容器按照标称工作压力充满氢气时，固定在储氢容器上的零件应能承受车辆加速或制动时产生的冲击而不发生松动现象。有可能发生损坏的部位应采取覆盖物加以保护。储氢容器紧固螺栓应有放松装置，紧固力矩应符合设计要求。储氢容器安装紧固后，在上、下、前、后、左、右 6 个方向上应能承受 8g 的冲击力，保证储氢容器与固定座不损坏，相对位移不超过 13mm。

（5）支撑和固定管路的金属零件不应直接与管路接触，但管路与支撑和固定管路的金属零件直接焊合或使用焊料连接的情况例外。

（6）刚性管路布置合理、排列整齐，不得与相邻部件产生碰撞和摩擦。管路保护垫应能抗震和消除热胀冷缩产生的影响，管路弯曲时，其中心线曲率半径应不小于管路外直径的 5 倍。两端固定的管路在其中间应有适当的弯曲，支撑点的间隔应不大于 1m。

（7）刚性管路及附件的安装位置距车辆的边缘至少应有 100mm 的距离，否则应增加保护措施。

（8）对可能受排气管、消声器等热源影响的储氢容器和管道等，应有适当的热绝缘保护措施。要充分考虑使用环境对储氢容器可能造成的伤害，需要对储氢容器组加装防护装置。直接暴露在阳光下的储氢容器应有必要的覆盖物或遮阳棚。

（9）当车辆发生碰撞时，主关断阀应根据设计的碰撞级别立即（自动）关闭，切断向管路的燃料供应。

氢气泄漏及检测按以下步骤进行。

（1）氢气泄漏量。对一辆标准乘用车进行氢气渗透量、泄漏量评估时，需要将其限制在一个封闭的空间内，增压至100%的标称工作压力，确保氢气的渗透和泄漏量在稳态条件下不超过 0.15NL/min。

（2）在安装车载储氢系统的封闭或半封闭的空间上方的适当位置应至少安装一个氢泄漏探测器，能实时检测氢气的泄漏量，并将信号传递给氢气泄漏警告装置。

（3）在驾驶员容易识别的部位安装氢气泄漏警告装置，该装置能根据氢气泄漏量的大小发出不同的警告信号。泄漏量与警告信号的级别由制造商根据车辆的使用环境和要求决定。一般情况下，在泄漏量较小，即空气中氢气体积含量≥2%时，发出一般警告信号；在氢气泄漏量较大，即空气中氢气体积含量≥4%时，立即发出严重警告信号，并立即关断氢供应；但如果车辆装有多个车载储氢系统，则允许仅关断有氢气泄漏部分的氢供应。

（4）当氢泄漏探测器发生短路、断路等故障时，应能对驾驶员发出故障报警信号。

加氢口应满足如下要求。

（1）加氢口应符合《燃料电池电动汽车加氢口》（GB/T 26779—2021）的规定。

（2）加氢口的安装位置和高度要考虑安全防护要求，并且方便加氢操作。

（3）加氢口不应位于乘客舱、行李舱和通风不良的地方。

（4）加氢口距暴露的电气端子、电气开关器件和点火源等部件至少应有 200mm 的距离。

压力释放装置和氢气的排放应满足如下要求。

（1）压力释放装置。为防止调节器下游压力异常升高，允许采用压力释放阀排出氢气，或关断压力调节器上游的氢气供应。

（2）氢气的排放。当压力释放阀排放氢气时，排放气体流动的方位和方向应远离人、电源、火源。放气装置应尽可能安装在汽车的高处，且应防止排出的氢气对人员造成危害，避免流向暴露的电气端子、电气开关器件或点火源等部件。

所有压力释放装置排气时应遵循下列原则：不应直接排放到乘客舱和行李舱；不应排向车轮所在的空间；不应排向暴露的电气端子、电气开关器件及其他点火源；不应排向其他储氢容器；不应朝本车辆正前方排放。

驾驶员易于观察的地方应装有指示储氢容器氢气压力的压力表，或显示氢气剩余量的仪表。

4.3.2　氢气的储存方法

储氢技术作为氢气从生产到利用过程中的桥梁，至关重要。可通过氢化物的生成与分解储氢，或者基于物理吸附过程储氢。目前，氢气的储存主要有气态储氢、液态储氢和固态储氢 3 种方法。高压气态储氢已得到广泛应用，低温液态储氢在航天等领域得到应用，有机液态储氢和固态储氢尚处于示范阶段。

1. 气态储氢

气态储存是对氢气加压，减小体积，使氢气以气体形式储存于特定容器中。根据压力大小的不同，气态储存又可分为低压气态储存和高压气态储存。氢气可以像天然气一样用低压储存，使用巨大的水密封储槽，该方法适合大规模储存气体时使用。高压气态储存是较普通和较直接的储存方法，通过高压阀的调节就可以直接将氢气释放出来。普通高压气态储氢是一种应用广泛、简便易行的储氢方法，而且成本低、充放气速度快，且在常温下即可进行。但其缺点是需要厚重的耐压容器，并要消耗较大的氢气压缩功，存在氢气易泄漏和容器可能爆破等不安全因素。高压气态储氢分为高压氢瓶和高压容器两大类，其中钢质氢瓶和钢质压力容器技术最成熟，成本较低。20MPa 钢质氢瓶已得到了广泛的工业应用，并与 45MPa 钢质氢瓶、98MPa 钢带缠绕式压力容器组合应用于加氢站中。碳纤维缠绕高压氢瓶的开发应用实现了高压气态储氢由固定式应用向车载储氢应用的转变。

图 4-55 所示为某加氢站中的储氢瓶组，其储氢压力为 45MPa。

图 4-55　某加氢站中的储氢瓶组

2. 液态储氢

氢气在一定的低温下会以液态形式存在。因此，可以使用一种深冷的液氢储存技术——低温液态储氢。与空气液化相似，低温液态储氢也是先将氢气压缩，在经过节流阀之前进行冷却，经历焦耳-汤姆孙效应等焓膨胀后，产生一些液体。将液体分离后，将其储存在高真空的绝热容器中，气体继续进行上述循环。液氢储存具有较高的能量密度。常温、常压下液氢的体积密度为气态氢的 845 倍，能量密度比压缩储存要高好几倍，与同一体积的气态储氢容器相比，其储氢质量大幅度提高。液氢储存工艺特别适合于储存空间有限的运载场合，如航天飞机用的火箭发动机、汽车发动机和洲际飞行运输工具等。若仅从质量和体积上考虑，液氢储存是一种极为理想的储氢方式。但是氢气液化要消耗很大的冷却能量，液化 1kg 氢需耗电 4~10kW·h，增加了储氢和用氢的成本。另外，液氢储存容器必须使用超低温用的特殊容器。由于液氢储存的装料和绝热不完善容易导致较高的蒸发损失，因此其储存成本较高，安全技术也比较复杂。

液态储氢可分为低温液态储氢和有机液态储氢。

（1）低温液态储氢。低温液态储氢将氢气冷却至-253 ℃，液化储存于低温绝热液氢罐中，储氢密度可达 70.6 kg/m³，但液氢装置一次性投资较大，液化过程中能耗较高，储存过程中有一定的蒸发损失，其蒸发率与储氢罐容积有关，大储罐的蒸发率远低于小储罐的蒸发率。我国液氢已在航天工程中成功应用，民用领域仍缺乏相关标准。

（2）有机液态储氢。有机液态储氢利用某些不饱和有机物（如烯烃、炔烃或芳香烃）与氢气进行可逆加氢和脱氢反应，实现氢的储存。加氢后形成的液体有机氢化物性能稳定，安全性高，储存方式与石油产品的相似，但存在反应温度较高、脱氢效率较低、催化剂易被中间产物毒化等问题。

美国通用汽车公司已经将低温液态储氢技术应用于车载储氢系统中，液态储氢罐长度为 1m，直径为 0.14m，总质量为 90kg，可储氢 4.6kg，质量储氢密度、体积储氢密度分别为 5.1%、36.6g/L。

3. 固态储氢

固态储氢是利用固体对氢气的物理吸附或化学反应等作用，将氢储存于固体材料中。固态储存一般可以做到安全、高效、高密度，是气态储存和液态储存之后较有发展前景的研究发现。固态储存需要用到储氢材料，寻找和研制高性能的储氢材料成为固态储氢的当务之急，也是未来储氢发展乃至整个氢能利用的关键。

固态储氢以金属氢化物、化学氢化物或纳米材料等作为储氢载体，通过化学吸附和物理吸附的方式实现氢的储存。固态储氢具有储氢密度高、储氢压力低、安全性好、放氢纯度高等优势，其体积储氢密度高于液态储氢的体积储氢密度，但主流金属储氢材料质量储氢率仍低于 3.8%，质量储氢率大于 7% 的轻质储氢材料还需要解决吸放氢温度偏高、循环性能较差等问题。国外固态储氢已在燃料电池潜艇中得到商业化应用，在分布式发电和风电制氢规模储氢中得到示范性应用。我国固态储氢已在分布式发电中得到示范性应用。

3 种储氢技术比较见表 4-4。

表 4-4　3 种储氢技术比较

项目	高压气态储氢	低温液态储氢	固态储氢
质量储氢密度（质量分数）/%	1.0～5.7	5.7～10	1.0～4.5
技术	在高温下将氢气压缩，以高密度气态形式储存	利用氢气在高压、低温条件下液化，体积密度为气态时的 845 倍，其输送效率高于气态氢	利用固体对氢气的物理吸附或化学反应等作用将氢储存于固体材料中，不需要压力和冷冻
优点	成本较低，技术成熟，充放氢快，能耗低，易脱氢，工作条件较宽	体积储氢密度高，液态氢纯度高	体积储氢密度高，操作安全、方便，不需要高压容器，具备纯化功能，得到的氢纯度高
缺点	体积储氢密度低，比容量小，存在泄漏、爆炸的安全隐患	液化过程耗能大，易挥发，成本高	质量储氢密度低，成本高，吸放氢有温度要求，抗杂质气体能力差
技术突破	进一步提高储氢罐的储氢压力、储氢质量密度；改进储氢罐材质，向高压化、低成本、质量稳定的方向发展	为提高保温效率，需增加保温层或保温设备，克服保温与储氢密度之间的矛盾；减少储氢过程中液氢汽化而造成的 1% 左右的损失；降低保温过程所耗费的相当于液氢质量 30% 的能量	提高质量储氢密度；降低成本及温度要求
应用	目前发展最成熟、最常用的技术之一，也是车用储氢主要采用的技术	主要应用于航空航天领域，适合超大功率商用车辆	未来重要发展方向

我国储氢行业中发展的主流是高压气态储氢，大部分加氢站都采用高压气态储氢技术。从我国储氢企业中也可以看出，走高压气态储氢路线的企业占比是最大的。

纵观我国储氢市场，高压气态储氢技术比较成熟，且优点明显，在一段时间内都将是我国主推的储氢技术。但由于高压气态储氢存在安全隐患且有比容量低的问题，因此在氢燃料电池汽车上的应用并不完美。低温液态储氢技术在我国还处于仅服务于航空航天领域的阶段，短期内应用于民用领域还不太可能。低温液态储氢技术成本高昂，从长期来看，其在我国商业化应用前景不如其他储氢技术。固态储氢应用在燃料电池电动汽车上优点十分明显，但现在仍存在技术上的难题，短期内应该还不会有较大范围的应用，但从长期来看发展潜力比较大。

高压气态储氢是目前应用广泛的一种储氢方式，通常采用储氢罐作为容器。

储氢罐根据制造材料不同共分为 4 种类型，即全金属气罐（Ⅰ型）、金属内胆纤维环向缠绕气罐（Ⅱ型）、金属内胆纤维全缠绕气罐（Ⅲ型）和非金属内胆纤维全缠绕气罐（Ⅳ型）；根据压力状态不同可以分为高压储氢罐和常压储氢罐；根据氢气状态不同可以分为固态储氢罐、气态储氢罐和液态储氢罐。储氢罐的分类如图 4-56 所示。目前常用的标准是根据储氢罐制造材料的不同而制定的分类标准。

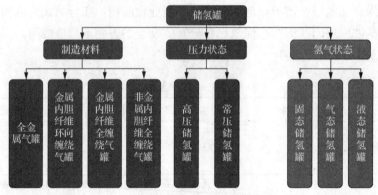

图 4-56　储氢罐的分类

不同类型的储氢罐，其适用场景和相关性能也有所不同，目前Ⅰ型、Ⅱ型的技术较成熟，主要用于常温常压下的大容量氢气储存，Ⅲ型和Ⅳ型主要是高压、液态储氢，适用于燃料电池电动汽车、加氢站等。

Ⅰ型和Ⅱ型储氢密度低、安全性能差，难以满足车辆储氢密度的要求。Ⅲ型、Ⅳ型具有提高安全性、减轻质量、提高储氢密度等优点，在汽车领域得到了广泛的应用，国外多为Ⅳ型，我国多为Ⅲ型。Ⅳ型具有优良的氢脆性能、低成本（相对于Ⅲ型）、更高的质量储氢密度和循环寿命，已成为引领国际氢能汽车高压储氢容器发展的方向。

不同储氢罐的特点见表 4-5。

表 4-5　不同储氢罐的特点

项目	Ⅰ型	Ⅱ型	Ⅲ型	Ⅳ型
材料	纯钢质金属	钢质内胆，纤维环绕	铝内胆，纤维缠绕	塑料内胆，纤维缠绕
压力	17.5～20MPa	26.3～30MPa	30～70MPa	70MPa 以上
使用寿命	15 年	15 年	15～20 年	15～20 年
储氢密度	低	低	高	高
成本	低	中等	最高	高
应用情况	加氢站等固定式储氢应用		车载储氢应用	

表 4-5 中的储氢密度是储氢系统的性能指标，一般采用质量储氢密度和体积储氢密度这两个参数来评估其储氢系统的储氢能力。

储氢能力是指可向燃料电池发电系统输送的氢气的可用量除以整个储氢系统的总质量/体积，这里的储氢系统包括所有储存的氢气、介质、反应剂（如水解系统内的水）和系统组件。

4.3.3　氢气的制备方法

氢气是燃料电池常用的燃料，但地球周围的单质氢气是极少的，燃料电池电动汽车大规模推广使用须要解决氢源问题。

1．制氢技术

氢能产业涉及制氢、储氢和输氢等环节，其中制氢成本最高。常用制氢方式如图 4-57 所示。其中，化石燃料制氢、工业副产氢回收、电解水制氢的技术成熟，它们的差别在于原料的再生性、二氧化碳排放和制氢成本。目前以化石燃料制氢为主。

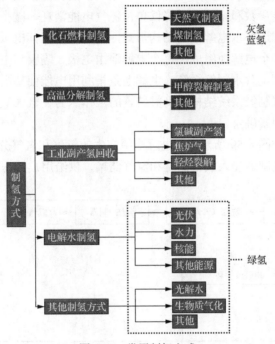

图 4-57　常用制氢方式

氢分为灰氢、蓝氢和绿氢，如图 4-58 所示。要实现燃料电池电动汽车的可持续发展，使用的燃料氢必须由灰氢变成绿氢。

图 4-58　灰氢、蓝氢和绿氢

2. 电解水制氢

将水电解为氢气和氧气的过程，其阴极反应为

$$2H_2O+2e^- \longrightarrow 2OH^- +H_2$$

阳极反应为

$$2OH^- \longrightarrow H_2O+\frac{1}{2}O_2+2e^-$$

总反应为

$$2H_2O = 2H_2+O_2$$

纯水是电的不良导体，所以电解水制氢时要在水中加入电解液来增大水的导电性。一般电解水都用氢氧化钾作为电解液。

电解水制氢系统的主体设备为水电解槽。水电解槽的性能参数将决定水电解制氢的技术性能。水电解槽的性能参数和结构应以降低单位氢气电能消耗、减少制造成本、延长使用寿命为基本要求，应合理选择水电解槽的结构形式，电解小室及其电极与隔膜的构造、涂层和材质。水电解槽由若干个电解池组成，每个电解池由电极、隔膜和电解质溶液等构成，由此构成各种形状和规格的电解水制氢系统。电解池是指利用电能使某电解质溶液分解为其他物质的单元装置。电解水制氢系统结构由制氢装置的工作压力、氢（氧）气的用途、气体纯度及其允许杂质含量等因素确定。

电解水制氢系统如图4-59所示。水电解槽中产生的氢气和氧气分别经过气液分离器、洗涤（冷却）器、压力控制器浸入氧气储罐和氢气储罐，供给用户或压缩充装。

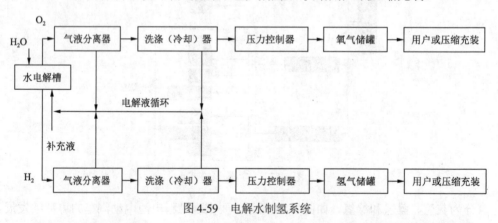

图4-59　电解水制氢系统

气液分离器的作用就是处理含有少量凝液的气体，实现凝液回收或气相净化。其一般为一个压力容器，内部有相关进气构件和液滴捕集构件。一般气体由上部出口，液相由下部收集。洗涤（冷却）器是用来洗涤（冷却）氢气和氧气的。

目前，电解水制氢技术主要有碱性水电解槽、质子交换膜水电解槽和固体氧化物水电解槽。其中，碱性水电解槽技术最为成熟，生产成本较低，我国单台最大产气量达到1 000m³/h；质子交换膜水电解槽流程简单，能效较高，我国单台最大产气量达到50m³/h，但因使用贵金属电催化剂等材料，所以成本偏高；固体氧化物水电解槽采用水蒸气电解，在高温环境下工作，能效最高，但尚处于研发阶段。

电解水制氢具有绿色环保、生产灵活、纯度高（通常在99.7%以上）及副产品为高价值

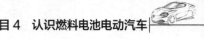

的氧气等特点，但制氢成本受电价的影响很大，电价占总成本的 70%以上。

3. 化石燃料制氢

煤制氢历史悠久，通过气化技术将煤炭转化为合成气，再经水煤气变换分离处理以提取的高纯度的氢气是制备合成氨、甲醇、液体燃料、天然气等多种产品的原料，广泛应用于煤化工、石化、钢铁等领域。煤制氢技术路线成熟、高效，可大规模稳定制备，是当前成本最低的制氢方式。其中，原料煤是煤制氢主要的消耗原料，约占制氢总成本的 50%。

天然气制氢技术中，蒸汽重整制氢较为成熟，也是国外主流的制氢方式。其中，天然气原料成本占制氢成本的比例达 70%以上，天然气价格是决定制氢价格的重要因素。

为控制制氢环节的碳排放，化石能源重整制氢需结合碳捕集与封存技术。

下面介绍化石能源重整制氢中的天然气蒸汽重整制氢和甲醇转化制氢。

（1）天然气蒸汽重整制氢。天然气蒸汽重整制氢是大规模工业制氢的主要方法。重整是指由原燃料制备富氢气体混合物的化学过程；天然气蒸汽重整是指通过天然气和水蒸气的化学反应制备富氢气体的过程；重整制氢是指碳氢化合物原料在重整器内进行催化反应获得氢的过程。

天然气的主要成分是甲烷 CH_4，它与水蒸气在 1 100℃下进行反应，其反应方程式为

$$CH_4(g)+H_2O(g) \Longrightarrow 3H_2(g)+CO(g)$$

式中，（g）代表气体。

气体产物中的 CO 可通过与水蒸气的变换反应转化为 H_2 和 CO_2，其反应方程式为

$$CO(g)+H_2O(g) \Longrightarrow H_2(g)+CO_2(g)$$

最终产物中的 CO_2 可通过高压水清洗掉，所得氢气可直接用作工业原料气。如果要作为燃料电池电动汽车的燃料，还需要对其中的 CO 等杂质进行进一步处理。

天然气蒸汽重整制氢系统主要由精脱硫装置、预热炉、蒸汽转化炉、余热锅炉、变换反应器、冷却器和变压吸附提纯装置等设备组成。天然气经精脱硫装置脱硫精制后，按一定的水碳比与水蒸气混合，经预热炉预热后进入蒸汽转化炉。在催化剂的作用下，转化反应生产出 H_2、CO、CO_2 等气体，经余热锅炉回收热量后进入变换反应器，将 CO 变换成 CO_2 得到变换气，变换气经回收热量的余热锅炉、冷却器后降至常温，再经变压吸附提纯装置提纯得到纯度较高的氢气。变压吸附提纯装置的解吸气中含有 CO、CH_4 等可燃组分，经解吸气缓冲罐输送给蒸汽转化炉作为燃料气。天然气蒸汽重整制氢系统如图 4-60 所示。

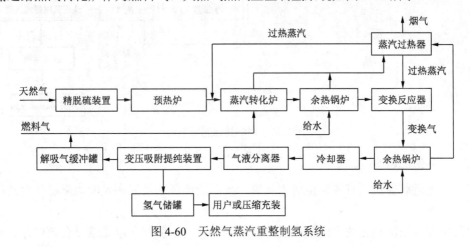

图 4-60　天然气蒸汽重整制氢系统

天然气蒸汽重整制氢主要包括以下 4 个流程。

① 原料预处理。原料预处理主要是指原料气的脱硫过程。

② 天然气蒸汽转化。多采用镍系催化剂，将天然气中的烷烃转化为主要成分为一氧化碳和氢气的原料气。

③ 一氧化碳变换。一氧化碳在中温或高温及催化剂条件下与水蒸气发生反应，从而生成氢气和二氧化碳的变换气。

④ 氢气提纯。对生成的氢气进行提纯，常用的氢气提纯系统是变压吸附净化分离系统，净化后得到的氢气纯度最高可以达到 99.99%。

（2）甲醇转化制氢。甲醇制氢的反应方程式为

$$CH_3OH \Longrightarrow 2H_2 + CO$$

分解产物混合气中的 CO 也可以通过变换反应与水蒸气作用转化为 H_2 和 CO_2，即

$$CO(g) + H_2O(g) \Longrightarrow H_2(g) + CO_2(g)$$

总反应为

$$CH_3OH(g) + H_2O(g) \Longrightarrow CO_2(g) + 3H_2(g)$$

甲醇转化制氢系统主要由加热器、转化器、过热器、汽化器、换热器、冷却器、水洗塔和变压吸附提纯装置等设备组成。甲醇和脱盐水按一定比例混合，由换热器预热后送入汽化器，汽化后的甲醇、蒸汽再经导热油过热后进入转化器催化变换成 H_2、CO_2 的转化气。转化气经换热、冷却冷凝后进入水洗塔，塔底收集未转化的甲醇和水以循环使用，水洗塔顶的转化气送变压吸附提纯装置。转化器、过热器和汽化器均由加热器加热后的导热油提供热量。甲醇转化制氢系统如图 4-61 所示。

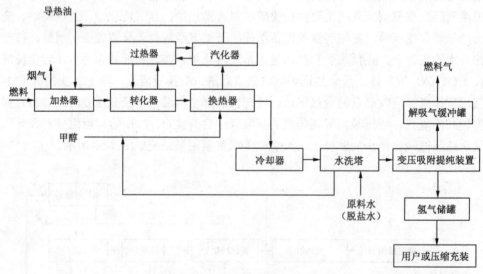

图 4-61　甲醇转化制氢系统

4. 可再生能源制氢

可再生能源制氢主要有风能电解水制氢、太阳能电解水制氢和风能太阳能联合式电解水制氢。

由风能和太阳能转化的电能虽可直接用于电力供应，但存在电能难以有效储存、利用率

较低、电力供应不稳定等缺点。若将风能和太阳能转化的部分电能用于电解水制氢获得氢气，则可起到电能储存及电力负荷的错峰填谷作用。风能电解水制氢系统、太阳能电解水制氢系统和风能太阳能联合式电解水制氢系统如图 4-62 至图 4-64 所示。

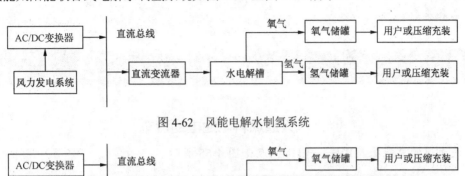

图 4-62　风能电解水制氢系统

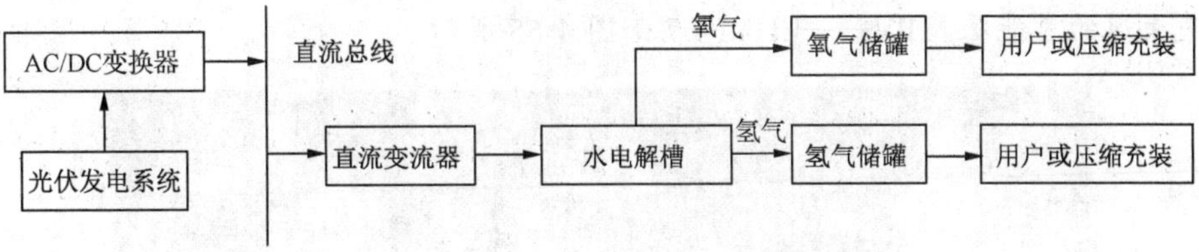

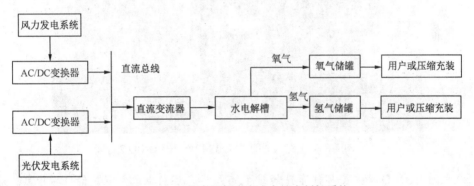

图 4-63　太阳能电解水制氢系统

图 4-64　风能太阳能联合式电解水制氢系统

此外，还有很多制氢方法，如从化工厂或炼油厂的副产品尾气中获取氢气、利用城市固体垃圾或有机生物质通过气化制氢等。

传统的工业应用制氢方法主要是利用化石燃料制备和电解水制备，效率不高，且会排放大量温室气体，难以满足未来氢气制备高效、大规模、无碳排放的要求。而核能作为一种清洁能源，核能制氢已经发展成为一种清洁、安全、成熟的技术。核能制氢就是将核反应堆与先进制氢工艺耦合，进行氢的大规模生成。核能制氢具有不产生温室气体、以水为原料、高效率、大规模等优点，是未来氢气大规模供应的重要解决方案，为可持续发展及氢能经济开辟了新的道路。

世界上的许多国家，如美国、日本、法国、加拿大等，都在开展核能制氢技术的研发工作。我国正在发展核电，在开展核电站建设的同时，也非常重视核氢技术的发展。高温气冷堆能够提供高温工艺热，是目前理想的高温电解制氢的核反应堆。在 800℃下，高温电解的理论效率高于 50%，温度升高会使效率进一步提高。在这种方案下，高温气冷堆（出口温度为 700～950℃）和超高温气冷堆（出口温度为 950℃以上）是目前理想的高温电解制氢的核反应堆。

安全性是制约核能制氢的重要因素之一。在常温常压下，氢气是一种极易燃烧、无色透明、无臭无味且难溶于水的气体。氢气是世界上已知的密度最小的气体之一，其密度只有空气的1/14，且极易燃烧。如何保证与核电偶联的设备在氢运输等相关过程中的安全是需要突破的重点和难点。

【扩展阅读】

上汽大通燃料电池电动汽车

上汽大通的氢能源MPV——EUNIQ 7如图4-65所示。

图4-65　上汽大通的氢能源MPV——EUNIQ 7

上汽大通EUNIQ 7主要部件布置如图4-66所示。燃料电池前置，储氢罐中置，后桥电驱模块和三元锂电池组后置。在上汽大通EUNIQ 7的后副车架上，则集成了"三合一"电驱模块和三元锂电池组，形成了动力输出的一个小闭环，哪怕氢能系统故障，也能依靠三元锂电池组的电量行驶一段距离。

图4-66　上汽大通EUNIQ 7主要部件布置

上汽大通 EUNIQ 7 车型布置了 3 个耐高压的储氢罐，如图 4-67 所示。它采用金属内胆和航天级碳纤维全缠绕，可耐受相当于火山喷发岩浆的 842℃高温，纤维壁厚为 26.5mm，储氢罐的耐压强度达到 70MPa。同时，上汽大通 EUNIQ 7 采用先进的双回路冗余断电断氢设计，符合中国及欧盟全方位碰撞安全防护两大标准，碰撞实验中氢瓶完好无损、系统无泄漏。

图 4-67　储氢罐的布置

上汽大通 EUNIQ 7 车型采用质子交换膜燃料电池，壳体为铝合金，如图 4-68 所示。燃料电池产生的电能一部分用于直接驱动车辆，剩下的则会送入电池组中储存。

图 4-68　EUNIQ 7 车型的质子交换膜燃料电池

上汽大通 EUNIQ 7 的氢能源系统设置了 4 种工作模式，即直驱模式、行车补电、停车补电和能量回收。上汽大通 EUNIQ 7 仅需开到加氢站加氢 3min，便能完全加满该车额定容积为 6.4kg 的高压氢瓶，车辆此时的 NEDC 续驶里程可达 605km，每 100km 耗氢 1.18kg。

思考讨论

1. 分析上汽大通燃料电池电动汽车的工作原理。

2. 分析三元锂电池组的作用。

【项目实训】

对燃料电池电动汽车的认知

通过"对燃料电池电动汽车的认知"项目实训，填写项目实训工单，增强学生对燃料电池电动汽车的认知。

项目实训工单

实训参考题目	对燃料电池电动汽车的认知		
实训实际题目	由指导教师根据实际条件和分组情况，给出具体实训题目，包括实训车型、具体实训项目、实训内容等。实训项目可以涉及燃料电池电动汽车、燃料电池、车载储氢等，重点是对燃料电池电动汽车结构与原理的理解。由于燃料电池电动汽车非常少，因此如果没有实训车辆，可采用网上的燃料电池电动汽车。根据分组情况可以分配不同的实训内容		
学生姓名	班级		学号	
组长姓名	同组同学			
实训地点	学时		日期	
实训目标	（1）能够根据实训实际题目和要求，独立完成实训前的各种准备； （2）能够识别实训用的燃料电池电动汽车的主要部件； （3）能够根据实训规范，结合车辆手册，制订项目实训方案； （4）能够从网上查找燃料电池电动汽车； （5）能够结合车辆手册和所学知识，对实训燃料电池电动汽车进行分析、讲解		

一、接受实训任务

小张同学在某汽车4S店实习，即将实习结束，要进行综合考核，综合考核分为实训考核和理论考核两部分，其中实训考核部分的内容占70%，理论考核部分的内容占30%。实训考核是小张同学模仿销售人员，完成实训任务。

某汽车4S店接受了一位顾客的预约，顾客反映，目前在双碳目标影响下，燃料电池电动汽车成为热点，希望销售人员对燃料电池电动汽车给予详细的讲解。汽车4S店委派实习生小张等同学负责接待顾客，需提前做好准备，并进行燃料电池电动汽车知识的全面介绍，同时做好各项记录

二、实训任务准备（以下内容由实训学生填写）

（1）实训设备选择：□实训车辆　　□实训专用实验台　　□网上车辆

（2）实训目标是否完全理解：□完全理解　　□不完全理解

（3）实训任务是否完全理解：□完全理解　　□不完全理解

（4）实训车辆拟实训项目：_____

（5）实训车辆资料是否完整：□完整　　□不完整（原因：_____）

（6）网上燃料电池电动汽车系统资料是否准备：□准备　　□没准备（原因：_____）

（7）燃料电池电动汽车知识是否熟悉：□熟悉　　□不熟悉

（8）本次实训所需要的PPT准备情况：□准备　　□没准备（原因：_____）

（9）本次实训所需要的辅助设备准备情况：□齐全　　□不齐全（原因：_____）

（10）本次实训所需时长约为_____

（11）实训完是否需要检验：□需要　　□不需要

（12）其他准备：_____

_____

三、制订实训计划（以下内容由实训学生填写，指导教师审核）

（1）根据对燃料电池电动汽车的认知实训任务，完成物料的准备。

完成本次实训需要的所有物料

序号	物料种类	物料名称范例	实际物料名称
1	实训设备	实训用燃料电池电动汽车一辆	
2	从网上查找燃料电池电动汽车	现代 NEXO 氢燃料电池电动汽车	
		上汽大通的氢能源 MPV	
		丰田 Mirai 燃料电池电动汽车	
		荣威 950 插电式燃料电池电动汽车	
3	相关资料	燃料电池资料	
		制氢技术资料	
		加氢技术资料	
		燃料电池电动汽车资料	
4	辅助设备	投影仪、笔记本电脑	

（2）根据对燃料电池电动汽车的认知实训任务，制订操作流程。

对燃料电池电动汽车认知的操作流程

序号	操作流程范例	实际操作流程
1	接受实训任务	
2	实训任务准备	
3	实训物料准备	
4	在实训车辆上查找主要部件	
5	在网上查找燃料电池电动汽车	
6	制作讲授用的 PPT	
7	结合实训车辆和 PPT 识别、讲解燃料电池电动汽车	
8	实训小组讨论	
9	实训质量检查	

（3）根据实训计划，完成小组成员任务分工。

操作员（1人）		客户（1人）	
协作员（若干人）		记录员（1人）	

操作员负责对燃料电池电动汽车的认知的具体实训内容的操作；客户负责对燃料电池电动汽车的认知的具体实训内容结果的验收；协作员负责协助操作员完成对燃料电池电动汽车的认知的具体实训内容的操作；记录员做好对燃料电池电动汽车的认知的具体实训内容记录。

（4）指导教师对制订实训计划的审核。

审核意见：

年　　　月　　　日　　签字：

四、实训计划实施（实施内容由指导老师填写；实施结果由实训学生填写）

（1）参考范例。

实施步骤	实施内容	实施结果
1	准备好实训车辆	实训车辆放置在合适位置
2	准备好实训车辆的手册	手册放在操作员手中
3	确定实训车辆的类型	燃料电池与动力电池联合驱动的电动汽车
4	查找实训车辆的燃料电池	质子交换膜燃料电池，5kW
5	查找实训车辆的动力电池	锂离子蓄电池，13.5kW
6	查找实训车辆的驱动电机	异步电机 160kW/375N·m
7	查找实训车辆的储氢瓶	2个，储氢质量为 4.4kg
8	查找实训车辆的加氢口和充电口	已找到
9	确定实训车辆的驱动形式	后轮驱动
10	绘制实训车辆工作原理图	已绘制
11	准备给顾客讲解用的 PPT（燃料电池电动汽车类型、结构与原理，举例说明燃料电池、车载储氢系统在燃料电池电动汽车上的应用）	已准备
12	操作员给顾客（小组其他同学）进行讲解	完成
13	实训完所有物品归位	完成

（2）实际案例。

实施步骤	实施内容	实施结果
1		
2		
3		
4		
5		
6		
7		
8		
9		
10		
11		
12		
13		
14		
15		

五、实训小组讨论（以下内容由实训学生填写）

讨论题1：讨论实训车辆的组成与原理。

讨论题2：讨论实训车辆的车载储氢技术。

讨论题3：讨论燃料电池电动汽车的发展现状及发展趋势。

讨论题4：总结本次实训的优点和不足。

六、实训质量检查（以下内容由指导教师填写）

请实训指导教师检查本组实训结果，并针对实训过程中出现的问题提出改进措施及建议。

序号	评价标准	评价结果
1	实训任务是否完成	
2	实训操作是否规范	
3	实施记录是否完整	
4	实训结论是否正确	
5	实训小组讨论是否充分	
综合评价	□优　　　□良　　　□中　　　□及格　　　□不及格	
问题与建议	问题： 建议：	

续表

实训成绩单（以下内容由指导教师填写）

项目	评分标准	分值	得分
接受实训任务	明确任务内容，理解任务在实际工作中的重要性	5	
实训任务准备	实训任务准备完整	5	
	掌握燃料电池电动汽车的基本知识	5	
	能够识别燃料电池电动汽车主要部件	5	
制订实训计划	物料准备齐全	5	
	操作流程合理	5	
	人员分工明确	5	
实训计划实施	实训计划实施步骤合理，记录详细	10	
	实施过程规范，没有出现错误	10	
	能够对实训车辆进行正确讲解	15	
	能够对实训得出正确结论	10	
实训小组讨论	实训小组讨论是否热烈	5	
	实训总结是否客观	5	
质量检测	学生实训任务完成，实训过程规范，实施记录完整，结论正确	10	
实训考核成绩			

【归纳与提高】

　　本项目主要讲解了燃料电池电动汽车的类型、结构、工作原理和特点，燃料电池的主要类型、基本结构、工作原理、特点、主要部件及燃料电池堆和燃料电池发电系统，车载储氢系统技术条件，氢气的储存方法，氢气的制备方法等。通过对本项目知识的学习，学生可以较全面地掌握燃料电池电动汽车的基本知识。通过项目实训和知识巩固，学生可以巩固学习效果，最终培养分析问题和解决问题的能力及识别燃料电池电动汽车的技能。

　　由于燃料电池电动汽车还没有广泛推广，因此应重点关注燃料电池的发展和商用燃料电池电动汽车的推广应用。

【知识巩固】

一、名词解释

1．燃料电池。

2．燃料电池发电系统。

3．燃料电池堆。

4．质子交换膜燃料电池。

5．车载储氢系统。

二、填空题

1．按多电源的配置不同燃料电池电动汽车可分为＿＿＿＿＿＿＿＿＿＿驱动的电动汽车、＿＿＿＿＿＿＿＿＿＿联合驱动的电动汽车、＿＿＿＿＿＿＿＿＿＿联合驱动的电动汽车及＿＿＿＿＿＿＿＿＿＿联合驱动的电动汽车。其中，采用＿＿＿＿＿＿＿＿＿＿联合驱动的电动汽车使用较为广泛。

2．典型的燃料电池电动汽车主要由＿＿＿＿＿＿＿＿＿＿、＿＿＿＿＿＿＿＿＿＿、＿＿＿＿＿＿＿＿＿＿、＿＿＿＿＿＿＿＿＿＿、＿＿＿＿＿＿＿＿＿＿和＿＿＿＿＿＿＿＿＿＿等组成。

3．丰田 Mirai 燃料电池电动汽车行驶工况分为＿＿＿＿＿＿＿＿＿＿、＿＿＿＿＿＿＿＿＿＿、＿＿＿＿＿＿＿＿＿＿及＿＿＿＿＿＿＿＿＿＿。

4．根据燃料电池使用电解质种类的不同，燃料电池可以分为＿＿＿＿＿＿＿＿＿＿、＿＿＿＿＿＿＿＿＿＿、＿＿＿＿＿＿＿＿＿＿、＿＿＿＿＿＿＿＿＿＿。

5．氢气储存方法主要有＿＿＿＿＿＿＿＿＿＿、＿＿＿＿＿＿＿＿＿＿、＿＿＿＿＿＿＿＿＿＿。其中，＿＿＿＿＿＿＿＿＿＿是目前应用广泛的一种储氢方式，通常采用＿＿＿＿＿＿＿＿＿＿作为容器。

6．重整燃料电池电动汽车的燃料主要有＿＿＿＿＿＿＿＿＿＿、＿＿＿＿＿＿＿＿＿＿、＿＿＿＿＿＿＿＿＿＿等。

7．质子交换膜燃料电池的基本单元由＿＿＿＿＿＿＿＿＿＿、＿＿＿＿＿＿＿＿＿＿、＿＿＿＿＿＿＿＿＿＿等组成。

8．储氢罐类型主要有金属气瓶、＿＿＿＿＿＿＿＿＿＿、＿＿＿＿＿＿＿＿＿＿、＿＿＿＿＿＿＿＿＿＿。

三、选择题

1．不适合做燃料电池电动汽车辅助动力源的是（　　　　）。

A．锂离子蓄电池　B．飞轮　　　　　　C．电容　　　　　　D．铅酸蓄电池

2．丰田 Mirai 燃料电池电动汽车储氢罐的最大压力是（　　　　）。

A．50MPa　　　　B．60MPa　　　　　C．70MPa　　　　　D．80MPa

3．不属于重整燃料电池电动汽车的燃料是（　　　　）。

A．汽油　　　　　B．天然气　　　　　C．氢气　　　　　　D．甲醇

4．直接燃料电池电动汽车的燃料主要是（　　　　）。

A．汽油　　　　　B．天然气　　　　　C．氢气　　　　　　D．甲醇

5．燃料电池电动汽车加氢口距暴露的电气端子、电气开关和点火源至少应有（　　　　）的距离。

A．100mm　　　　B．200mm　　　　　C．300mm　　　　　D．400mm

6．液态储氢将纯氢冷却到（　　　　）使之液化，然后充装到高真空多层绝热的燃料罐中进行储存。

A．-220℃　　　　B．-253℃　　　　　C．-260℃　　　　　D．-300℃

7．对一辆标准燃料电池乘用车进行氢气泄漏量评估时，需要将其限制在一个封闭的空间内，增压至 100%的标称工作压力，确保氢气的泄漏量在稳态条件下不超过（　　　　）。

A．0.10NL/min　　B．0.15NL/min　　　C．0.20NL/min　　　D．0.25NL/min

8. 燃料电池电动汽车的氢燃料供应主要使用高压储氢罐，其使用碳纤维强化塑料的 3 层结构，可以承受（　　）的高压。

A．50MPa　　　　B．60MPa　　　　C．70MPa　　　　D．80MPa

9. 燃料电池堆通过（　　）对电流、电压进行调节，提供符合使用要求的功率输出。

A．DC/DC 变换器　　　　　　　　B．AC/DC 变换器

C．DC/AC 变换器　　　　　　　　D．AC/AC 变换器

10. 丰田 Mirai 燃料电池电动汽车的关键技术主要有（　　　）。

A．燃料电池堆　　B．高压储氢罐　　C．升压转换器　　D．轻量化技术

四、判断题

1. 直接燃料电池电动汽车的燃料主要是氢气；重整燃料电池电动汽车的燃料主要有汽油、天然气、甲醇、甲烷、液化石油气等。（　　）

2. 燃料电池电动汽车都有动力电池系统。（　　）

3. 燃料电池电动汽车的燃料电池可以与蓄电池组、飞轮储能器或超大容量电容器等共同组成双电源系统。（　　）

4. 丰田 Mirai 燃料电池电动汽车使用了气态氢作为动力能源，气态氢被储存在位于车身后半部分的高压储氢罐中。（　　）

5. 燃料电池没有燃烧过程，以纯氢作为燃料，生成物只有水，属于零排放。（　　）

6. 纯电动汽车交流快充时长在 2～3h，氢燃料电池电动汽车一次加氢只需 3～5min。（　　）

7. 储氢容器和管路一般不应装在乘客舱、行李舱或其他通风不良的地方。但如果不可避免地要安装在行李舱或其他通风不良的地方时，应设计通风管路或采取其他措施，将可能泄漏的氢气及时排出。（　　）

8. 加氢口的安装位置和高度要考虑安全防护要求，并且方便加氢操作。加氢口不应位于乘客舱、行李舱和通风不良的地方。（　　）

9. 固态储氢利用氢气与储氢材料之间发生物理变化，从而转化为固溶体或者氢化物的形式来进行氢气储存。（　　）

10. 氢分为灰氢、蓝氢和绿氢，要实现燃料电池电动汽车的可持续发展，使用的燃料氢必须是绿氢。（　　）

五、问答题

1. 燃料电池电动汽车有哪些特点？

2. 燃料电池的基本结构是怎样的？

3. 燃料电池的工作原理是怎样的？

4. 燃料电池的主要部件有哪些？

5. 氢气的制备方法主要有哪些？

项目 5
认识电动汽车充电

行驶一定里程后就要对电动汽车充电，充电的方便性和充电时间的长短直接影响客户的用车体验。电动汽车充电知识是电动汽车使用者必须掌握的，电动汽车充电技术直接影响电动汽车的推广和使用。

【知识路径】

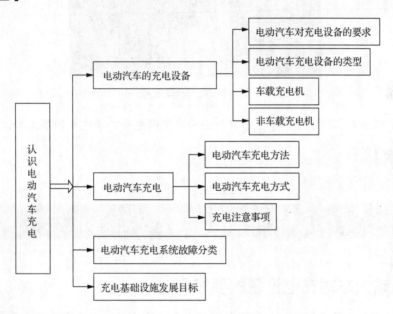

【学习目标】

知识目标：
（1）掌握电动汽车的充电方法和方式；
（2）了解电动汽车充电设备；
（3）了解充电系统故障分类；
（4）了解充电基础设施的发展目标。

技能目标：
（1）能够识别电动汽车的充电设备和充电方法；
（2）能够识别充电系统的故障类型。

素质目标：
（1）培养敬业精神和服务意识；
（2）培养沟通、协调、合作的能力，逐步形成良好的心理素质。

【导入案例】

纯电动汽车的能量来自动力电池。动力电池存储的电能是有限的，纯电动汽车行驶一定距离后就要对动力电池进行能量补充，即充电。充电就像燃油汽车加油一样，是需要经常实施的行为。图 5-1 所示为电动汽车充电。那么，纯电动汽车充电设备有哪些？充电方法和充电方式是怎样的？充电系统出现故障如何诊断？

图 5-1　电动汽车充电

通过对本项目内容的学习，学生可以较全面地了解电动汽车充电的基本知识和基本技能。

【知识探索】

5.1　电动汽车的充电设备

5.1.1　电动汽车对充电设备的要求

电动汽车的充电设备是指与电动汽车或动力电池相连接，并为其提供电能的设备，是电动汽车充电站主要的设备。

电动汽车对充电设备有以下基本要求。

（1）安全性。电动汽车充电时，要确保人员的人身安全和蓄电池组的安全。

（2）使用方便。充电设备应具有较高的智能性，不需要操作人员过多干预充电过程。

（3）成本经济。成本经济、价格低廉的充电设备有助于降低整个电动汽车的成本，提高运行效益，促进电动汽车的商业化推广。

（4）效率高。高效率是对现代充电设备最重要的要求之一，效率的高低对整个电动汽车的能量效率具有重大影响。

（5）对供电电源污染要小。电力电子技术的充电设备是一种高度非线性的设备，会对供电网及其他用电设备产生有害的谐波污染，而且由于充电设备功率因数低，因此在充电系统负载增加时，对其供电网的影响也不容忽视。

5.1.2 电动汽车充电设备的类型

电动汽车充电设备的类型很多，一般分为非车载充电机、车载充电机、交流充电桩、直流充电桩和交直流充电桩等。

1. 非车载充电机

非车载充电机是指安装在电动汽车车体外，将电网的交流电能变换为直流电能，采用传导方式为电动汽车动力电池充电的专用装置，如图 5-2 所示。

非车载充电机一般由高频开关电源模块、监控单元、人机操作界面、电动汽车电气接口、计量系统和通信接口等组成。

2. 车载充电机

车载充电机是指固定安装在电动汽车上运行，将交流电能转换为直流电能，采用的传导方式为电动汽车动力电池充电的专用装置，如图 5-3 所示。

图 5-2 非车载充电机

图 5-3 车载充电机

车载充电机由交流输入接口、功率单元、控制单元、直流输出接口等部分组成，充电过程中由车载充电机提供电池管理系统、充电接触器、仪表盘、冷却系统等低压用电电源。

3. 交流充电桩

交流充电桩是指固定在电动汽车外，与交流电网连接，采用传导方式为具有车载充电装置的电动汽车提供交流电源的专用供电装置。交流充电桩只提供电力输出，没有充电功能，需连接车载充电机为电动汽车充电。图 5-4 所示为电动汽车交流充电桩。

图 5-4 电动汽车交流充电桩

交流充电桩由桩体、电气模块和计量模块 3 部分组成。桩体外部结构包括外壳和人机交互界面；电气模块包括充电插座、供电电缆、电源转接端子排、安全防护装置等；计量模块包括电能表、计费管理系统、非接触式读写装置等。

交流充电桩输出单相/三相交流电，通过车载充电机转换成直流电给车载蓄电池充电，功率较小，有 7kW、22kW、40kW 等，充电速度较慢，一般安装在商业区、写字楼、小区停车场等场所。

交流充电如图 5-5 所示。高压电通过变压器转化成低压电，低压电经由低压电缆引至非车载充电机，输出交流电，通过车载充电机给蓄电池供电。

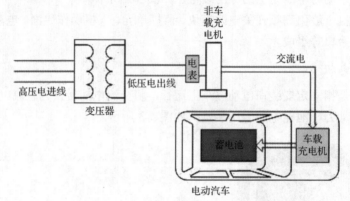

图 5-5　交流充电

4. 直流充电桩

直流充电桩是指固定在电动汽车外、与交流电网连接，可以为非车载电动汽车动力电池提供小功率直流电源的供电装置。直流充电桩直接输出直流电给车载电池进行充电，功率较大，有 60kW、120kW、200kW 甚至更高，充电速度较快，故一般安装在大型充电站。图 5-6 所示为电动汽车直流充电桩。

直流充电桩主要由监控器、刷卡区、充电指示灯、插枪接口、充电桩体等部分组成。

直流充电如图 5-7 所示。高压电通过变压器转化为低压电，低压电经由低压电缆引至非车载充电机，输出直流电，不通过车载充电机直接给蓄电池供电。

图 5-6　电动汽车直流充电桩

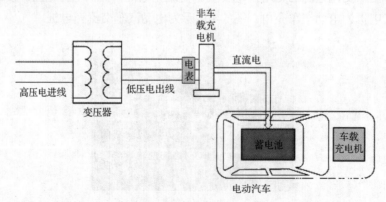

图 5-7　直流充电

5.　交直流充电桩

交直流充电桩采用交直流一体的结构，既可以实现直流充电，也可以实现交流充电。白天充电业务多时，使用直流充电方式进行快速充电，夜间充电站用户少时可用交流充电方式进行慢充。图 5-8 所示为电动汽车交直流充电桩。

图 5-8　电动汽车交直流充电桩

5.1.3　车载充电机

车载充电机是指固定安装在电动汽车上的充电机，具有为电动汽车动力电池安全、自动充满电的能力，车载充电机依据电池管理系统提供的数据，能动态调节充电电流或电压参数，执行相应的动作，完成充电过程。

车载充电机以交流电源作为输入，输出为直流，直接给动力电池充电。

1.　车载充电机的组成

车载充电机由交流输入端口、功率单元、控制单元、低压辅助单元、直流输出端口等组成，其连接如图 5-9 所示。

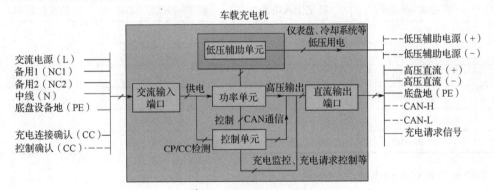

图 5-9　车载充电机连接

（1）交流输入端口。

交流输入端口是车载充电机与地面供电设备的连接装置。

（2）功率单元。

功率单元作为充电能量的传递通道，主要包括电磁干扰抑制模块、整流模块、功率因数校正模块、滤波模块、全桥变换模块和直流输出模块，其作用是在控制单元的配合下，把电网的交流电转换成蓄电池需要的高压直流电。

（3）控制单元。

控制单元主要包括原边检测及保护模块、过流检测及保护模块、过压/欠压检测及保护模块和数字信号处理器（DSP）主控模块，其作用是通过电力电子开关器件控制功率单元的转换过程，通过闭环控制方式精确地完成转换功能，并提供保护功能。

（4）低压辅助单元。

低压辅助单元主要包括 CAN 通信模块、辅助电源模块和人机交互模块，其作用是为控制单元的电力电子器件提供低压供电及实现系统与外界的联系。

（5）直流输出端口。

直流输出端口是车载充电机与蓄电池之间的连接装置。

车载充电机的优点是无论车载蓄电池在任何时候、任何地方需要充电，只要有充电机额定电压的交流插座，就可以对电动汽车进行充电。车载充电机的缺点是受电动汽车的空间限制，功率较小，输出充电电流小，蓄电池充电的时间较长。

2. 车载充电机在汽车上的位置

车载充电机作为电动汽车电气系统的一部分，被固定在汽车上。车载充电机的输入端以标准充电接口的形式固定在车体上，用于连接外部电源；车载充电机的输出端直接连接动力电池包慢充电接口。车载充电机在汽车上的位置如图 5-10 所示。

图 5-10　车载充电机在汽车上的位置

3. 车载充电机技术参数

车载充电机输入技术参数的推荐值见表 5-1。

表 5-1　车载充电机输入技术参数的推荐值

序号	额定输入电压/V	额定输入电流/A	额定输入功率/kW	额定频率/Hz
1	单相 220	10	2.2	
2	单相 220	16	3.5	
3	单相 220	32	7.0	50
4	三相 380	16	10.5	
5	三相 380	32	21.0	
6	三相 380	63	41.0	

车载充电机输出技术参数的推荐值见表 5-2。

表 5-2　车载充电机输出技术参数的推荐值

输出电压等级	输出电压范围/V	标称输出电压推荐值/V
1	24~65	48
2	55~120	72
3	100~250	144

续表

输出电压等级	输出电压范围/V	标称输出电压推荐值/V
4	200～420	336
5	300～570	384、480
6	400～750	640

输出电流可根据各厂家蓄电池组电压情况设定。车载充电机在额定输入电压、额定负载的状态下，效率应不低于 90%，功率因数应不低于 0.92。

车载充电机的技术参数误差要求：输入电压波动范围为额定输入电压的 ±15%；输入电压频率波动范围为额定输入电压频率的 ±2%；车载充电机在恒压输出状态下运行时，其输出电压与设定电压的误差应为 ±1%；车载充电机在恒流输出状态下运行时，其输出电流与设定电流的误差应为 ±5%；车载充电机在允许的输出电流的范围内，输出电流的周期和随机偏差不能大于设定电流值的 10%；车载充电机在稳流区间工作时，其稳流精度应小于 1%；在稳压区间工作时，稳压精度应小于 0.5%。

4. 电动汽车车载充电机充电接口

电动汽车车载充电机属于交流充电，其接口应满足交流充电接口的要求。

车载充电机车辆充电插头的触头布置方式如图 5-11 所示，车载充电机车辆充电插座的触头布置方式如图 5-12 所示。交流充电口（慢充口）有 7 个孔，中间 3 个大圆孔分别接中线（火线）、地线、交流电源（零线），用来传导交流电。

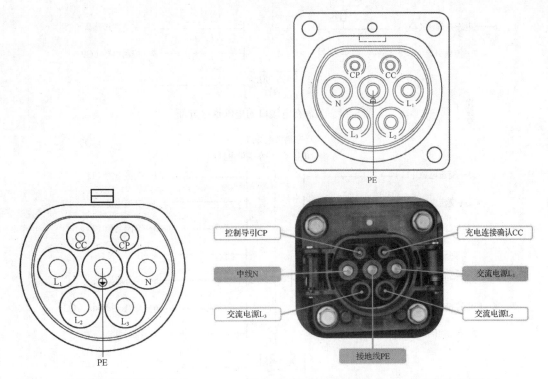

图 5-11　车载充电机车辆充电插头
　　　　　的触头布置方式

图 5-12　车载充电机车辆充电插座的触头布置方式

车载充电机车辆供电插头和充电插座如图 5-13 所示。

图 5-13　车载充电机车辆供电插头和充电插座

在充电连接过程中，首先接通保护接地触头，最后接通控制确认触头与充电连接确认触头；断开过程相反。车辆充电接口的电气连接界面如图 5-14 所示，车辆供电接口的电气连接界面如图 5-15 所示。

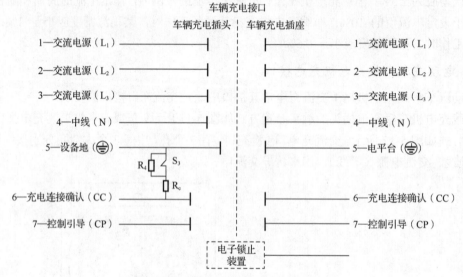

图 5-14　车辆充电接口的电气连接界面

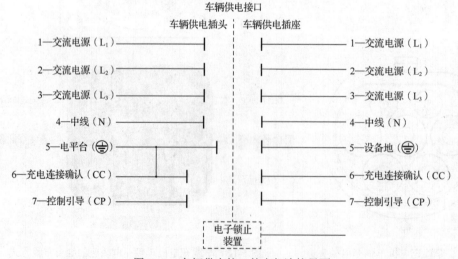

图 5-15　车辆供电接口的电气连接界面

5. 纯电动汽车充电步骤及注意事项

利用车载充电机对纯电动汽车充电步骤如下。

（1）将纯电动汽车断电以后，打开充电口盖，电机转速表上的充电指示灯点亮。此时，车辆为"ON"挡时也不会行驶。

充电过程中电机转速表中的充电指示灯一直处于点亮状态，只有拔下充电插头并关闭充电口盖之后，充电指示灯才会熄灭。

（2）将充电插头与车辆上的充电插座进行连接，充电插头和充电插座如图 5-16 所示。

图 5-16　充电插头和充电插座

（3）将充电插头的另一端与充电桩上的充电插座进行连接，刷卡后，车载充电机将开始对动力电池包充电，利用车载充电机充电如图 5-17 所示。或者将家用插头插入 220V/16A 的插座进行充电。

图 5-17　利用车载充电机充电

要将电量很低的动力电池包充至满电状态，使用 220V 交流电一般需要 7h 左右。充电时间的长短也取决于动力电池包的 SOC，SOC 较高时充电时间较短，SOC 较低时充电时间较长。

充电过程中要查看动力电池包电量是否已经充满，只需将钥匙旋到"ACC"或"ON"挡，即可从仪表盘上读出。

当指针指示在 100%时，表明动力电池包已经充满电；当指针未指示在 100%附近时，说明动力电池包尚未充至满电状态。

充电操作注意以下事项。

（1）由于动力电池的特性及检测精度的问题，因此有时动力电池包充至满电状态时，SOC

表的指针并未指示在 100%，这个指示的范围可能为 98%～100%，所以可以认为当 SOC 表的指针指示在 98% 以上时（包括 98%），动力电池包已经充满电。

（2）在充完电拔下充电插头以后，如果没有及时查看 SOC 表的充电状态，而是过了几个小时或更长的时间才进行查看，这时由于动力电池的特性，因此 SOC 表指针可能指示在 98% 以下，这并不意味着动力电池包出现了故障。

（3）动力电池包的可用能量会随着使用时间的延长而逐步衰减。如果动力电池包的使用时间已经很长，因此充满电时 SOC 表指针也不会指示在 100% 附近。

（4）动力电池包充电过程中，电池管理系统会自动控制充电电流的大小。当动力电池包充至满电状态时，电池管理系统会自动终止对动力电池包的充电。

（5）当环境温度太低时，插上充电接头以后，电池管理系统会自动先对电池包进行加热，温度合适以后才对电池包进行充电。

6. 车载充电机发展趋势

随着电动汽车续驶里程的提升（约为 350～500km），电池电量普遍大于 60kW·h，传统的 3.3kW 和 6.6kW 车载充电机功率已不能满足当下纯电动汽车的慢充（约为 6～8h）需求，车载充电机功率扩容势在必行。然而，整车配备大功率充电机虽可减少充电时间，但由于受限于车辆配重、空间及成本，同时大功率的交流充电也受电网基础设施的影响，如小区配电的容量，因此该解决方案面临诸多挑战。

部分纯电动汽车的续驶里程和交流充电功率比较见表 5-3。

表 5-3   部分纯电动汽车的续驶里程和交流充电功率比较

车型	交流充电功率/（相·kW^{-1}）	车载储能/（kW·h）	续驶里程/km
北汽新能源 EU400	1/6.6	54.4	360（NEDC）
腾势 400	1/3.3	62	352（NEDC）
荣威 eRX5	1/6.6	48.3	320（NEDC）
日产 Leaf 2017	1/6.6	40	400（JC08）
宝马 MiniE	1/19	35	160（BMW）
特斯拉 Model S	1/3.22	85	480（Tesla）
雷诺 Zoe	3/43	22	210（NEDC）
比亚迪 e6	1/3.40	82	400（NEDC）

电动汽车充电系统的设计趋势是大功率、高效率，以便在一次充电后保证尽可能多的续驶里程。

对于车载充电机产品扩大功率、降低成本的发展趋势，主要有两种技术形态。

（1）单向充电技术向双向充电技术发展，单向充电机变成双向充电机。

车载双向充电机就是充电机既可以给电动汽车蓄电池进行充电，又可以在必要时将蓄电池的电逆变成交流电，给负载离网供电，或回馈到电网并网馈电。通过车载双向充电机的应用，未来电动汽车不仅是一个交通工具，还将成为一个移动的储能电站。

车载充电机呈集成化趋势，车载充电机与 DC/DC 变换器和电机控制器集成在一起，成为具有车辆对车辆（V2V）、车辆对负载（V2L）、车辆对家庭（V2H）、车辆对电网（V2G）功能的车载双向充电机，如图 5-18 所示。

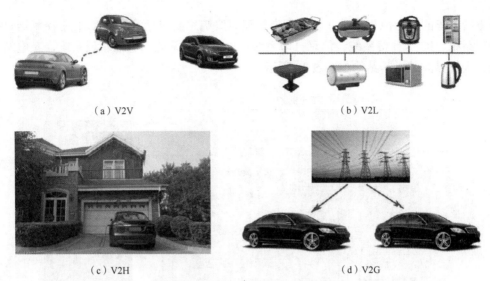

（a）V2V　　　　　　　　　　　　（b）V2L

（c）V2H　　　　　　　　　　　　（d）V2G

图 5-18　车载双向充电机

（2）单相充电技术向三相充电技术发展。

现阶段，许多电动汽车不支持高于 6.6kW 的交流充电功率水平，但交流连接器支持高达 19kW（美国）、14kW（欧洲）的单相功率水平，以及高达 52kW（美国）、44kW（欧洲）的三相功率水平，标准化充电功率与电动汽车交流充电功率之间还未完全匹配。因此，在现有充电标准内增加 AC 充电水平存在相当大的潜力。

美国、中国及欧洲等国家和地区交流充电额定电压/电流表见表 5-4。

表 5-4　美国、中国及欧洲等国家和地区交流充电额定电压/电流表

类型	国家/地区	（最高电压/V）/（电流/A）	峰值功率/kW
单相/AC	美国	240/80	19
	中国	220/32	7
	欧洲	220/63	14
三相/AC	美国	480/63	52
	中国	380/63	41
	欧洲	400/63	44

5.1.4　非车载充电机

作为推动电动汽车发展的重要因素，电动汽车充电站这一基础设施的建设显得尤为重要，没有充电站就相当于没有加油站，充电站的建设对于提供电动汽车远程旅行、提高续驶里程具有非常重要的作用。而作为充电站的核心，非车载充电机是必不可少的。

1. 电动汽车非车载充电机的组成

非车载充电机主要由充电机主体和充电终端两个部分组成，其系统结构如图 5-19 所示。充电机主体包括三相输入接触器、功率模块和管理模块，其中三相输入接触器与电网相连，将交流电转换为电压、电流可调的直流电。充电机主体的输出经过充电终端的充电线缆接

口与电动汽车的蓄电池相连。非车载充电机充电终端主要包括终端 MCU 主控制器、整流柜控制系统、IC 卡计费系统、信息打印系统、电能测量系统、电池管理系统、充电站监控系统、人机界面等，其结构如图 5-20 所示。

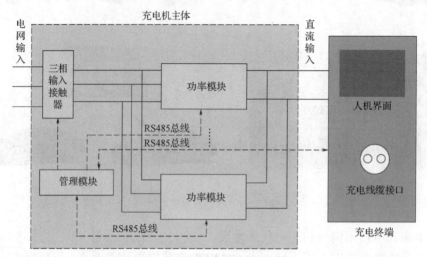

图 5-19　非车载充电机的系统结构

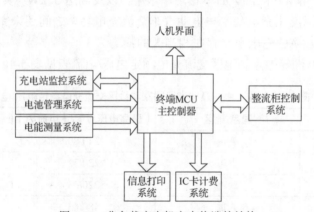

图 5-20　非车载充电机充电终端的结构

　　功率模块是非车载充电机中实现能量传递的主体，是充电机中关键的部件，单个功率模块难以实现充电机的大功率输出，必须选择分布式系统来实现，即多个相同的功率模块并联均流。

　　人机界面不仅要在充电时提供给客户所关心的一些信息，还要提供给充电站维护人员一些必要信息，主要有：电池类型、充电电压、充电电流、电能量计量信息；电池单体最高/最低电压；故障及报警信息等；在充电完成后，需要信息打印系统输出交易信息，如用电度数、交易金额及充电时间等。

　　管理模块与充电终端及各功率模块进行数据交互，通过 RS485 总线下发正确的充电控制命令和参数设置命令给各功率模块。功率模块作为充电的具体执行模块，按照管理模块下发的命令上传自身参数，或者接受管理模块的命令，设置相关参数完成充电过程。管理模块和功率模块协同工作实现充电功能。

2. 电动汽车非车载充电机技术参数

电动汽车非车载充电机输入技术参数见表 5-5。

表 5-5　电动汽车非车载充电机输入技术参数

输入方式	输入电压额定值/V	输入电流额定值/A	频率/Hz
1	单相 220	$I_N \leqslant 16$	
2	单相 220/三相 380	$16 < I_N \leqslant 32$	50
3	三相 380	$I_N > 32$	

根据蓄电池组电压等级的范围，非车载充电机输出电压一般分为 3 级：150～350V、300～500V、450～700V。

非车载充电机输出额定电流宜采用 10A、20A、50A、100A、160A、200A、315A、400A、500A。

当非车载充电机的输出功率为额定功率的 50%～100% 时，效率不应小于 90%，功率因数不应小于 0.9。

非车载充电机技术参数误差要求：当交流电源电压在标称值的 ±15% 范围内变化，输出直流电压在规定的相应调节范围内变化时，输出直流电流在额定值的 20%～100% 任意数值上应保持稳定，充电机输出电流精度不应超过 ±1%；当交流电源电压在标称值的 ±15% 范围内变化，输出直流电流在额定值的 0～100% 变化时，输出直流电压在规定的相应调节范围内任意数值上应保持稳定，充电机输出电压精度不应超过 ±0.5%。

3. 电动汽车非车载充电机充电接口

电动汽车非车载充电机车辆插头的触头布置方式如图 5-21 所示，非车载充电机车辆插座的触头布置方式如图 5-22 所示。非车载充电机充电接口（快充口）有 9 个孔，中间两个大孔分别接直流正极和直流负极。非车载充电机车辆供电插头和充电插座如图 5-23 所示。

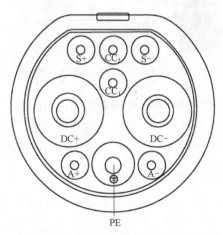

图 5-21　电动汽车非车载充电机车辆插头的触头布置方式

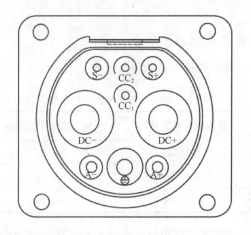

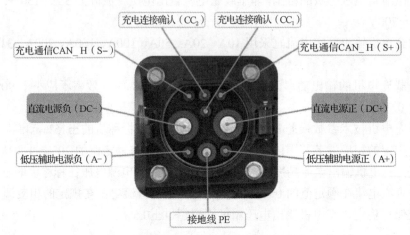

图 5-22　非车载充电机车辆插座的触头布置方式

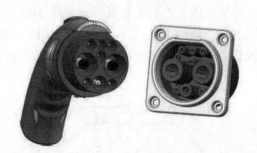

图 5-23　非车载充电机车辆供电插头和充电插座

　　车辆插头和车辆插座在连接过程中触头耦合的顺序为：保护接地，直流电源正、直流电源负、车辆端连接确认，低压辅助电源正与低压辅助电源负，充电通信与供电端连接确认；在脱开的过程中顺序则相反。非车载充电机直流充电接口的连接界面如图 5-24 所示。

4. 电动汽车非车载充电机的充电过程

　　非车载充电机直流充电安全保护系统基本方案如图 5-25 所示，包括非车载充电机控制装置，电阻 R_1、R_2、R_3、R_4、R_5，开关 S，直流供电回路接触器 K_1 和 K_2（可以仅设置 1 个），低压辅助供电回路接触器 K_3 和 K_4（可以仅设置 K_3），充电回路接触器 K_5 和 K_6（可以仅设置

1 个），电子锁，以及车辆控制装置。其中，车辆控制装置可以集成在电池管理系统中。电阻 R_2 和 R_3 安装在车辆插头上，电阻 R_4 安装在车辆插座上。开关 S 为车辆插头的内部常闭开关，当车辆插头和车辆插座完全连接后，开关 S 闭合。在整个充电过程中，非车载充电机控制装置应能监测接触器 K_1、K_2，接触器 K_3、K_4，以及电子锁状态，并控制其接通及关断；电动汽车车辆控制装置应能监测接触器 K_5 和 K_6 状态，并控制其接通及关断。

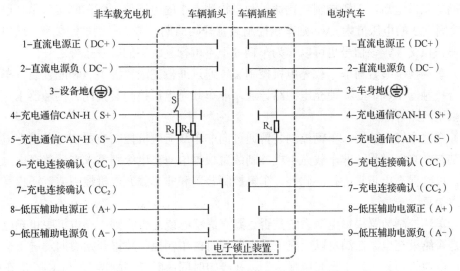

图 5-24　非车载充电机直流充电接口的连接界面

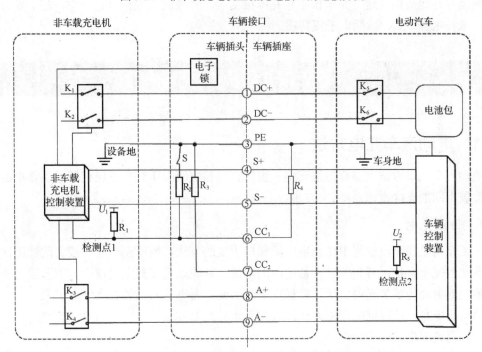

图 5-25　非车载充电机直流充电安全保护系统基本方案

利用非车载充电机对电动汽车的充电过程如下。

（1）将车辆插头和车辆插座插合后，车辆的总体设计方案可以自动启动某种触发条件，通过互锁或其他控制措施使车辆处于不可行驶状态。

（2）操作人员对非车载充电机进行充电设置后，非车载充电机控制装置通过测量检测点1 的电压值判断车辆插头与车辆插座是否已完全连接，若检测点 1 的电压值为 4V，则判断车辆接口完全连接，非车载充电机控制电子锁锁止。

（3）在车辆接口完全连接后，若非车载充电机完成自检，则闭合接触器 K_3 和 K_4，使低压辅助供电回路导通，同时开始周期发送"充电机辨识报文"；在得到非车载充电机提供的低压辅助电源供电后，车辆控制装置通过测量检测点 2 的电压值判断车辆接口是否已完全连接；若检测点 2 的电压值为 6V，则车辆控制装置开始周期发送"车辆控制装置（或电池管理系统）辨识报文"，该信号也可以作为车辆处于不可行驶状态的触发条件之一。

（4）车辆控制装置与非车载充电机控制装置通过通信完成"握手"和配置后，车辆控制装置闭合接触器 K_5 和 K_6，使充电回路导通，非车载充电机控制装置闭合接触器 K_1 和 K_2，使直流供电回路导通。

（5）在整个充电阶段，车辆控制装置通过向非车载充电机控制装置实时发送充电级别需求来控制整个充电过程，非车载充电机控制装置根据电池充电级别需求来调整充电电压和充电电流，以确保充电正常进行。此外，车辆控制装置和非车载充电机控制装置还相互发送各自的状态信息。

（6）车辆控制装置根据电池系统是否达到充满状态或是否收到"充电机中止充电报文"来判断是否结束充电。在满足以上充电结束条件时，车辆控制装置开始周期发送"车辆控制装置（或电池管理系统）中止充电报文"，在一定时间后断开接触器 K_5 和 K_6；非车载充电机控制装置开始周期发送"充电机中止充电报文"，并控制充电机停止充电，随后断开接触器 K_1、K_2、K_3 和 K_4，然后电子锁解锁。

5.2 电动汽车充电

5.2.1 电动汽车充电方法

电动汽车充电方法主要有恒流充电、恒压充电和恒流限压充电。现代智能型蓄电池充电机可设置不同的充电方法。

1. 恒流充电

恒流充电是指充电过程中使充电电流保持不变的方法。恒流充电具有较大的适应性，容易将蓄电池完全充足，有利于延长蓄电池的寿命。其缺点是在充电过程中，需要根据逐渐升高的蓄电池电动势调节充电电压，以保持电流不变，充电时间也较长。

恒流充电是一种标准的充电方法，有如下 4 种充电方法。

（1）涓流充电。

涓流充电即维持电池的充满电的状态恰好能抵消电池自放电的一种充电方法，其充电率对充满电的电池长期充电无害，但对完全放电的电池充电，电流太小。

（2）最小电流充电。

最小电流充电是指在能使深度放电的电池有效恢复电池容量的前提下，把充电电流尽可能地调整到最小的充电方法。

（3）标准充电。

标准充电即采用标准速率充电，充电时间为 14h。

（4）高速率（快速）充电。

高速率（快速）充电即在 3h 内就给蓄电池充满电的方法，这种充电方法需要自动控制电路保护电池不损坏。

2．恒压充电

恒压充电是指充电过程中保持充电电压不变的充电方法，充电电流随蓄电池电动势的升高而减小。合理的充电电压应在蓄电池电量即将充满时使其充电电流趋于 0A。如果电压过高，会造成充电初期充电电流过大和过充电；如果电压过低，则会使蓄电池充电不足。充电初期若充电电流过大，则应适当调低充电电压，待蓄电池电动势升高后再将充电电压调整到规定值。

恒压充电的优点是充电时间短，充电过程无须调整电压，较适合补充充电；缺点是不容易将蓄电池完全充满，充电初期大电流对极板会有不利影响。

3．恒流限压充电

恒流限压充电是先以恒流方式进行充电，当蓄电池组端电压上升到限压值时，充电机自动转换为恒压充电，直到充电完毕。

5.2.2　电动汽车充电方式

电动汽车充电方式有交流慢充方式、直流快充方式、电池更换方式、无线充电方式、移动充电方式等，其中以交流慢充方式和直流快充方式为主。纯电动汽车上一般都有交流慢充和直流快充接口，如图 5-26 所示。两个充电接口从结构上是不同的，不能互换。插电式混合动力纯电动汽车带电量小，只配备了交流充电接口。充电是纯电动汽车使用过程中的重要一环，充电的体验很大程度上决定了消费者的购买决策和用车体验。

图 5-26　交流慢充和直流快充接口

1．交流慢充方式

交流慢充方式是用交流充电桩充电接口，把电网的交流电输入纯电动汽车的慢充接口，经过汽车内部的车载充电机把交流电转换成直流电后再输入动力电池，完成充电。交流慢充方式如图 5-27 所示。交流充电桩没有功率转换模块，不做交直流转换，充电功率取决于车载充电机功率。

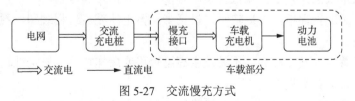

图 5-27　交流慢充方式

交流慢充方式也可以使用标准家用电源插座或预装的充电墙盒及充电桩。交流慢充方式采用恒压、恒流的传统充电方式对纯电动汽车进行充电，相应充电机的工作和安装成本相对比较低，纯电动汽车家用充电设施（车载充电机）和小型充电站多采用这种充电方式。车载充电机是纯电动汽车的一种基本的充电设备，车载充电机充电方式如图 5-28 所示。由于只需将车载充电机的插头插到停车场或家中的电源插座上即可进行充电，因此充电过程一般由用户自己独立完成，充电时直接从低压照明电路取电，充电功率较小，由 220V/16A 规格的标准电网电源供电，典型的充电时间为 8～10h（SOC 达到 95%以上）。这种充电方式对电网没有特殊要求，只要能够满足照明要求的供电质量就能够使用。由于在家中充电通常是晚上或在电力低谷期，有利于电能的有效利用，因此电力部门一般会给予纯电动汽车用户一些优惠，如电力低谷期充电打折等。

图 5-28　车载充电机充电方式

小型充电站充电是纯电动汽车重要的一种充电方式，小型充电站充电方式如图 5-29 所示。充电机设置在街边、超市、办公楼、停车场等处。采用交流慢充方式充电，纯电动汽车驾驶员只需将车停靠在充电站指定的位置上，接上电线即可开始充电。计费方式是投币或刷卡，充电功率一般为 5～10kW，采用三相四线制 380 V 供电或单相 220 V 供电。其典型的充电时间是补电 1～2h，充满 5～8h（SOC 达到 95%以上）。

图 5-29　小型充电站充电方式

交流慢充方式主要具有以下优点。

（1）充电技术成熟，技术门槛低，使用方便，容易推广和普及。

（2）充电设施配置简单，占地较小，投资少，蓄电池充电过程缓和，蓄电池能够深度充满，续驶里程更长。

（3）充电时蓄电池发热温和，不易发生高温短路或爆炸危险，安全性较高。

（4）接口和相关标准较低。

（5）充电功率相对低，对配电网要求降低，基础设施配套需求小。

（6）一般选择夜间充电，可避开傍晚用电高峰期，享受电力低谷期的电价优惠，节能效果较好。

交流慢充方式主要具有以下缺点。

（1）充电时间长，续驶里程有限。

（2）用于有慢速充电需求的停车场所，如住宅小区停车场、社会公共停车场等，使用受到限制。

2. 直流快充方式

直流快充方式是用直流充电桩充电接口，把电网的交流电转化成直流电，输送到纯电动汽车的快充接口，电能直接给动力电池充电。直流快充方式如图 5-30 所示。直流充电桩内置功率转换模块，能将电网的交流电转换为直流电，无须经过车载充电机转换。直流充电的功率取决于蓄电池管理系统和充电桩输出功率，二者取小。

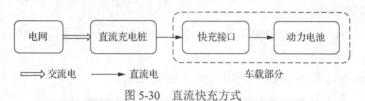

图 5-30　直流快充方式

快速充电是用直流电充电，每小时最多可充电 40kW·h。直流快充方式以 150～400A 的高充电电流在短时间内为蓄电池充电，与交流慢充方式相比，其安装成本相对较高。快速充电又称迅速充电或应急充电，其目的是在短时间内给纯电动汽车充满电，充电时间应该与燃油车的加油时间接近。大型充电站（机）多采用这种充电方式，如图 5-31 所示。

图 5-31　大型充电站

直流快速充电方式主要针对需要进行快速补充电能的情况进行充电，充电机功率很大，一般都大于 30kW，采用三相四线制 380V 供电，其典型的充电时间是 10～30min。这种充电方式对蓄电池寿命有一定的影响，特别是普通蓄电池不能进行快速充电，因为在短时间内接受大量的电量会导致蓄电池过热。快速充电站的关键是非车载快速充电组件，它能够输出 35kW 甚至更高的功率。由于功率和电流的额定值都很高，因此这种充电方式对电网有较高的要求。

直流快充方式主要具有以下优点。

（1）技术较为成熟，接口标准要求较低。

（2）充电速度快，增加了纯电动汽车长途续航的能力，是一种有效的电能补充方案。

直流快充方式主要具有以下缺点。

（1）充电功率较大，接口和用电安全要求提高，蓄电池散热成为重要因素。

（2）蓄电池不能深度充电，一般充到蓄电池容量的80%左右，否则容易损害蓄电池寿命，需要承担更多的蓄电池折旧成本。

（3）短时间用电消耗大，对配电网要求较高，基础设施配套需求巨大。

（4）一般在白天和傍晚时间段充电，属于城市电力负荷高峰时段，对城市电网的安全性是一种威胁，而且不享受夜间电价打折。

3. 电池更换方式

电池更换方式采用动力电池更换迅速补充车辆电能，电池更换可在10min以内完成，理论上无限提升了车辆续驶里程。

图5-32所示为利用换电机器人为电动汽车更换电池。

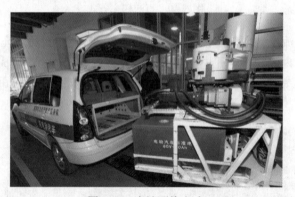

图5-32　电池更换方式

电池更换方式具有以下优点。

（1）电池更换客户能感受接近传统的加油站加油的体验。

（2）用户只需购买裸车，采用租赁电池的方式，大幅降低了车辆价格。

（3）采用适合的充电方式保证电池的健康及电池效能的发挥，电池集中管理便于集中回收和维护，减少环境污染。

（4）选择夜间用电低谷时段慢速充电，降低服务机构运行成本，对电网起到错峰填谷作用。

电池更换方式具有以下缺点。

（1）基础设施建设成本较高，占用场地大，电网配套要求高。

（2）需解决电动汽车更换电池方便与否的问题，如电池设计安装位置、电池拆卸难易程度等。

（3）需要电动汽车行业众多标准的严格统一，包括电池本身外形和各项参数的标准化、电池和电动车接口的标准化、电池和外置充电设备接口的标准化等。

（4）电池更换容易导致电池接口接触不良等问题，对电池及车辆接口的安全性、可靠性的要求提高。

（5）电池租赁带来了资产管理、物流配送、计价收费等一系列问题，使运作更复杂，提高了成本。

4．无线充电方式

无线充电方式是利用无线电能传输技术对蓄电池进行充电的一种新型充电方式，主要有3种形式：电磁感应充电方式、磁共振充电方式和微波充电方式。

（1）电磁感应充电方式。

电磁感应充电方式是通过送电线圈和接收线圈传输电力，这是最接近实用化的一种充电方式。当送电线圈中有交变电流通过时，发送（初级）、接收（次级）两线圈之间产生交变变化的磁场，由此在次级线圈产生随磁场变化的感应电动势，通过接收线圈端对外输出交变电流。该充电方式存在的问题是：送电距离较短（约为 100mm），并且送电与受电两部分出现较大偏差时，电力传输效率就会明显下降；有异物进入时，会出现局部发热的情况；电磁波及高频方面的防护问题也不易解决；功率大小与线圈尺寸直接相关，需要大功率传送电力时，需在基础设施建设和电力设备方面加大投入。

（2）磁共振充电方式。

磁共振充电方式主要由电源、电力输出、电力接收、整流器等主要部分组成，其原理与电磁感应方式的基本相同。电源传送部分有电流通过时，所产生的交变磁束使接收部分产生电动势，为电池充电时输出电流。与电磁感应充电方式的不同之处在于，磁共振充电方式加装了两个高频驱动电源，采用兼备线圈和电容器的 LC 共振电路，而并非由简单线圈构成送电和接收两个单元。共振频率的数值会随送电与接收单元之间距离的变化而改变，当传送距离发生改变时，传输效率也会像电磁感应一样迅速降低。因此，可通过控制电路调整共振频率，使两个单元的电路发生共振，也就是"共鸣"，故称这种磁共振状态为"磁共鸣"。在控制回路的作用下改变传送与接收的频率，可将电力传送距离增大至数米，同时将两个单元电路的电阻降至最小以提高传输效率。当然，传输效率还与发送和接收电单元的直径相关，传送面积越大，传输效率越高。目前的传输距离可达 400mm 左右，传输效率可达 95%。目前磁共振充电方式技术上的难点是小型化、高效率化较难。现在的技术能力大约是直径约为0.5m 的线圈，能在 1m 左右的距离提供功率为 60W 的电力。

（3）微波充电方式。

微波充电方式使用 2.45GHz 的电波发生装置传送电力。传送的微波也是交流电波，可用天线在不同方向接收，用整流电路转换成直流电为汽车电池充电，并且可以实现一点对多点的远距离传送。为防止充电时微波外漏，充电部分装有金属屏蔽装置。使用中，送电与受电之间的有效屏蔽可防止微波外漏。该充电方式目前存在的主要问题是磁控管产生微波时的效率过低，造成许多电力变为热能，被白白消耗。

相对于电动汽车的有线充电而言，无线充电具有以下优势。

（1）充电设备占地小，充电便利性高。

（2）充电设施可无人值守，后期维护成本低。

（3）相同占地面积下，可充电的电动汽车数量提升，增大空间利用率。

无线充电具有以下劣势。

（1）充电效率不高，无线充电的峰值效率为90%左右，传统充电效率为95%左右。

（2）传递功率不够大，一般为10kW以下。

（3）无线充电主要采用电磁感应充电方式，存在辐射泄漏的安全问题。

有了无线充电技术，公路上行驶的电动汽车可通过安装在电线杆或其他高层建筑上的发射器快速补充电能，电费将从汽车上安装的预付卡中扣除。

电动汽车无线充电如图5-33所示。

图5-33　电动汽车无线充电

5. 移动充电方式

移动充电方式是指电动汽车在路上巡航时进行充电，电动汽车移动充电如图5-34所示，有接触式移动充电和感应式移动充电两种。

图5-34　电动汽车移动充电

（1）接触式移动充电。

接触式移动充电系统需要在车体的底部装一个接触拱，通过与嵌在路面上的充电元件相接触，接触拱便可获得瞬时高电流。当电动汽车行驶通过移动式充电区域时，为电动汽车充电。

（2）感应式移动充电。

车载式接触拱由感应线圈取代，嵌在路面上的充电元件由可产生强磁场的高电流绕组取代，成为感应式移动充电系统。

5.2.3　充电注意事项

当电动汽车SOC显示为20%左右时，就应该充电。

电动汽车充电要注意以下事项。

（1）选择充电方式。充电方式有快充和慢充，需要阅读车辆使用说明书，选择最佳充电方式。

（2）快速充电。快速充电的电流电压较高，短时间内对电池的冲击较大，容易令电池的活性物质脱落和电池发热，因此对电池保护散热方面有更高的要求，并不是每款车型都可采用快速充电。

（3）常规充电。常规充电采用随车配备的便携式充电设备进行充电，可使用家用电源或专用的充电桩电源，充电电流较小，一般为 16～32A，充电时间为 5～8h。

（4）低谷充电。可充分利用电力低谷时段进行充电，降低充电成本。

（5）正确掌握充电时间。在使用过程中，应根据实际情况准确把握充电时间，参考平时使用频率及续驶里程情况，把握充电频次。正常行驶时，如果电量表指示红灯和黄灯亮，就应充电；如果只剩下红灯亮，应停止运行，尽快充电，否则电池过度放电会严重缩短其寿命。如果充满电后运行时间较短就充电，则充电时间不宜过长，否则会形成过度充电，使电池发热。过度充电、过度放电和充电不足都会缩短电池寿命。

（6）避免大电流放电。电动汽车在起步、加速、上坡时，尽量避免猛踩加速，形成瞬间大电流放电，大电流放电容易损害电池极板的物理性能。

（7）车辆长期不用时，电池存储一般采用半电存储，可以为 30%～60%。

为防止电动汽车在充电过程中过充，应注意以下事项。

（1）设置好充电时间。用充电桩进行充电时，一定要设置好充电时间，不要过度充电。应该根据电动汽车剩余电量的实际情况，选择到底充多久的电。充电时间过长，对蓄电池的寿命也是一种损害。

（2）定时检查。在给电动汽车充电时，应该定时检查，看一看电量是否充满。如果充满，就应该及时拔掉电源。

（3）利用好时段。一般情况下电动汽车充满电需要 5～8h，所以充电应该利用好时间段，提前计算好充电时间，如利用晚上时间，从晚上 10 点开始充，到第二天早晨 6 点断电，正好 8h。

（4）勤充少充。如果选择在办公室充电，而且是用电源充电，则最好的方法是充电次数多一些，每次充电时间少一些，如上午 8 点半到达办公室就开始充电，中午 12 点拔掉电源，然后开车回家。

（5）尽量不要使用快充。在充电时，尽量不要用快充的方式给电动汽车充电，因为快充的原理就是利用高压让电离子快速进入蓄电池，虽然充电过程快，但对蓄电池是一种损害。

（6）蓄电池不要闲置太久。对于电动汽车，用户应该多驾驶。不要闲置一两个月才驾驶一次，那样对蓄电池的损伤很大，经常使用就能激发蓄电池的能量，变得更加耐用。

5.3　电动汽车充电系统故障分类

电动汽车充电系统故障分为严重故障、蓄电池故障、一般故障和告警提示，电动汽车充电系统故障分类见表 5-6。

表 5-6　电动汽车充电系统故障分类

故障分类	故障描述	故障名称
严重故障	直接影响人身安全级别故障	绝缘故障
		漏电故障
		泄放回路故障
		防雷故障
蓄电池故障	可能引发蓄电池热失控风险的故障	达到单体最高电压未停止充电
		达到蓄电池总电压未停止充电
		达到蓄电池最高允许温度未停止充电
一般故障	不涉及人身安全但需要及时维护的故障	连接器故障
		电子锁故障
		急停故障
		输入过/欠压
		输入缺相
		交流接触器故障
		直流接触器故障
		充电模块故障
		充电电流不匹配
		输出短路
		输出过压/过流
		蓄电池反接
		充电系统过温
		充电枪过温
告警提示	设备处于告警提示状态	通信超时

当发生严重故障时，设备或者充电模块需立即停机，等待专业维护人员维修；当发生蓄电池故障时，应立即停止充电，并主动告警，在充电系统后台中记录；当发生一般故障时，充电设备停止本次充电，并做好故障记录（需重新插拔充电电缆后，才能进行下一次充电）；当充电设备处于告警提示状态时，充电设备中止充电，待故障现象排除后自动恢复充电（检测到故障状态解除后，重新通信握手开始充电）。

5.4　充电基础设施发展目标

充电基础设施发展目标见表 5-7。

表 5-7　充电基础设施发展目标

年份	目标
2025 年	建成超过 3.6 万座充/换电站，超过 2 000 万个交/直流充电桩； 建成覆盖全国的充电服务网络； 慢充功率提高至 10kW，快充每充电 10min 可行驶超过 100km； 实现无线充电、移动充电等新型充电技术大规模推广应用； 实现可再生能源与电动汽车融合的示范性应用

续表

年份	目标
2030 年	建成超过 4.8 万座充电站，超过 8 000 万个交/直流充电桩； 进一步完善和优化全国的充电服务网络； 将风能、太阳能等接入充电服务网络，实现可再生能源与电动汽车融合的规模化应用

【扩展阅读】

我国充电基础设施概况

根据中国电动汽车充电基础设施促进联盟数据，2022 年 5 月比 4 月公共充电桩增加 8.7 万台，5 月同比增长达 60.5%。截至 2022 年 5 月，我国公共充电桩保有量达 141.9 万台，其中直流充电桩为 61.3 万台、交流充电桩为 80.6 万台、交直流一体充电桩为 485 台。

公共充电基础设施建设区域较为集中，广东、上海、江苏、浙江、北京、湖北、山东、安徽、河南、福建这 10 个地区建设的公共充电桩占比达 72.3%。广东省公共充电桩保有量遥遥领先达 28 万台，上海、江苏、浙江、北京充电桩保有量均超 10 万台。截至 2022 年 5 月，公共充电桩运营企业中前 5 占比达 70.4%。星星充电和特来电公共充电桩保有量超 27 万台，国家电网和云快充充电桩保有量超 17 万台。

截至 2022 年 5 月，广东省充电站保有量为 1.7 万台，同样遥遥领先；江苏、浙江充电站保有量超 7000 台；北京、上海充电站保有量超 6000 台；山东省充电站保有量超 5000 台。

截至 2022 年 5 月，通过联盟成员内整车企业采样约 259.5 万辆车的私人充电基础设施配建情况，其中随车配建私人充电桩为 216.1 万台。比亚迪随车配建私人充电桩最多达 136.7 万台，其次是北汽、上汽、理想、蔚来超 10 万台。

截至 2022 年 5 月，各省市换电站保有量为 1 519 座，其中北京市换电站最多达 270 座，广东省为 204 座，浙江省为 145 座，江苏省为 126 座，上海市为 103 座。蔚来、奥动、杭州伯坦为主要换电运营商。其中，蔚来建设达 971 座，奥动建设达 440 座，杭州伯坦建设达 108 座。

公共充电基础设施充电电量集中度较高，全国充电电量主要集中在广东、江苏、四川、浙江、福建、河北、陕西、湖北、湖南、山西等省份，电量流向以公交车和乘用车为主，环卫物流车、出租车等其他类型车辆占比较小。

2022 年 1—5 月，充电基础设施增量为 96.3 万台，其中公共充电桩增量同比上涨 253.8%，随车配建私人充电桩增量持续上升。截至 2022 年 5 月，全国充电基础设施累计数量为 358.1 万台。新能源汽车销量为 200.3 万辆，桩车增量比为 1∶2.1，充电基础设施建设能够基本满足新能源汽车的快速发展。

思考讨论

1. 当前我国的充电基础设施主要有哪几种？
2. 分析充电基础设施和新能源汽车发展的关系。

【项目实训】

对电动汽车充电的认知

通过"对电动汽车充电的认知"项目实训，填写项目实训工单，增强学生对电动汽车充电的认知。

项目实训工单

实训参考题目	电动汽车充电的认知				
实训实际题目	由指导教师根据实际条件和分组情况，给出具体实训题目，包括实训车型、具体实训项目、实训内容等。实训项目涉及电动汽车的充电设备、电动汽车的充电方法、电动汽车的充电方式、充电注意事项等，重点是电动汽车的充电方式和注意事项。根据分组情况可以分配不同的实训内容				
学生姓名		班级		学号	
组长姓名		同组同学			
实训地点		学时		日期	
实训目标	（1）能够根据实训实际题目和要求，独立完成实训前的各种准备； （2）能够识别实训用的电动汽车的充电设备和方法； （3）能够根据实训规范，结合充电设备使用手册，制定项目实训方案； （4）能够从网上获取电动汽车充电新技术； （5）能够结合充电设备使用手册和所学知识，对实训电动汽车充电进行分析、讲解				

一、接受实训任务

小张同学在某电动汽车充电站店实习，即将实习结束，要进行综合考核，综合考核分为实训考核和理论考核两部分，其中实训考核部分的内容占 70%，理论考核部分的内容占 30%。实训考核是小张同学模仿充电站充电人员，完成实训任务。

某充电站接待了一位顾客预约，顾客反映，他刚购买了一辆纯电动汽车，需要对其进行充电，但对充电知识不了解，希望充电人员对电动汽车充电知识给予详细地讲解。充电站委派实习生小张等同学负责接待顾客，需提前做好准备，并进行充电知识的全面介绍，同时做好各项记录

二、实训任务准备（以下内容由实训学生填写）

（1）实训设备选择：□实训车辆　　□实训专用实验台　　□充电设备

（2）实训目标是否完全理解：□完全理解　　□不完全理解

（3）实训任务是否完全理解：□完全理解　　□不完全理解

（4）实训车辆拟实训项目：_____

（5）实训设备资料是否完整：□完整　　□不完整（原因：_____）

（6）网上电动汽车充电资料是否准备：□准备　　□没准备（原因：_____）

（7）电动汽车充电知识是否熟悉：□熟悉　　□不熟悉

（8）本次实训所需要的 PPT 准备情况：□准备　　□没准备（原因：_____）

（9）本次实训所需要的辅助设备准备情况：□齐全　　□不齐全（原因：_____）

（10）本次实训所需时长约为_____

（11）实训完是否需要检验：□需要　　□不需要

（12）其他准备：_____

_____

续表

三、制订实训计划（以下内容由实训学生填写，指导教师审核）

（1）根据对电动汽车充电的认知实训任务，完成物料的准备。

完成本次实训需要的所有物料

序号	物料种类	物料名称范例	实际物料名称
1	实训设备	实训电动汽车一辆	
		直流充电设备一台	
		交流充电设备一台	
2	从网上查找的电动汽车充电方式	无线充电方式	
		移动充电方式	
		电池更换方式	
3	相关资料	充电设备资料	
		充电方法资料	
		充电站资料	
4	辅助设备	投影仪、笔记本电脑	

（2）根据对电动汽车充电的认知实训任务，制订操作流程。

电动汽车充电认知的操作流程

序号	操作流程范例	实际操作流程
1	接受实训任务	
2	实训任务准备	
3	实训物料准备	
4	在实训车辆上查找充电设备	
5	在充电站查找充电设备	
6	制作讲授用的 PPT	
7	结合实训车辆和 PPT 识别、讲解充电设备和方法	
8	实训小组讨论	
9	实训质量检查	

（3）根据实训计划，完成小组成员任务分工。

操作员（1人）		客户（1人）	
协作员（若干人）		记录员（1人）	

操作员负责对电动汽车充电的认知的具体实训内容的操作；客户负责对电动汽车充电的认知的具体实训内容结果的验收；协作员负责协助操作员完成对电动汽车充电的认知的具体实训内容的操作；记录员做好对电动汽车充电的认知的具体实训内容记录。

（4）指导教师对制订实训计划的审核。

审核意见：

　　　　　　　　　　年　　月　　日　　签字：

四、实训计划实施（实施内容由指导老师填写；实施结果由实训学生填写）

（1）参考范例。

实施步骤	实施内容	实施结果
1	准备好实训车辆及手册	实训车辆放置在合适位置
2	准备好实训充电设备及手册	实训充电设备放置在合适位置
3	查找实训车辆上的充电设备	已找到
4	查找实训车辆的直流充电口	已找到
5	查找实训车辆的交流充电口	已找到
6	查找充电站的充电设备	已找到
7	熟悉实训车辆的充电方法	已熟悉
8	熟悉实训充电设备的使用方法	已熟悉
9	熟悉充电注意事项	已熟悉
10	利用实训充电设备对实训车辆进行充电	已完成
11	准备给顾客讲解用的PPT	已准备
12	操作员给顾客（小组其他同学）进行讲解	完成
13	实训完所有物品归位	完成

（2）实际案例。

实施步骤	实施内容	实施结果
1		
2		
3		
4		
5		
6		
7		
8		
9		
10		
11		
12		
13		
14		
15		

五、实训小组讨论（以下内容由实训学生填写）

讨论题 1：讨论实训车辆和实训充电设备的组成与原理。

讨论题 2：讨论实训车辆和实训充电设备的充电方法。

讨论题 3：讨论电动汽车充电的各种方式。

讨论题 4：总结本次实训的优点和不足。

六、实训质量检查（以下内容由指导教师填写）

请实训指导教师检查本组实训结果，并针对实训过程中出现的问题提出改进措施及建议。

序号	评价标准	评价结果
1	实训任务是否完成	
2	实训操作是否规范	
3	实施记录是否完整	
4	实训结论是否正确	
5	实训小组讨论是否充分	
综合评价	□优　　□良　　□中　　□及格　　□不及格	
问题与建议	问题： 建议：	

续表

项目	评分标准	分值	得分
接受实训任务	明确任务内容，理解任务在实际工作中的重要性	5	
实训任务准备	实训任务准备完整	5	
	掌握电动汽车充电的基本知识	5	
	能够识别电动汽车和充电站的充电设备	5	
制订实训计划	物料准备齐全	5	
	操作流程合理	5	
	人员分工明确	5	
实训计划实施	实训计划实施步骤合理，记录详细	10	
	实施过程规范，没有出现错误	10	
	能够正确对实训车辆和实训充电设备进行讲解	15	
	能够对实训得出正确结论	10	
实训小组讨论	实训小组讨论是否热烈	5	
	实训总结是否客观	5	
质量检测	学生实训任务完成，实训过程规范，实施记录完整，结论正确	10	
实训考核成绩			

实训成绩单（以下内容由指导教师填写）

【归纳与提高】

本项目主要介绍了电动汽车对充电设备的要求，电动汽车充电设备的类型，车载充电机与非车载充电机，电动汽车充电方法、充电方式及充电注意事项，电动汽车充电系统故障分类等。通过对本项目知识的学习，学生可以较全面地掌握电动汽车充电的基本知识。通过项目实训与知识巩固，学生可以巩固学习效果，最终培养分析问题和解决问题的能力及识别电动汽车充电设备和方法的技能。

充电基础设施直接影响新能源汽车的普及和使用，应重点考虑充电的方便性。

【知识巩固】

一、名词解释

1. 电动汽车充电设备。

2. 非车载充电机。

3. 车载充电机。

4. 交流充电桩。

5．直流充电桩。

二、填空题

1．电动汽车的充电设备是指与＿＿＿＿＿＿＿＿＿＿或＿＿＿＿＿＿＿＿＿＿相连接，并为其提供＿＿＿＿＿＿＿＿的设备。

2．车载双向充电机就是充电机既可以给电动汽车＿＿＿＿＿＿＿＿＿＿进行充电，又可以在必要时将＿＿＿＿＿＿＿＿＿＿的电逆变成＿＿＿＿＿＿＿＿，给负载＿＿＿＿＿＿＿＿，或回馈到＿＿＿＿＿＿＿＿＿＿。通过车载双向充电机的应用，未来电动汽车不仅是一个＿＿＿＿＿＿＿＿，还将成为一个移动的＿＿＿＿＿＿＿＿。

3．交流慢充方式是用＿＿＿＿＿＿＿＿充电接口，把＿＿＿＿＿＿＿＿输入电动汽车的＿＿＿＿＿＿，经过汽车内部的＿＿＿＿＿＿＿＿把＿＿＿＿＿＿转成＿＿＿＿＿＿后再输入＿＿＿＿＿＿＿＿＿，完成充电。

4．直流快充方式是用＿＿＿＿＿＿＿＿＿充电接口，把＿＿＿＿＿＿＿＿转化成＿＿＿＿＿＿＿，输送到电动汽车的＿＿＿＿＿＿＿＿，电能直接进入＿＿＿＿＿＿＿＿充电。

5．电动汽车无线充电方式主要有＿＿＿＿＿＿＿＿＿、＿＿＿＿＿＿＿＿＿、＿＿＿＿＿＿＿＿。

6．电动汽车移动充电方式主要有＿＿＿＿＿＿＿＿＿、＿＿＿＿＿＿＿＿＿。

7．电动汽车充电系统故障分为＿＿＿＿＿＿＿＿＿、＿＿＿＿＿＿＿＿＿、＿＿＿＿＿＿＿＿＿和＿＿＿＿＿＿＿＿。

8．车载充电机由＿＿＿＿＿＿＿＿＿＿、＿＿＿＿＿＿＿＿＿＿、＿＿＿＿＿＿＿＿＿＿、＿＿＿＿＿＿＿＿＿＿等组成。

9．电动汽车蓄电池充电方法主要有＿＿＿＿＿＿＿＿＿、＿＿＿＿＿＿＿＿＿、＿＿＿＿＿＿＿＿。

10．车载充电机是指固定安装在电动汽车上运行，将＿＿＿＿＿＿＿＿＿＿转换为＿＿＿＿＿＿＿＿，采用传导方式为电动汽车动力电池充电的专用装置。

三、选择题

1．不具备直接给电动汽车蓄电池充电功能的是（　　　）。
　　A．非车载充电机　　B．车载充电机　　　C．直流充电桩　　　D．交流充电桩

2．电动汽车充电站普通充电多为（　　　），可以使用 220V 或 380V 的电压。
　　A．慢速　　　　　　B．快速　　　　　　C．交流　　　　　　D．直流

3．正确掌握充电时间，下列说法不正确的是（　　　）。
　　A．设置充电时间
　　B．充电时间越长，电量越满
　　C．红灯亮时，应立即停止运行，进行充电
　　D．参考平时充电频次、充电时间和充电电量

4．关于充电，下列说法不正确的是（　　　）。
　　A．早晚分开充电，可以节省在途充电时间
　　B．选择阴凉处充电，避免阳光直射，减少电池负担
　　C．边开空调边充电，电池充满，车内也非常凉快
　　D．低谷充电

5．电动汽车仪表盘上的 SOC 显示（　　　）左右就需要充电。
　　A．5%　　　　　　　B．10%　　　　　　C．20%　　　　　　D．30%

6. 电动汽车对充电设备的基本要求是（   ）。

  A．安全性　　　　　B．效率高　　　　　C．外形尺寸要小　　D．使用方便

7. 车载充电机的作用主要有（   ）。

  A．将交流电变成高压直流电　　　　　B．将交流电变成低压直流电

  C．将低压直流电变成高压直流电　　　　D．改变交流电电流的大小

8. 非车载充电机的作用主要有（   ）。

  A．将交流电变成高压直流电　　　　　B．将交流电变成低压直流电

  C．将低压直流电变成高压直流电　　　　D．改变交流电电流的大小

9. 交流慢充方式可以使用的设备主要有（   ）。

  A．交流充电桩　　　　　　　　　　　B．标准家用电源插座

  C．预装的充电墙盒　　　　　　　　　　D．家用 220V 普通插座

10. 直流充电系统应包括（   ）。

  A．动力电池　　　B．车载充电机　　　C．电表　　　　D．变压器

四、判断题

1. 充电桩可以根据不同的电压等级为各种型号的电动汽车充电，其输入端与交流电网直接连接，输出端都装有充电插头，用于为电动汽车充电，一般分为常规充电和快速充电两种充电方式。（   ）

2. 电动汽车动力电池的充电过程由蓄电池管理系统进行控制和保护。（   ）

3. 电动汽车的充电接口都是一样的。（   ）

4. 当电动汽车充电系统发生严重故障时，应快速开到 4S 店进行维修。（   ）

5. 车辆长期不用时，电池存储一般采用半电存储，可以为 30%～60%。（   ）

6. 动力电池过充，容易引发电池热失控风险的故障。（   ）

7. 车载充电机在额定输入电压、额定负载的状态下，效率应不低于 85%，功率因数应不低于 0.90。（   ）

8. 交直流充电桩是可以同时对电动汽车进行交流充电和直流充电。（   ）

9. 车载充电机充电接口（慢充口）有 7 个孔，中间 3 个大圆孔分别接中线（火线）、地线、交流电源（零线），用来传导交流电。（   ）

10. 非车载充电机充电接口（快充口）有 9 个孔，中间两个大孔分别接直流正极和直流负极。（   ）

五、问答题

1. 电动汽车蓄电池充电方法主要有哪些？

2. 电动汽车充电方式主要有哪些？

3. 电动汽车充电要注意哪些事项？

4. 常规充电有哪些优点和缺点？

5. 快速充电有哪些优点和缺点？

附　　录

附表　中英文对照表

序号	英文简称	英文全称	中文
1	ABS	Antilock Braking System	防抱死制动系统
2	AC/DC	Alternating Current/ Direct Current	交流/直流
3	A/D	Analog-to-Digital Coversion	模数转换
4	AFC	Alkaline Fuel Cell	碱性燃料电池
5	APU	Auxiliary Power Unit	增程器
6	AT	Automatic Transmission	自动液力变速器
7	BCM	Battery Condition Module	电池监控单元
8	BCM	Body Control Module	车身控制模块
9	BDM	Background Debugging Mode	背景调试模式
10	BEV	Battery Electric Vehicle	纯电动汽车
11	BMS	Battery Management System	电池管理系统
12	BSG	Belt-Driven Starter Generato	带传动的启动发电一体式电机
13	CAN	Controller Area Network	控制器局域网
14	CLTC	China Light-Duty Vehicle Test Cycle	中国轻型汽车行驶工况
15	CVT	Continuously Variable Transmission	无级变速器
16	DC/AC	Direct Current/ Alternating Current	直流/交流
17	DC/DC	Direct Current/ Direct Current	直流/直流
18	DCT	Dual-Clutch Transmission	双离合器、变速器
19	DMFC	Direct Methanol Fuel Cell	直接甲醇燃料电池
20	DOD	Depth of Discharge	放电深度
21	DSP	Digital Signal Processor	数字信号处理器
22	ECU	Electronic Control Unit	电子控制单元
23	EG	Ethanol Gasoline	乙醇汽油
24	EREV	Extended-Range Electric Vehicle	增程式电动车辆
25	EV	Electric Vehicle	电动汽车
26	FC	Fuel Cell	燃料电池
27	FC+B	Fuel Cell + Battery	燃料电池+蓄电池
28	FC+B+C	Fuel Cell +Battery+Capacitor	燃料电池+蓄电池+超级电容

续表

序号	英文简称	英文全称	中文
29	FC+C	Fuel Cell +Capacitor	燃料电池+超级电容
30	FCEV	Fuel Cell Electric Vehicle	燃料电池电动汽车
31	FJB	Front Junction Box	前接线盒
32	HEV	Hybrid Electric Vehicle	混合动力电动汽车
33	i-DSI	Intelligent Dual Sequential Ignition	双火花塞顺序点火技术
34	IGBT	Insulated Gate Bipolar Transistor	绝缘栅双极型晶体管
35	IMA	Integrated Motor Assist	混合动力系统
36	I/O	Input/Output	输入/输出
37	IPU	Intelligent Power Unit	智能动力单元
38	ISG	Integrated Starter and Generator	集成式启动发电一体式电机
39	i-VTEC	Intelligent Variable Timing and Lift Electronic Control	气门正时可变技术
40	LPG	Liquefied Petroleum Gas	液化石油气
41	MCFC	Molten Carbonate Fuel Cell	熔融碳酸盐燃料电池
42	MCM	Motor Control Module	电机控制模块
43	MDM	Motor Drive Module	电机驱动模块
44	MEA	Membrane Electrode Assembly	膜电极
45	NEDC	New European Driving Cycle	新欧洲驾驶周期
46	NG	Natural Gas	天然气
47	NVH	Noise，Vibration，Harshness	噪声、振动、声振粗糙度
48	OBC	On-Board Charger	车载充电机
49	PAFC	Phosphoric Acid Fuel Cell	磷酸燃料电池
50	PCU	Power Control Unit	动力电控单元
51	PDU	Power Distribution Unit	高压配电箱
52	PEFC	Polymer Electrolyte Fuel Cell	聚合物电解质燃料电池
53	PEM	Proton Exchange Membrane	质子交换膜
54	PEMFC	Proton Exchange Membrane Fuel Cell	质子交换膜燃料电池
55	PFC	Pure Fuel Cell	纯燃料电池
56	PHEV	Plug-In Hybrid Electric Vehicle	插电式混合动力电动汽车
57	PHEV	Parallel Hybrid Electric Vehicle	并联式混合动力电动汽车
58	PJB	Passenger Junction Box	乘客接线盒
59	PMSM	Permanent Magnetic Synchronous Machine	永磁同步电机
60	PTC	Positive Temperature Coefficient	正温度系数
61	PSDB	Power Station Distribution Box	配电盒
62	P-SHEV	Parallel-Series Hybrid Electric Vehicle	混联式混合动力电动汽车
63	PWM	Pulse Width Modulation	脉冲宽度调制

续表

序号	英文简称	英文全称	中文
64	QCCM	Quiescent Current Control Module	静态电流控制模块
65	RJB	Rear Junction Box	后接线盒
66	SHEV	Series Hybrid Electric Vehicle	串联式混合动力电动汽车
67	SOC	State of Charge	荷电状态
68	SOE	State of Energy	能量状态
69	SOF	State of Function	功能状态
70	SOFC	Solid Oxide Fuel Cell	固体氧化物燃料电池
71	SOH	State of Health	健康状态
72	SOS	Safety of Status	故障及安全状态
73	SPEFC	Solid Polymer Electrolyte Fuel Cell	固体聚合物电解质燃料电池
74	SPFC	Solid Polymer Fuel Cell	固体聚合物燃料电池
75	SPI	Serial Peripheral Interface	串行外设接口
76	SUV	Sport Utility Vehicle	运动型多功能汽车
77	THS	Toyota Hybrid System	丰田混合动力系统
78	UDS	Unified Diagnostic Services	统一诊断服务
79	V2G	Vehicle to Grid	车辆对电网
80	V2H	Vehicle to Home	车辆对家庭
81	V2L	Vehicle to Load	车辆对负载
82	V2V	Vehicle to Vehicle	车辆对车辆
83	V2X	Vehicle to Everything	车辆对万物
84	VCM	Variable Cylinder Management	可变气缸管理
85	VCU	Vehicle Control Unit	整车控制器
86	VDC	Voltage Direct Current	直流电压
87	VDS	Vehicle Descriptive Section	车辆说明部分
88	VIN	Vehicle Identification Number	车辆识别代号
89	VIS	Vehicle Indicator Section	车辆指示部分
90	WMI	World Manufacturer Identifier	世界制造厂识别代号

参考文献

[1] 张思杨，聂进，高宏超. 新能源汽车概论[M]. 成都：电子科技大学出版社，2017.

[2] 王东光. 新能源汽车概论[M]. 北京：机械工业出版社，2018.

[3] 高建平，郗建国. 新能源汽车概论[M]. 北京：机械工业出版社，2018.

[4] 崔胜民. 新能源汽车概论[M]. 2版. 北京：北京大学出版社，2015.

[5] 崔胜民. 新能源汽车技术解析[M]. 北京：化学工业出版社，2016.

[6] 崔胜民. 一本书读懂新能源汽车[M]. 北京：化学工业出版社，2019.